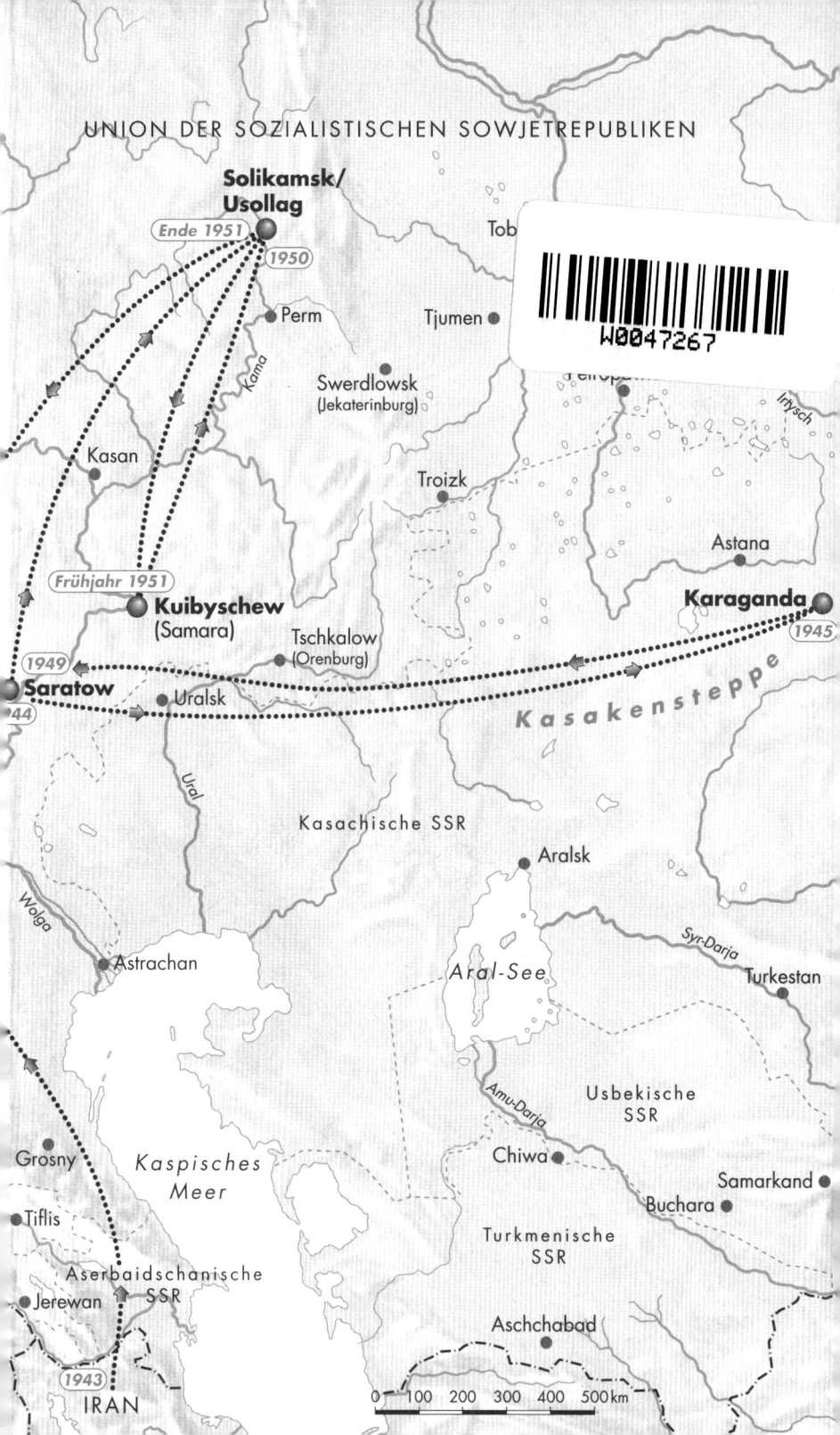

UNION DER SOZIALISTISCHEN SOWJETREPUBLIKEN

Solikamsk/
Usollag
Ende 1951
1950
Tob
Perm
Tjumen
Swerdlowsk
(Jekaterinburg)
Petropa
Irtysch
Kasan
Troizk
Astana
Frühjahr 1951
Kuibyschew
(Samara)
Karaganda
1945
Tschkalow
(Orenburg)
1949
Saratow
Uralsk
Kasakensteppe
44
Ural
Kasachische SSR
Aralsk
Wolga
Astrachan
Aral-See
Syr-Darja
Turkestan
Amu-Darja
Usbekische
SSR
Grosny
Kaspisches
Meer
Chiwa
Samarkand
Tiflis
Buchara
Aserbaidschanische
SSR
Turkmenische
SSR
Jerewan
1943
Aschchabad
IRAN
0 100 200 300 400 500km

Rudolf Hamburger
Zehn Jahre Lager

Rudolf Hamburger
ZEHN JAHRE LAGER

Als deutscher Kommunist im sowjetischen Gulag

EIN BERICHT

Herausgegeben von Maik Hamburger

Siedler

Verlagsgruppe Random House FSC® N001967
Das für dieses Buch verwendete FSC®-zertifizierte Papier
Munken Premium Cream liefert Arctic Paper Munkedals AB, Schweden.

Erste Auflage

Umschlaggestaltung: Rothfos + Gabler, Hamburg
Satz: Ditta Ahmadi, Berlin
Vorsatzkarte: Peter Palm, Berlin
Druck und Bindung: GGP Media GmbH, Pößneck
Printed in Germany 2013
ISBN 978-3-8275-0033-5

www.siedler-verlag.de

Inhalt

Rudolf Hamburger, um 1921

Die Fabrik des Vaters Max Hamburger, das Wohnhaus und die Arbeitersiedlung in Landeshut, Schlesien. Feder und Tusche, farbig auf Postkarte, ca. 1920. Alle folgenden Zeichnungen sind, wenn nicht anders vermerkt, von Rudolf Hamburger.

Skizzenblätter, Bleistift, 1922

Skizzenblätter, Bleistift, 1922

Straße in Schömberg. Bleistift und Farbstifte, 1921

Aus »Mein Dresdener Skizzenbuch/Weihnachten 1923«. Bleistift,
zum Teil mit Wasserfarbe

Die Hofkirche mit Augustusbrücke

Der Zwinger

Rudolf Hamburger, um 1922

Rudolf Hamburger (ganz links) mit seiner künftigen Frau Ursula Kuczynski
und deren Familie, um 1929. Dritter von links Ursulas Bruder Jürgen neben seiner
Frau Marguerite, zweite von rechts die Mutter Bertha, geb. Gradenwitz

Mit Ursula in Berlin-Schlachtensee, 1930

Das Ehepaar im offenen Auto bei der Abreise nach China, 1930

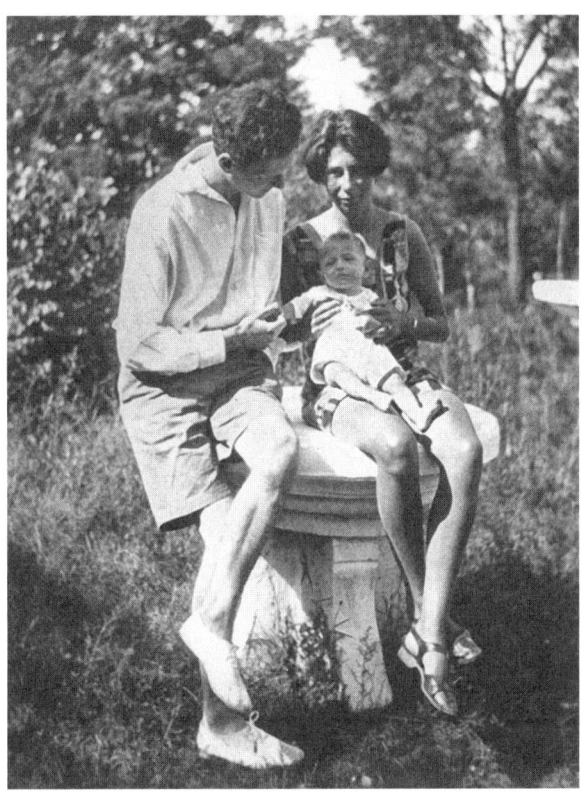

Mit Ursula und Sohn Michael (Maik) in Shanghai, um 1931

Die Hamburgers mit dem befreundeten Ehepaar Woidt, Shanghai 1932

Der Poelzig-Schüler an seinem Arbeitsplatz

Das Victoria Nurses Home in Shanghai, der erste große Bau von Rudolf Hamburger als Architekt, 1930/33

Weitere Bauten Hamburgers:
Müllverbrennungsanlage, Shanghai 1933

Mittelschule für chinesische Mädchen, Shanghai 1933/35

Rudolf und Ursula, China um 1933

Mit dem Sohn Michael, China um 1935

Mit seiner Tante Margarete Netke in Tokio, 1935

In Koprove, Polen, 1937

Drei Generationen auf Skiern: Vater Max, Rudolf und Sohn Michael,
wahrscheinlich im Riesengebirge, um 1938

Skizzen aus Shantou (Swatow), 1939

Auf Reisen, 1939

Rudolf Hamburger mit seinem Sohn, um 1939. Vermutlich das letzte Bild vor seiner Reise nach China, deren Schlusspunkt die Internierung im sowjetischen Lager sein sollte. Seine Familie sah er erst 1955 in der DDR wieder.

RUDOLF HAMBURGER
Zehn Jahre Lager
Bericht über die Inhaftierung in russischen Arbeitslagern 1943 bis 1952

In der vergitterten Zelle eines alten Gefängnisses mitten in der Großstadt M. befinde ich mich in Untersuchungshaft. Jeden Morgen erscheint es mir von Neuem unvorstellbar, wie ich hierher gelangt bin.

Jahrelang aktiv im antifaschistischen Widerstandskampf gegen die Barbarei der Hitlerkoalition, war ich in zahlreiche Länder Europas und des Fernen und Nahen Ostens verschlagen worden. Inzwischen war der Zweite Weltkrieg ausgebrochen. Überall schlossen sich progressive Kräfte dem Widerstandskampf gegen den Aggressor an, je stärker die Völker von den Schrecken des Krieges erschüttert wurden. Die Arbeit der zahlreichen Widerstandsgruppen und Partisanen, die den Kampf in der Illegalität führten, wurde härter und gefährlicher. Keinen Tag lebte man sicher. Ein Kleinkrieg im Verborgenen. Es ist ein Blatt in der Geschichte, das wahrscheinlich nie geschrieben werden wird.

Im Jahre 1943 fasste mich der Gegner. Ich wurde verhaftet. Beim ersten Verhör erwies sich, dass ich einem Verrat zum Opfer gefallen war. Immer wieder gibt es Schufte, die sich für Geld verkaufen. Man hatte ein Gespräch zwischen mir und dem Manne, dessen Gesinnung als zuverlässig galt, auf Tonband aufgenommen. Das Gerät war im Kamin seines Wohnzimmers verborgen. Damals kannte man in unserer Arbeit solche Methoden noch nicht. Technische Überlegenheit des Gegners brachte mich zu Falle. Glücklicherweise bot ihm das Gespräch wenig Angriffsmöglichkeiten. Auf der Suche nach mehr belastenden Beweisstücken kehrten sie inzwischen in dem einsamen Haus, das ich allein bewohnt hatte, das Unterste zu oberst. Sie fanden nichts. Auch nicht das schwere Sende- und Empfangsgerät in einem Aluminiumgehäuse von

Handkoffergröße. An Stricken befestigt hing es in einem totgelegten Kaminschacht. Ich hatte auf dem flachen Dach des Hauses am Schornstein unterhalb der Abdeckhaube eine Eisenstange quer durch den gemauerten rechteckigen Schacht getrieben. Daran baumelte es nun friedlich an Drahtseilen herunter – mein Sendegerät.

Sie hatten einen taktischen Fehler begangen. Sie hätten nicht so plötzlich zupacken dürfen, sondern abwarten und beobachten, was ich noch alles unternehmen würde. Paar Monate später wäre es vielleicht eine fette Beute geworden, aber so fingen sie nur einen kleinen Fisch. Und hätten sie das Sendegerät im Kaminschacht gefunden, hätte es hässlich für mich ausgehen können. Doch wegen bloßer Absichten war es schwierig, dem Ausländer den Prozess zu machen. Mehrere Wochen später entließen sie mich mit dem Ausweisungsbefehl. Innerhalb von drei Tagen musste ich das Land verlassen.

Wenn auch Krieg war, die Sowjetunion würde mir Asyl gewähren. Für ihre Ziele und den Aufbau einer sozialistischen, einer besseren Welt der Zukunft führten wir den Kampf. Ich packte die Koffer. Abschied zu nehmen gab es nicht viel. Das Mädchen, das mich liebte, war während meiner Verhaftung im Hause gewesen, hatte dort übernachtet, ihr Bild von der Wand genommen, es zerrissen und war weggegangen. Natürlich hatte ich sie nicht in meine Arbeit einweihen dürfen. Nun hielt sie mich für einen gemeinen Betrüger, einen Kriminellen, der ein Ding gedreht hatte. Die letzte Nacht hielt dicht am Hauseingang ein Auto. Ich hatte das Sendegerät aus dem Schornstein gehievt und übergab es einem sicheren Freund. Er hatte meine Einreise in die Sowjetunion bewerkstelligt und wenige Tage später erreichte ich M. Dort lebte ich zwei Tage in einer kleinen Wohnung, als am Abend des zweiten Tages Männer kamen, die mich aufforderten, die Koffer zu packen. Ein anderes Quartier sei für mich bereitgestellt. Das andere Quartier war das Untersuchungsgefängnis. Nun sind es schon sieben Monate, dass ich hier bin, und jeden Morgen erscheint es mir von Neuem unvorstellbar, wie ich hierher gelangt bin.

»Du hast dich von unseren Feinden kaufen lassen und bist hergeschickt, um für sie als Spion zu arbeiten. Ja, ein Spion bist du geworden.« Diese ungeheuerliche Anschuldigung wird mir seit dem ersten Verhör fortgesetzt ins Gesicht geschleudert. Sie sitzt mir im Nacken wie dem Büffel das Joch. Ich kann mich hin- und herwälzen, mich aufbäumen – befreien davon kann ich mich nicht. Das Joch ist mir wie angewachsen. Ich verteidige mich, bringe Beweise, berichte von dem unter Gefahren abgelieferten Sendegerät. Sie lächeln.

»Schlau ausgedacht von euch feinem Gesindel. Damit wolltest du dir ein Alibi für deine Sauberkeit verschaffen. Komm, komm, du dreckiger Spion, gesteh' endlich, dass sie dich herübergekauft haben. Ein Spion bist du geworden, ein Spion – gesteh' endlich, dass du einer bist.« Diese schrecklichen, mit drohender Stimme ausgestoßenen Worte haben sich in mein Hirn eingegraben. Immerfort höre ich sie.

Alle paar Wochen geht es von vorne los. Nachts holen sie mich aus der Zelle in einen kahlen halbdunklen Raum, wo drei Stunden lang das Verhör dauert. An einem nackten hölzernen Tisch sitzen der Untersuchungsrichter und ich uns vor einer trüben Lampe gegenüber, neben ihm der Dolmetscher. Die Fenster sind gegen Luftangriffe schwarz verhängt. Drei Stunden dauert ein verbissener, zermürbender Kampf, der immer auswegloser wird, der jede Hoffnung auf ein baldiges Wiedersehen mit der Freiheit untergräbt. Meine Sache ist auf dem toten Punkt angelangt. Da ich nichts zu sagen habe, wird er wütend und schreit: Spion.

Im grauenden Morgen werde ich zurück in die Zelle geführt. Verzweifelt werfe ich mich auf die Pritsche. Erschöpft und schlaflos liege ich da. Gescheitert das hohe Ziel, für ein besseres Leben zu kämpfen, grausam zerstört die Ideale. Zurück schweifen die Gedanken zu den Tagen, als der Entschluss reifte, Abschied zu nehmen von meinem geliebten Beruf, das Bauen zu vergessen und mich einer Sache ganz zu verschreiben, die in diesem Augenblick größer war, die Menschen forderte, bereit, den Kampf aufzunehmen gegen eine menschenfeindliche zerstörende Macht. Für eine neue Gesellschaft würde ich dann Häuser bauen.

Und die, auf die wir als Vorbild blicken, die schon ein Stück des Neuen unter Schmerzen verwirklicht haben und seit Kriegsausbruch unter schweren Opfern verteidigen, sie stempeln mich zu ihrem potentiellen Gegner, zum Verräter, der ins Zuchthaus gehört. Das ist schwerer zu ertragen als die Gefängniszelle, der Hunger, der Zustand vollkommener Rechtlosigkeit. Jede Verbindung mit der Außenwelt ist mir abgeschnitten. Für Familie und Freunde bin ich verschüttet. Der Antrag auf Rechtsbeistand ist abgelehnt.

Meine Zellengefährten wechseln. Lange Zeit war es ein langer dürrer grauhaariger Mann, gekleidet in die schäbigen Reste einer dunkelblauen Uniform, die weniger militärisch aussah als dem zivilen Staatsdienst zugehörig. Ihr Träger war gesprächig, aber weder mit ihm noch mit anderen werden Informationen über unsere Fälle ausgetauscht. Für sie ist mein Fall als Ausländer natürlich klar: feindlicher Spion, den man im Lande oder bei Kriegshandlungen geschnappt hat. Obgleich wir in Untersuchungshaft sind, also noch keine nachgewiesene Schuld besteht, entspricht vom ersten Tage an das Regime dem eines Zuchthauses. Zwei Pritschen, zwei Hocker, ein Tisch und der Kübel sind die Ausstattung der vergitterten, etwa zwei mal drei Meter großen Zelle, der kurze tägliche Rundgang im Hof ist die Unterbrechung des Zellenaufenthaltes.

Die Äußerungen der Mitgefangenen, die in den vergangenen Monaten durch meine Zelle gingen, sind sehr aufschlussreich. Diese Männer haben schon in der Freiheit am Beispiel von Freunden, Berufskollegen und sogar der eigenen Familie erfahren müssen, wie es im Lande augenblicklich zugeht. Verhaftungen über Verhaftungen. Und wer verhaftet ist, wird ohne Ausnahme verurteilt. Ah, weil sie eben schuldig sind, was auf dem Kerbholz haben, denke ich im Stillen. Jetzt spielen sie dem Ausländer was vor.

»Aber ich – ich bin unschuldig, hört ihr, mich können sie nicht verurteilen«, bäume ich mich auf. Verächtlich und mitleidsvoll blicken sie mich an.

»Als ob es etwas ausmacht, was du bist, schuldig oder unschuldig, du Hornvieh. Du verhaftet, ja? Bist du, ha? Na also, wer verhaftet, schuldig, du versteh'n?«, legt einer los. Jetzt steht er dicht vor mir. Sein Blick bohrt sich in meinen. Er sprüht Hass aus.

»So machen sie's mit dir, sooo, du versteh'n?« Seine übereinander gehaltenen Fäuste bewegen sich vor meiner Nase, die eine nach rechts, die andere nach links, als drehten sie einem Huhn die Gurgel um.

»Ja … sooo, du gucken, so«, schreit er vor Erregung. Diese drastischen Erklärungen reißen mir unbarmherzig die letzte Hoffnung aus der Brust. In eine tiefe Grube geworfen, in ein steinernes Verlies, tausend Meter tief, hier kannst du verrecken.

»Hoffst wohl auf Freispruch?«, sagt ein anderer. Er redet ruhig und sachlich. Langsam wiegt er den Kopf. »Ein Entkommen aus den Fängen der unfehlbaren Beriajustiz ist unmöglich.«

»Aber ich bin unschuldig.«

»Das mag schon sein«, sagt er freundlich lächelnd, »aber …« Er zuckt die Schultern.

»Wenn sie mich in jedem Falle verurteilen, wozu die endlose Untersuchung?«

Er: »Du kannst ihnen nicht verbieten, Verdacht zu hegen. Sie forschen dich aus, wieweit er sich bestätigt.«

Ich: »Und wenn sich nichts ergibt?«

Er: »Dann bist du verstockt und wirst verurteilt. Ja, so ist das.«

Mehrmals schreitet er die Zelle ab, dann wendet er sich um und blickt mich an. »Eine andere Alternative gibt es nicht.«

In den langen Jahren der Haft wurde mir diese Aussage von den vielen Mitgefangenen, die ich befragte, ausnahmslos bestätigt.

Das Gefängnisregime gestattet uns, tagsüber einige Stunden auf dem harten Lager liegend zuzubringen, aber nicht zu schlafen. Alle paar Minuten beobachtet uns der Wächter durch die in die Tür eingelassene Glaslinse. Hart schlägt der Schlüsselbund gegen die mit Eisenblech beschlagene Tür, sobald einem die Augen zufallen. Von Hunger und Aufregung geschwächt, möchte man 24 Stunden schlafen. Schlafen und an nichts mehr denken. Das Essen ist elend. Dünne, widerlich schmeckende Suppe, manchmal Grütze und einen Kanten Brot. In den neun Monaten Untersuchungshaft habe ich etwa 20 kg Gewicht verloren, bin physisch und seelisch ausgehöhlt.

Die Tortur des Hungers nützt die Untersuchung aus, um Geständnisse zu erpressen. Wer aussagt, bekommt Essenszulage. Der dürre grauhaarige Mann in dem abgetragenen Uniformrock bekommt eines Tages, direkt nach seiner Rückkehr vom Verhör, eine volle Schüssel Grütze und eine Zusatzration an Schwarzbrot. Eigenartig ist der Ausdruck, mit dem er diesen Lohn betrachtet. Dann blickt er zu mir herüber. Dann stürzt er sich gierig über die Schüssel. Jeden Tag kommt jetzt seine Grütze. Daneben nimmt sich meine wässrige stinkende Fischsuppe erst recht erbärmlich aus. Wenn der Mann anfängt, mit dem Löffel den dicken Brei zu rühren, muss ich mich hinlegen, das Gesicht gegen die Wand. Anders kann ich die Nerven, die in mir höllisch reißen und zerren, nicht bezwingen.

Hunger ist eine furchtbare Folter. Da ich nichts auszusagen habe, ändert sich nichts an der Minimalration bis zum Ende. Manche halten nicht durch und sagen schließlich aus, was man von ihnen verlangt – um einen Teller Grütze. Gegen Ende der Untersuchungshaft stellt der Richter mit ironischer Genugtuung fest, dass ich sehr dünn geworden sei. Es ist die einzige Genugtuung, die ich ihm verschaffe. Hat er auch unerhört raffiniert jeden meiner Sätze im Sinne einer schuldhaften Aussage ins Protokoll aufzunehmen versucht, einen Schuldfall daraus zu konstruieren ist ihm nicht gelungen.

Meine Verhöre sind scheinbar abgeschlossen. Doch etwas Genaues erfährt man nie. Offenbar eine gezielte Taktik, um den ständig in Unsicherheit und Unruhe schwebenden Häftling zu zermürben.

Manche wollen genau wissen, dass die Untersuchungshaft nur neun Monate dauern darf, so lauten die Bestimmungen.

»Begreifst du immer noch nicht, dass wir ein Stück Dreck sind, das man irgendwo hinschmeißt … und redest von Bestimmungen«, meint ein anderer.

»Neun Monate, ha, ha … ein Weib kriegt ein Kind in der Zeit, deins vielleicht diesmal vom Nachbarn, du Trottel. Die Justiz scheißt auf eure neun Monate.« Ein kräftiger Mutterfluch, und danach versinkt man in Schweigen. Ungeduldig warte ich auf die Gerichtsverhandlung, wo die Entscheidung über mein Schicksal fallen wird. Wenn auch abgeschnitten von der Welt, ohne Rechtsbeistand und allein auf mich angewiesen, werde ich für meine Sache kämpfen.

Zehn-, zwanzigmal habe ich mir mein Plädoyer zurechtgelegt, die Schwerpunkte herausgearbeitet, die jede Anschuldigung klar widerlegen werden. Und ich werde mich vor einem Richter und vor Geschworenen des ersten sozialistischen Landes der Welt verteidigen. Dort wird Recht gesprochen im Namen des Volkes – mögen die Leute hier im Gefängnis reden, was sie wollen.

Der Tag kommt. Die Zellentür öffnet sich. Neben dem Wächter, der den verhassten Schlüsselbund geräuschvoll hin- und herschlenkert, steht ein Polizeiaufseher und befiehlt mir, meine Sachen zu packen und ihm zu folgen. »Los, los.« Wie oft werde ich es noch hören, dieses herabwürdigende »los … los«, womit die Büttel des Zuchthaus- und Lagerregimes uns Entrechtete antreiben wie das Vieh. Ein flüchtiger Abschied vom Zellenkameraden, und die Tür fällt hinter mir ins Schloss. Durchs ferne kleine Fenster des Korridors dringt ein heller Frühlingstag herein. Weshalb überwältigen mich Erinnerungen an Wald und Gras! Los, los … fährt mich die barsche Stimme hinter mir an. Ich laufe schneller … doch wohin? Was steht mir bevor?

Das Gefühl, hoffnungslos ausgeliefert zu sein, schnürt mir die Brust zusammen. Mich verlässt der Glaube, dass ich vor Gericht komme, dass mir Gerechtigkeit widerfahren wird. Sie werden mich für immer verschwinden lassen, im hohen Norden, in der Steppe Sibiriens oder gleich hier im Keller. Wer hindert sie daran! Auf dem endlos lang erscheinenden Weg über graue Korridore, Treppen, die durch Drahtgitter gegen Affekthandlungen Verzweifelter abgesichert sind, vorbei an Reihen verschlossener Türen, hinter denen ebensolche sitzen wie ich, überkommt mich eine lähmende Müdigkeit. Bestürzt spüre ich die geringe Widerstandskraft, die mein erschöpfter Körper bevorstehenden Strapazen entgegenzusetzen haben wird.

Inzwischen sind wir die letzten Stufen ins Erdgeschoss herabgestiegen. Eine schwere eisenbeschlagene Tür öffnet sich in den Hof, los ... los. Sie treiben mich in die berüchtigte ›Grüne Minna‹ herein, und nach kurzer Fahrt laden sie mich wieder aus. Los ... los. Ich werde in eine Halle eingelassen, wo schon etwa vierzig andere Häftlinge versammelt sind und in Gruppen leise miteinander sprechen. Ich betrachte die Menschen um mich. Meine Schicksalsgenossen, vielleicht auch zukünftige Weggenossen. Viele sind ärmlich und abgerissen gekleidet, blass und abgemagert wie ich selbst. Manche sind aus der Schicht der Intelligenz, Brillenträger darunter, die durch ihre scharfen Gläser kritisch abschätzende Blicke auf ihre Nachbarn werfen, daneben grobe Gesichter auf athletischen Schultern. Die Luft riecht sauer nach den Ausdünstungen, der Erregung der dicht beieinanderstehenden Männer, die in Schweiß geraten sind.

Durch eine schmale Seitentür erscheint ein junger Polizeioffizier. Er schließt die Tür sorgfältig hinter sich. Er schreitet auf einen kleinen rohgezimmerten Tisch zu, schichtet einen Stapel Papiere vor sich auf, die er aus seiner Aktenmappe herausgeholt hat, und nimmt dann auf einem Hocker Platz. Sogleich tritt vollkommene Stille ein. Auf den Gesichtern liegt gespannte Erwartung. Der junge Polizeioffizier blickt sich in der Runde um, dann greift er nach dem obersten Papier und liest mit lauter Stimme einen Namen: Familienname, Vorname, Vatersname (nach Landesbrauch folgt dem eigenen Vornamen der Vorname des Vaters mit angehängtem »owitsch«, was bedeutet: »Sohn des ...«, z. B. Iwanowitsch oder abgekürzt Iwanitsch = Sohn des Iwan).

Der Aufgerufene tritt vor, nimmt ein Papier entgegen, unterzeichnet den Empfang und ... hält sein Urteil in der Hand. Der

Nächste wird aufgerufen. Große Erregung breitet sich aus. Ein dichtes Knäuel bildet sich um die Männer, die ihr Papier zu lesen beginnen. Über die Schulter des Vordermanns entzifferten einige den verhängnisvollen Inhalt. Ein Summen schwirrt durch die Luft: Pa...ra...graf 58 z... z... was, gottverdammich, z...e...h...n Jahre La...ger...haft. Prächtiges Urteil, dich hat's erwischt, z.e.h.n z..e..h..n Jahre, ich f..k deine Mutter!

Der Nächste wird aufgerufen – und der Nächste, und jetzt bin ich dran. Gewöhnt an die geläufigen heimatlichen Namen fällt dem jungen Polizeioffizier am Tischchen schwer, das fremdländische Wort auszusprechen. Die Zunge stolpert, und während sie zum zweiten Mal Anlauf nimmt, stehe ich schon vor ihm. Ein kurzer, neugieriger Blick streift den Ausländer, ich bekomme mein Papier ausgehändigt und schon greift er nach dem nächsten. Mir fällt noch schwer, die Sprache zu lesen. Ich entziffere: Westheim, Axel, Albertowitsch. Paragraf SOE, Strafmaß 5 Jahre Lagerhaft. Vor dem SOE steht noch eine Zahl, 58. Mir schwindelt. 5 Jahre. Soll das die letzte Entscheidung sein in meiner Sache?

Ein Papierchen – ein Papierchen, nicht viel größer als eine Postkarte. Da steht mein Urteil drauf. Unwiderruflich. Kein Richter, keine Verteidigung, wie sie internationale Konventionen in allen zivilisierten Ländern der Welt dem Häftling zusichern. Erschüttert halte ich das Papier in der Hand. § 58, SOE, 5 Jahre Lagerhaft. Das ist das Maß, was man dir zumisst. Und wer hat sie dir zugemessen, diese fünf Jahre Lagerhaft, welche geheimnisvolle Macht, die dich nicht erblickte, die irgendwo hinter verschlossenen Türen kaltblütig dein Urteil fällte? Und wofür, wofür? Wahrhaftig, die Männer in der Zelle hatten recht, ein Stück Dreck bist du, geringer als ein räudiger Dorfköter. In diesen Sekunden, wo der Glaube an Gerechtigkeit im Vaterland des Sozialismus erschüttert wird, gibt es nur eins: Ruhe und Disziplin bewahren. Die Zunge hüten. Du lebst im Lande der unumschränkten Diktatur. Schweig, schweige.

Ein Raunen, Gestikulieren, erregt hingeworfene Worte – Mutterflüche – ich bin zurückversetzt in die Wirklichkeit. Die Papiere sind verteilt, der junge Offizier hat den Raum verlassen. Die Abgeurteilten flüstern sich ihr Strafmaß zu und diskutieren erregt miteinander. Manche sind stumm vor Verzweiflung, andere gleichgültig oder erleichtert nach den Qualen der Unsicherheit. Inzwischen haben sich Neugierige um mich gesammelt, um zu erfahren, wie der Ausländer weggekommen ist.

Schon beim Namensaufruf, aber auch nach Aussehen und Kleidung, haben die Männer mich als Fremden erkannt. Die Menschen hier sind unheimlich wach und fordernd, sobald ihre hellen Sinne etwas Neues, Unbekanntes aufspüren. Sie kreisen dich förmlich ein, verkrallen sich in dich und fordern dich heraus, Rede und Antwort zu stehen. Wer bist du, wo kommst du her, was hat dich hierher verschlagen? Sie haben sich dichter um mich gedrängt. Einer versetzt mir einen Schlag auf die Schulter. Er lacht und dieses Lachen lockert die düstere Atmosphäre auf, die sich bleischwer über den Raum gesenkt hat.

»He, Ausländer, was treibt dich denn in unsere Gefilde? Haben sie dich am Arsch gekriegt? Was, ein Deutscher bist du? Fritze oder Hans? Jaa«, er hebt den Zeigefinger und sein Gesicht nimmt einen spitzbübischen Ausdruck an, »unsere Leute sind eine fixe Truppe. Zack, und schon bist du in der Falle. Ja, rein geht's schnell, aber raus, haha, da kannst du zappeln. Mach dir nichts draus, kommst schon wieder zurück zur Frau. So sagt man doch zu euern Baben, ›Frau‹! Ja, ich weiß, hab mal Leute von euch getroffen, schon lange her. Hübsche Frau war das.« Ich nicke ihm zu.

Nach dieser Präambel, der alle andächtig lauschten, senkt er die Stimme zum vertraulichen Zwiegespräch. Geheimnisvoll flüstert er:

»Wieviel haben sie dir verpasst, Ausländer, sind freigebig, unsere Leute, was? Brot wenig, Strafe viel.« Die andern lachen.

»Lass doch mal sehen – das Papierchen.« Ich zeige es ihm.

»Fünf … was … seh' ich recht, fünf … fünf Jahre? Kann doch nicht wahr sein.«

Bewegung entsteht unter den Männern. Er erhebt seine Stimme wieder zu voller Lautstärke. »Genossen«, ruft er – und spreizt die fünf Finger der erhobenen Hand, »der Ausländer hat fünf Jahre gekriegt.« Bewegung und Stimmengewirr.

»Ein 58er und fünf Jahre.«

Ein hagerer kleiner Mann schüttelt ungläubig den Kopf. Der Wortführer drängt sein Gesicht ganz nahe an meins, als ginge es um ein Geheimnis.

»Du Glücksferkel, gratuliere, Ausländer, bist ein Mordskerl.« Und wieder der kräftige Schlag auf die Schulter.

»Gratuliere dir, Bruder«, ruft es von allen Seiten. Was ist los, wollen sie mich in meinem Unglück noch veralbern? Ehe ich die Antwort finde, prasselt es Fragen von allen Seiten. Wie lange in Untersuchungshaft gewesen, will einer wissen.

»Neun Monate, großartig, wird dir angerechnet. Bleiben vier Jahre und ein bisschen drüber. Eine Kinderstrafe, hol 's der Teufel«, ruft einer.

»Lohnt sich gar nicht erst ins Lager zu reisen.« Neues Gelächter. Ich starre sie immer noch fassungslos an, aber schließlich finde ich Worte:

»Wieviel habt i h r denn gekriegt?«

»Zehn«, sagt einer. »Ich auch.« »Ich auch«, ertönt es von drüben. »Zehn ist doch die Norm für 58er, weißt du das nicht?«, sagt einer, der sich bisher im Hintergrund gehalten hatte. Ich blicke ihn ungläubig an. »Musst noch manches dazulernen, wie's in unserm Musterstaat zugeht, Freundchen, ech, wir leben … wir leben, f..k deine Mutter.«

»Und wieviel hast du bekommen«, frage ich einen, der abseits steht.

»Fünfzehn.« Fast versagt seine Stimme. Bin ich in einem Gespensterhaus? Haben sich alle verschworen, mich vollends in den Irrsinn zu treiben? Ich höre auf zu fragen.

Die Männer haben ihre Wissbegier gestillt und zerstreuen sich. Dass ich offenbar der Einzige unter uns vierzig bin, der ›nur‹ fünf Jahre bekommen hat, macht mich nicht glücklicher. In meiner Nähe erblicke ich zwei Häftlinge, die mir Vertrauen einflößen.

»Was werdet ihr tun, gibt es eine Berufung, ein Appellations-
gericht? Was soll ich tun? Ich bin zu Unrecht verurteilt.«

»O, im Lager kannst du dann Gesuche schreiben, jeden Monat eins. Bei der GULAG (Abkürzung für Glawnoije Uprawlenije
Lagerow, zu deutsch: Hauptverwaltung der Lager) gehen sicher
täglich Tausende ein. Wenn sie durch die Mühlen durchgemahlen sind, kriegst du irgendwann mal Bescheid. Abschlägigen natürlich. Meinem Schwager ging es so, meinem Freund und seiner
Frau. Und, na ja ...«, er seufzt und wischt die Brillengläser am
Ärmel ab, » ... wahrscheinlich allen 58ern. Und du gehörst auch
dazu.«

»Ja. So steht es in meinem Papier, aber ...«, ich stocke, »... ich
bin unschuldig.« Er lächelt.

»Alle hier im Raum sind 58er. Heut war Aburteilung der Politischen, und wieviele davon unschuldig sind oder schuldig ...« Leise
bewegt er den Kopf und blickt zur Decke. Woher weiß er alles so
genau?

Weiß der Teufel, ich hab bisher nie Bescheid gewusst über Zahlen und Buchstaben von Paragrafen. Und will es auch nicht wissen.
Sie sind gemacht für die Verbrecherwelt. Er betrachtet mich. Scheinbar liest er meine Gedanken. Und ich seine. »Armer Kerl« sagen
seine ausdrucksvollen Augen. Das Signal ruft mich zur Beherrschung.
Mit Aufbäumen und Empörung kommst du nicht weiter. Klug sein,
geduldig. Ich gebe mir Mühe, sachlicher zu werden.

»Was heißt überhaupt dieses 58, Paragraf 58, was bedeutet er?«

»Paragraf 58 ist der Paragraf für politische Verbrechen«, kommt
die prompte Antwort. »Er ist in fünfzehn Punkte oder mehr sogar
untergliedert: Terror, Banditismus, Hochverrat und jede andere
staatsfeindliche Handlung.«

Mir dreht sich alles im Kreise. D a s bin ich geworden –
Hochverräter, Terrorist, Staatsfeind.

»Die häufigste Übertretung«, fährt mein Gegenüber fort, »fällt
unter Punkt 10 dieses berüchtigten Paragrafen. Staatsfeindliche Propaganda. Ein Sammelparagraf oder vielmehr ein Sammelpunkt.

Die schlechte Versorgung oder andere Mängel kritisieren, Fehler der Partei aufzeigen, zu einer wichtigen Versammlung nicht erscheinen – das und vieles mehr. Sicher haben dreißig unter uns den Punkt 10 bekommen.«

»Und du selbst, Genosse?«

»Ich auch.«

»Und wieviel Jahre haben sie dir gegeben?«

»Ich sagte es schon vorhin im Kreise der andern.«

»Ja, ich erinnere mich, ihr wart so viele auf einmal.« Ich werde ganz verwirrt und mir ist, als sei es nur ein Spuk, ein hässlicher Traum, aus dem es ein Erwachen geben wird. Zehn Jahre Gefangenschaft und fünf und nochmal zehn und fünfzehn.

Aber da steht er, dieser Mann, der alles weiß. Lebendig steht er vor mir. Ich kann ihn anfassen. Geduldig hat er abgewartet.

»Ja, zehn Jahre, ich verstehe, und was hast du verbrochen?« Er schien auf die Frage zu warten.

»Ich war dabei, als jemand Flugblätter aufhob, die von der Naziluftwaffe über der Stadt abgeworfen wurden.«

»Und du selbst hast auch welche aufgehoben?«

»Nein, ich nicht. Aber ich hätte den anderen anzeigen müssen. Man hat mich neben ihm gesehen.«

»Für diese Unterlassung zehn Jahre?«, entringt es sich mir.

»Ja.«

»Und der andere?«

»Wurde natürlich verhaftet.«

»Und auch zehn Jahre?«

»Hab ihn nicht mehr gesehen, aber sicher nicht weniger.«

»Wolltest du ihn nicht anzeigen?«

Er zögert mit der Antwort. Ich dringe nicht in ihn. Ich fühle kein Recht, ihn auszufragen. Vielleicht war der andere sein Freund, sein Bruder, vielleicht ganz einfach sein Nachbar, mit dem er täglich zur Arbeit ging. Sollte er vor ihm zum Schweinehund werden? Abgründe werden aufgerissen, die ich nur ahne wie eine Vision. Aus ihnen steigen die Gespenster der Denunziation, Gespenster der von Gewissenskonflikten Gepeinigten, Gespenster aus der Zeit der Inquisition, wie sie der Maler Hieronymus Bosch auf seinen Bildern darstellte. Mit Gewalt verscheuche ich solche Vorstellungen. Realistisch denken, aus Tatsachen die Zusammenhänge dieses Systems begreifen lernen, die dem unerfahrenen Ausländer noch verschlossen sind. Bitter nötig werden sie mir sein.

»Wie heißt du, Genosse, ich möchte dich mit Namen anreden.« Sein Gesicht wird gelöster.

»Nikolai Andrejewitsch.« »Also Nikolai Andre … Andre …«

»Andre-je-witsch«, hilft er nach.

»Noch ein bisschen schwierig für mich.«

»Sag einfach Nikolai.«

»Gut, ich heiße Axel. Also Nikolai, auf meinem Papier steht zwar die 58, aber kein Punkt dahinter, sondern drei Buchstaben.«

»Was für Buchstaben?«, fragt Nikolai interessiert.

»Da … lies selbst.« Er rückt das Drahtgestell seiner Brille zurecht, um das an den Bügelenden Stückchen Lappen gewickelt sind. Er liest laut: SOE.

Ehe er antwortet, rufe ich schon ungeduldig: »Was bedeutet das, was soll es heißen?«

»SOE«, sagt er, »heißt ›Sozialgefährliches Element‹«. Ich erbleiche.

»So schlimm ist das nicht.« Beschwichtigend hebt er die Hand.

»Das soll nicht schlimm sein?«, fahre ich ihn an, »ich denke, das ist furchtbar.«

»Nicht doch, nicht doch.« Er wird etwas ärgerlich. »Lass dir erzählen, Axel, du hast deshalb keinen der Punkte bekommen, weil in deinem Falle keiner anwendbar ist.«

»Wieso, Nikolai?« Er räuspert sich. »Es hat keinen nachweisbaren Tatbestand gegeben, stimmt das?«

»Ja, genau. Mir war nichts nachzuweisen, weil ich unschuldig bin.«

»Schon, schon, hör zu. Der Begriff SOE trifft auf alles Mögliche zu, was selbst der Unschuldigste nicht widerlegen kann, zum

Beispiel Verdacht, ganz einfach Verdacht oder die Möglichkeit mangelnder Vorsicht. Also keine konkret nachgewiesene Schuld, deshalb kein konkreter Punkt und nur fünf Jahre für dich.«

»Nur … nur … und dafür ins Strafgefangenenlager.«

»In ein Lager für zeitweilig isolierte Bürger«, verbessert mich Nikolai, »das ist die offizielle Bezeichnung. Du hast nur fünf Jahre bekommen« – beschwörend erhebt er seine Stimme – »Axel, sei froh und halt den Mund. Es wird besser für dich sein.«

Der gutgesinnte Kerl will mich aufheitern. »Axel, hat man dir in der Zelle nicht die Anekdote erzählt, die im ganzen Lande die Runde macht? Ein einsamer Mann sitzt nachts im Park auf einer Bank. Polizisten kommen und verhaften ihn. In der Polizeistation wird ihm mitgeteilt: Im Park wurde ein Raubmord verübt. Sie sind der Mörder. Beweisen Sie das Gegenteil.«

»Wahrhaftig, so ist's, Nikolai. Beweisen Sie, dass Sie kein sozialgefährliches Element sind. Nikolai, wie sind sie denn mit d i r verfahren, warst du vor Gericht?«

»Gericht? Woher denn. Hier, das ist unser Gericht.« Er schwenkt sein Papier in der Hand. Mit den Fingern der anderen Hand streicht er dagegen.

»Und keiner von uns hier …?«

»Keiner, kein einziger. Unsere Vergehen gelten als Verbrechen gegen die Staatsmacht. Die Zivilgerichte beschäftigen sich damit nicht, soviel ich weiß. Sie sind für Kriminalität zuständig. Ein Raubmörder – ja. Das ist etwas ganz anderes. Er wird vor Gericht gestellt und kann sich verteidigen. Er steht höher im Ansehen als unsereiner …«

»Das kann nicht sein«, unterbreche ich ihn.

»Doch, Axel, hör zu. Raubmörder sind Überbleibsel einer menschenfeindlichen, verfaulten bürgerlichen Gesellschaft, gewissermaßen ihre Opfer. Man kann sie umziehen. Nach ein paar Jahren Isolierung sollen sie sich in die neue Gesellschaft eingliedern. Gegen Politische ist man unversöhnlich. Feinde des Volkes sind wir. Auch wenn man seine Strafe abgebüßt hat, haftet einem der Makel noch an.« Feind des Volkes – denke ich – also auch ich einer.

»Du hast sicher gearbeitet«, frage ich Nikolai, »du hast Familie. Es müsste sich nachweisen lassen, dass du in deinem Leben dich loyal gegen den Staat verhalten hast.«

»Ich habe 17 Jahre in einem Institut für Biochemie als Abteilungsleiter gearbeitet, bin Aktivist geworden.«

»Und dein Betrieb ... stellt er sich nicht hinter dich?«

»Sobald du verhaftet wirst, bist du für den Betrieb erledigt. Die vom Gericht angeforderte Beurteilung fällt selbstverständlich negativ aus. Sonst sind der Direktor und der Kaderleiter untauglich.«

»Man kann nicht gegen sein besseres Gewissen handeln, und deine Auszeichnung lässt sich nicht wegleugnen ...«, entrüste ich mich. Mitleidig sieht er mich an.

»Axel, wie wenig du noch weißt. Mit irgendjemand hast du vor drei Jahren ein unkluges Wort gesprochen. Irgendwann hast du beim Subbotnik (freiwillige Sonnabendschicht) gefehlt. Das wird ausgegraben und nachgewiesen, dass die Wurzeln deiner schlechten Gesinnung weit zurückreichen.«

»Und die geleistete gute Arbeit, die Auszeichnung ...«, beharre ich.

»Nichts als abgefeimte Tarnung eines Schädlings, Axel.«

Es klingt so unwahrscheinlich, dass ich ihm nicht glaube. Ich möchte ihn gar nicht mehr ansehen, diesen Mann. Er muss ein Verbrechen begangen haben. Man muss auf der Hut sein. Wer wird auch vor einem Unbekannten, noch dazu einem Ausländer, alles ausplaudern. Sicher sind sie alle Verbrecher, die Leute hier, alle. Gegner ihres Staates. Völlig richtig handelt er. Man muss sie hart anpacken. Es ist Krieg. Sie vertuschen ihre Taten.

Wegen eines Flugblatts zehn Jahre Haft, lächerlich, mir so etwas aufzuschwatzen. Wer weiß, was sie auf dem Kerbholz haben – und ich unter ihnen. Ich habe keine Lust, mit Nikolai weiter zu reden. Inzwischen ist ein anderer hinzugetreten. Er schwenkt sein Papier in der Hand, 10 Jahre. Ich will nicht wissen warum. Ich bin nicht ihresgleichen, bin kein Feind des Volkes. Wäre ich doch ein Raubmörder. Dann hätte ich wenigstens Anspruch auf die unterste Stufe menschlicher Achtung.

*

Die Wachen treten ein. Sie übernehmen das Kommando. Sie laufen hierhin und dorthin und rufen: Antreten … antreten. Los, los. Wir formieren uns zu einem Zug. Und marschieren. Vor einer Stunde trat ich hoffnungsvoll in diesen Raum, meine Schuldlosigkeit zu beweisen und den Freispruch zu erwirken, und vielleicht mancher mit mir. Jetzt marschieren wir heraus, gestempelt zu potentiellen Verbrechern, erdrückt von der Last unseres Urteils. Fünf Jahre, zehn Jahre, fünfzehn Jahre. Marsch – los, los.

Gut, dass in Augenblicken größter Not sehr alltägliche materielle Bedürfnisse dich vor der Verzweiflung retten. Ich spüre, wie mein ständiger Begleiter, der Hunger, bisher durch die Aufregung zurückgedrängt, jetzt mit unerbittlicher Gewalt zupackt. Meine Tagesration an Brot ist aufgezehrt. Aber ich klammere mich an eine Hoffnung. Vorhin im Redeschwall der Männer war die Bemerkung gefallen, dass es ab heute Lagerration geben wird, d. h. mehr Brot und Suppe als im Untersuchungsgefängnis. Und heraus zu sein aus diesem furchtbaren Zuchthaus erscheint mir schon die halbe Freiheit.

Unser Trupp macht in einem langen Korridor halt. Vor einer eisernen Tür erwartet uns der Aufseher vom Dienst und führt den Schlüssel langsam und geräuschvoll ins Schloss. Erregtes Stimmgewirr dringt heraus. Der Sergeant befiehlt die Reihen dichter zu schließen. Dann erteilt er dem Aufseher ein Zeichen – die Tür öffnet sich, und die Begleitmannschaft, sich gegenseitig überschreiend, treibt uns an. Herein, los, los, schneller, schneller, rein mit euch. Die Tür schlägt hinter uns zu. Unser Trupp löst sich in der Mitte eines großen Raumes auf, wo etwa 150 Insassen zusammengesperrt sind. An der einen Längswand lassen auf einen Hof gehende vergitterte Fenster spärliches Licht eindringen.

Die Szenerie ist kaum zu beschreiben. Der Raum ist fast völlig nackt. Im Halbdunkel sucht man vergeblich einen Tisch, einen Hocker, eine Pritsche zum Liegen oder einen Schrank. Nur entlang der vier Wände sind stufenartige Holzpodeste eingebaut, auf denen zusammengedrängt Häftlinge sitzend oder liegend die Zeit totschlagen. In der Mitte des Raumes fasziniert den Blick ein unvorstellbares Durcheinander stehender, sitzender, redender, gestikulierender oder auf orientalische Art auf den Fußsohlen hockender Individuen oder Gruppen von Menschen. Dazwischen liegen auf dem grauen Holzdielenfußboden mehrere dünne schmutzige Matratzen verstreut umher, kümmerliche Ruhestatt armer Kreaturen, die starr den Blick auf die Decke heften oder unangefochten von Lärm und Fußtritten Umherstehender ihr Unglück im Schlaf zu vergessen suchen. Darüber schwebt ein Dunst von Menschenfleisch, Zigarettenqualm, Essensgeruch und alten durchschwitzten Kleidern.

Würde sich vor dieser Szenerie plötzlich ein Bühnenvorhang erheben, so könnte der Zuschauer im Parkett ein Räuberlager vor dem Aufbruch zu neuen Raubzügen, aber auch durch Krieg oder eine Naturkatastrophe vertriebene Flüchtlinge auf der Rast vermuten, ehe sie den Marsch ins Ungewisse fortsetzen. Doch weshalb sich ins Reich der Phantasie begeben! Wir befinden uns im klassischen Land der Strafexpeditionen, der Verbannungen, im Lande Leo Tolstois und seiner ›Auferstehung‹, im Lande Dostojewskis, im Lande, wo vor wenigen Jahrzehnten Lenin und Stalin selbst mitten in der gleichen Umgebung ihr Schicksal erwarteten. Diese grausamen Zustände sind über Jahrhunderte ein so fester Bestandteil des Lebens geworden, dass eine neue Ordnung sie nicht in 25 Jahren überwindet. Man darf es nicht vergessen. Und vergessen darf man nicht, dass die langfristigen Strafen von fünf, zehn, fünfzehn und mehr Jahren ebenfalls ein Erbteil des Zarismus sind.

Das Geräusch des Schlüssels, das Öffnen der Tür, der Eintritt unserer Gruppe hat die Häftlinge elektrisiert. Wir werden von ihnen umringt und mit Fragen überschüttet – den ewig gleichen Fragen, solange Gefangene sich begegnen, überflüssigen abgenutzten Fragen, deren Beantwortung im Grunde niemand interessiert noch ihm nützlich ist. Doch jeder stürzt sich auf die Ankömmlinge, als brächten sie die ersehnte Botschaft einer baldigen Befreiung aus ihrem Elend.

»Wo kommt ihr her? He, du, Kumpel, wieviel hast du gekriegt? Was? 15 Jahre haben sie dir verpasst? Ich f..k deine Mutter. Und wofür? Weißt du nicht? Ha ha, hört zu Jungens: 15 Jahre … gehört? Paragraf? Ach so, du bist 58er.« Er senkt die Stimme: »Politischer, na das ist was anderes. Was, alle seid ihr 58er? F..k deine Mutter …« Schon drängen sich andere dazwischen. Sie suchen bekannte Gesichter, Kameraden, die mit ihnen verhaftet wurden und hier auftauchen könnten oder jemand aus ihrer Stadt, ihrer Straße, der ihnen ein Lebenszeichen von der Familie, von Freunden bringt. Aus dem hinteren Teil des Raumes sind noch mehr Häftlinge dazugekommen.

»Wie sieht's an der Front aus, wisst ihr was?«, fragen sie. Muss doch bald Schluss sein mit dem Krieg, verdammt nochmal. Hab mich freiwillig in die vorderste Linie gemeldet, aber sie nehmen mich nicht, Hundesöhne. Sitzt hier rum mit gesunden Knochen, könntest deinen Mann draußen stehen, den Fritzen (den Deutschen) Beine machen. Lange kann's nicht mehr dauern. Und dann kommt für uns die Amnestie. Einer fängt das Wort auf, gibt's weiter. Amnestie. Es zündet wie ein Funke. Alles horcht auf. Amnestie.

»Ihr Scheißer mit eurer Amnestie, macht Platz.« Die Schnorrer sind wach geworden, bahnen sich aus dem Winkel, wo sie herumgelungert haben, den Weg zu den Neuen.

»Kamerad, gib zu rauchen, sei so gut, nur ein Körnchen.« Auf ein Blättchen hingehaltenes Zeitungspapier wird Machorka geschüttet. (Machorka ist eine Pflanze, die in Bauerngärten gezogen wird. Blätter und Stengel werden fein gehäckselt, an der Luft getrocknet und wie Tabak geraucht. Als Papier dienen abgerissene Zeitungsstücke.)

Plötzlich kriegst du einen kräftigen Stoß von hinten, wirst gegen deinen Nachbarn geschleudert, dem die Machorka verschüttet wird. Finster aussehende Burschen in zerfetztem Hemd und schmieriger Hose drängen sich hautnah an dich heran, betasten deine Schenkel, deine Brust nach Sachen. Bei Abwehr zeigen sie dir die geballte Faust und stoßen obszöne Flüche aus. Die Kriminellen. Die meisten im Raum sind Kriminelle. Draußen begingen sie Gewalttaten und hinter Gittern setzen sie ihr Werk fort. In meiner Nähe befinden sich sechs oder acht handfeste Burschen, die aussehen, als ob sie keine Gewalt scheuen. Sie können Menschen tyrannisieren, Gefangene im Besitz von Lebensmitteln, die sie von zuhause geschickt bekamen, berauben, von Rauchern dreist Machorka fordern, Schlägereien provozieren. Sie werden uns noch oft das Leben zur Hölle machen.

Ich rief mir frühere Anweisungen ins Gedächtnis, wonach Widerstandskämpfer im Falle der Verhaftung als Verfechter einer politischen Idee auftreten sollen und die Berührung mit Kriminellen in der Haft scharf ablehnen müssen. Im Lande des Sozialismus hat sich das Blatt gewendet. Abgestempelt mit dem Paragraf 58 als politischer Verbrecher stehe ich tiefer als sie.

Einige aus unserer Truppe haben sich schon abgesondert. Auch Nikolai Andrejewitsch ist in der Menge verschwunden. Es wird höchste Zeit, mir in dem vollgestopften Raum Platz zu suchen, oder ich muss die Nacht sitzend verbringen. Eine neue Art von Kampf beginnt, von der ich bisher verschont war, der Kampf, sich in der Masse der Gefangenen aller Schattierungen bis zum Zuchthäusler zu behaupten.

Ich blicke mich etwas unsicher um, als ein Mann mittleren Wuchses auf mich zukommt, das Kinn und die Wangen voll angegrauter Bartstoppeln – und als er ganz nahe vor mir steht, blicken mich ein Paar gute blaue Augen an.

»Sie sind sicher ein Ausländer«, redet er mich freundlich auf deutsch an. Ich nicke. »Hab ich sofort gemerkt, schon am Aussehen und der Kleidung. Mein Gott, wie sind Sie hierher verschlagen worden?« Ein schmerzliches Lächeln gleitet über seine Züge. Doch schon unterdrückt er diese Regung. »Schnell, schnell, keine Zeit verloren. Sie müssen einen Platz finden. Kommen Sie neben mich, irgendwie quetschen wir Sie noch hinein.« Ich folge ihm zur Längswand des Saales, zu den eingebauten Holzpodesten, die Nachbarn rücken friedfertig zusammen. Ich habe meinen Platz.

»Danke«, sag ich, »wann gibt's was zu essen?« Ich kann mich vor Hunger kaum bewegen, Magen und Därme schmerzen unerträglich. »In einer Stunde«, sagt mein Nachbar. Eine Höllenstunde wird es werden.

Ich kann mich kaum rühren, nichts denken. Ich bemerke, dass mein freundlicher Nachbar von dem Jutesack, auf dem er gesessen hat, heruntergerutscht ist. Jetzt schiebt er ihn gegen die kalkige Wand, kniet sich davor, sodass er ihn mit seinem breiten Rücken verdeckt, und vom Raum her niemand beobachten kann, wie er den kräftigen Strick löst, öffnet, schnell hineingreift, etwas herausnimmt und wieder zubindet. Solche Aktionen müssen rasch und geschickt erledigt werden. Die Kriminellen wagen sich selten an verschlossene und bewachte Gegenstände heran. Erspähen sie sie aber geöffnet, dann stürzen sie sich darauf wie Tiere, überwältigen den Besitzer und rauben alles heraus. Esswaren werden meist auf der Stelle verschlungen, Kleidung und Machorka mit den Helfershelfern geteilt. Schon sitzt der Nachbar wieder auf dem festgebundenen Sack. In der Hand hält er zwei hausgebackene Zwieback aus Schwarzbrot (Suchari). Diese getrockneten Schwarzbrotschreiben, die sich lange halten, liegen fast immer in den Päckchen, die die Gefangenen von ihren Angehörigen in die Gefängnisse und Lager geschickt bekommen. Von ihrer kargen, rationierten Brotportion sparen sie sich die Menschen draußen vom Munde ab für die Ihren hinter Gittern und Stacheldraht.

Jetzt geschieht etwas Wunderbares. Mein Nachbar flüstert: »Nehmen Sie« und führt die Hand, die die Suchari verdeckt, vorsichtig an den Knien entlang, dass es niemand bemerkt, zu mir herüber. Ich halte beide fest, und schon sind sie verschlungen. Ich verspüre eine Linderung im Magen. Dann holt er aus der Jackentasche ein leinenes Beutelchen voll Machorka.

»Eine Zigarette beruhigt die Magennerven«, sagt er.

Seine Stimme ist angenehm wohltönend, und ich bin berührt, wie er sich um mich sorgt. Er hält mir ein akkurat rechteckig abgerissenes Stückchen Zeitungspapier hin und streut ein wenig Machorka drauf. Ungeschickt versuche ich daraus eine Zigarette zu drehen. Ich bin noch unerfahren, Machorka ist nicht faserig wie echter Tabak, sondern krümelig und glatt. Stets schiebt sie sich in die Mitte zu einem Bauch, und an den Enden bleibt blankes Papier.

»Geben Sie her, ich, ich dreh' Ihnen eine.« Er hatte meinen Versuchen geduldig zugesehen und legt mir jetzt das gleichmäßig schlanke Stäbchen auf die hingehaltenen Daumen und Zeigefinger beider Hände, sodass ich nur noch die Papierkante anzufeuchten und zu verkleben brauche. Es ist ein festlicher Augenblick.

»Ich möchte Ihren Namen wissen, sagen Sie ihn mir?«

»Aber natürlich … Dmitrij.«

»Ich bin Axel. Woher sprechen Sie so gut deutsch, Dmitrij?«

»Mütterlicherseits stamme ich von Deutschen, mein Vater war Russe. Meine Mutter sprach zuhause deutsch mit mir. Ich bin ihr dankbar dafür, dass sie mich zwei Sprachen lehrte.«

»Ich ihr auch, Dmitrij«, sage ich lächelnd. »Und Sie haben scheinbar nicht nur die Sprache von ihr, sondern auch Züge ihres deutschen Charakters.«

»Glauben Sie, dass hat mir noch niemand gesagt.«

»Einerlei, Dmitrij, für mich gibt es keine Unterschiede zwischen Völkern und Sprachen. Wie tief ich auch hier gedemütigt werde und früher von der eigenen Heimat, das Volk ist nicht schuld, weder hier, noch dort.«

»Nein, Sie haben recht, aber lassen wir das, Axel«, seine Stimme beginnt zu vibrieren, »seien Sie vorsichtig, es gibt überall Lauscher. Jedes Wort ist gefährlich. Sie sind erst kurz hier, alles ist Ihnen fremd, aber … verstehen Sie, überall sitzen wir auf Dynamit.«

»Dmitrij, gut, dass ich Sie getroffen habe, werd' noch viel lernen müssen.«

»Ach«, wehrt er ab, »ist uns genauso gegangen, Axel. Viele sind vorsichtig gewesen und doch in eine heimtückische Falle geraten. Dafür müssen sie schwer büßen.« Eine Weile schweigen wir und blicken den Rauchwölkchen unserer Machorka nach. Hinten, in der äußersten Ecke des Raumes, die fast dunkel ist, entsteht Lärm. Man vernimmt Schläge, halblaute Schreie, lästerliche Flüche. Nichts von Bedeutung, meint Dmitrij gelassen. Die Ganoven raufen sich wiedermal um die Beute.

»Welche Beute?«, frage ich.

»Irgendjemand haben sie etwas entwendet, Machorka, Suchari oder Sachen, beim Verteilen gibt's Krach. Passen Sie nur gut auf das Ihre auf«, ermahnt Dmitrij, »niemand ist sicher, wir sind unter Räubern.«

Mir brennt die Frage auf den Lippen. »Dmitrij, Sie haben mich heut früh aus der Untersuchungszelle geführt, mir ein Papier mit dem Urteil in die Hand gegeben – und nun bin ich hier. Niemand sagt einem, was mit uns geschieht, man wird hierhin, dorthin geschoben wie ein Gegenstand.« Dmitrijs warnender Blick trifft mich: »Ja richtig, seien Sie nicht böse, es ist schwer.«

»Aber wo sind wir hier?«

»Was steht in Ihrem Papier, wo Sie die Haft abzubüßen haben, Axel?«

»Im Lager.«

»So … und das ist hier die Vorstufe, die Etappe, von wo die Verurteilten in die Lager verschickt werden.«

»Und wohin verschickt man uns?«

Dmitrij lächelt. »Wer das wüsste. Das Ziel wird geheim gehalten. Man weiß es erst, wenn man angelangt ist.«

»Und wie lange werden wir hier zubringen müssen?«

»Auch das weiß niemand. Ganz unbestimmt. Manche warten acht, manche vierzehn Tage, manche länger. Sehen Sie da drüben links? Die Tätowierten? Das sind gefährliche Verbrecher. Haben vor nichts und niemand Achtung. Die können fünfzehn und zwanzig Jahre gekriegt haben. Sie sind schon vier Wochen hier.«

43

»Und Sie, Dmitrij?«

»Morgen werden es zehn Tage. Wann kommt man je wieder aus diesem Elend heraus!« Verloren blickt er in die Weite.

»Und nicht weit von den Tätowierten, Dmitrij, das sind doch noch Jugendliche, halbe Kinder.«

»Ganz recht, Oberschüler.«

»Was, man sperrt Schüler ein?«, empöre ich mich.

»Ja – o ja – auch das gibt's«, meint Dmitrij bedächtig.

»Das kann nicht wahr sein.«

»Doch, es ist aber wahr.« Mich packt ein Wutanfall, aber ich unterdrücke ihn eingedenk Dmitrijs Warnung. Als ich die Fassung wiedergewinne, erkundige ich mich nach den näheren Umständen. Dmitrij antwortet mit gesenkter Stimme:

»Sie haben eine illegale Schülerzeitung gedruckt, worin sie die Schulleitung kritisierten und mehr Meinungsfreiheit forderten.«

»Und was haben sie dafür gekriegt?«

»Drei von ihnen zehn Jahre, einer acht.«

»Das ist unfassbar, wie ist das in diesem Lande möglich?«

»Sie können hingehen und sie fragen«, meint Dmitrij gelassen, »hab' mich lange mit ihnen unterhalten, sie sind siebzehn, achtzehn Jahre. Natürlich sind Abitur, Studium und berufliche Perspektive zerschlagen – wegen eines Jugendstreichs.«

»Ich denke, kein böswilliger Streich, Dmitrij, sondern ehrliches Wollen voll jugendlichen Ungestüms.«

Dmitrij schweigt. Er hat sich eine neue Zigarette gedreht und stößt bedächtig den Rauch in die Luft.

»Dmitrij«, ich kann mich noch nicht fassen, »nach welchem Paragrafen sind die Jungens verurteilt worden?«

»58 natürlich. Stellen Sie sich vor, wenn sie rauskommen, sind sie Männer, die ihre Jugend hinter Stacheldraht verbrachten.«

»Was für eine Tragik«, werfe ich ein, »auch für die Eltern …«

»Möglich, dass einige von ihnen gleich mit abgegangen sind. Solche Erzieher können nur Staatsfeinde sein«, sagt Dmitrij.

»Man wird sie amnestieren, die Jugendlichen.«

»Nicht sehr wahrscheinlich. 58er fallen im Allgemeinen nicht unter die Amnestie.«

Paar Tage später begegnete ich den Jugendlichen. Sie bestätigten Dmitrijs Angaben. Auf einer kleinen Handpresse hatten sie ihre Wünsche und Vorstellungen sowie Kritik bestehender Zustände auf Flugblätter abgedruckt und in der Schule verteilt.

»Neben sich sehen Sie auch einen 58er sitzen, Dmitrij.«

»Konnte ich mir denken, dass Sie kein Krimineller sind.« »Und Sie?« »Natürlich auch.«

Am nächsten Tage erzählt mir Dmitrij seine Geschichte. Er arbeitete in einem Baukombinat der Hauptstadt als Technologe. Er ist verheiratet, Mitte vierzig, hat einen erwachsenen Sohn, eine hübsche Wohnung. Zum Geburtstag seiner Frau hatte er Gäste eingeladen.

»Eine alte Tradition«, sagt Dmitrij, »der Geburtstag meiner Frau wurde bei uns immer besonders festlich begangen. Nun, an Feiern war in diesen schweren Tagen nicht viel zu denken, aber es fanden sich doch ein paar Freunde ein, um zu gratulieren. Man trank ein Gläschen und war zufrieden mit dem, was die Frau noch auf den Tisch stellen konnte. Die Gespräche waren nicht geburtstäglich. Alle bewegte die Lage an den Fronten, die heftigen Angriffe der deutschen Wehrmacht, die Gegenoffensive unserer Armee, die den Faschisten harte Schläge versetzte. Die Kämpfe forderten furchtbare Opfer. Kaum eine Familie blieb verschont und die Frage, ob unser Land die schweren Opfer allein tragen müsse und wann eine wirksame Hilfe der Alliierten zu erwarten sei, wurde voll Besorgnis erörtert. Dieses Gespräch hat in mir Wunden aufgerissen. Das Blut unseres Volkes fließt in Strömen. Und gerade in diesen Tagen wurde auch meine eigene Familie von einem schweren Unglück getroffen. Meinen Sohn, unser einziges Kind, brachten sie von der Front in einem schlimmen Zustand zurück.« Dmitrijs Stimme vibriert. Zum ersten Male erlebe ich unmittelbar die Tragik dieses Völkerringens. »Verwundet – das wäre noch nicht das Schlimmste«, fährt Dmitrij fort, »Wunden können heilen. Doch der Einschlag des Geschosses hat die Lunge getroffen. Saschas Gesundheit ist sehr schlecht. Er war

Offizier. Aus dem Dienst ist er entlassen. Untauglich. Seine Mutter pflegte ihn hingebungsvoll. Ja – und jetzt«, Dmitrijs Augen werden feucht. »Seine Mutter wird ihm beistehen«, suche ich den Verzweifelten zu trösten. »Seine Mutter wurde mit mir verhaftet. Sie sitzt hier.« Er zeigt nach der Wand. »… paar Türen weiter, ich habe es erfahren.« Seine Stimme ist wie gelähmt.

Woher noch Trost für Dmitrij nehmen bei so viel Leid. Eine lange Weile sitzen wir wortlos beisammen. Ich bin erleichtert, als er sich eine Machorkazigarette anzündet.

»Dmitrij …«, nehme ich schließlich den Faden wieder auf, »… erklären Sie mir die Zusammenhänge. Ich kann's nicht fassen … die Gespräche … Sie … Ihre Frau verhaftet … war es etwa der Geburtstag, der Ihnen beiden zum Verhängnis wurde, das Zusammensein mit den Freunden?«

»Ja, so war's, Axel. Freunden – Sie sagen ›Freunden‹ – sie waren's einmal. Der Freund, der gestern einer war, wird über Nacht zum Verräter.« Ich blicke ihn erstarrt an. Seine warmen Augen erfüllt Abscheu. »… Ja Verräter. Für Sie schwer verständlich, Axel, man muss die komplizierte Lage in unserem Land kennen. Die Überwachung wird gegenwärtig immer schärfer. Eine Atmosphäre von Angst und Misstrauen schwelt unter den Menschen. Verhaftungen häufen sich, sogar auf offener Straße. Guten Tag, Genosse, heißt es, sind Sie nicht Iwanow, Wassili Petrowitsch? Kommen Sie mit. Und verschwunden bist du für die nächsten zehn Jahre. Keiner traut dem andern, nicht der Vater dem Sohn, noch der Bruder dem Bruder. Dein Freund setzt sich an deinen Tisch. Er hat Angst vor dir. Ein paar offene Worte werden gewechselt – von dir ehrlich gemeint –, aber er denkt, vielleicht ist es eine Falle und du willst ihn nur testen, ob er als frisch bestallter Provokateur auch entsprechend darauf reagieren wird. Und so geschah es. Ein alter Freund zeigte mich und meine Frau nach diesem Abend an.«

»Doch nicht wegen der Forderung nach der zweiten Front? Sie war berechtigt«, werfe ich ein, »wir haben uns im Ausland oft diese Frage gestellt.«

»Das stimmt, doch hier ist es etwas anderes. Es darf darüber nicht öffentlich gesprochen werden. Die Kampfmoral kann absinken, fürchtet man, Defaitismus entstehen und die Siegeszuversicht in der Heimat und an der Front untergraben.«

»Ach, Dmitrij, und wieviel dafür, dass Sie im eigenen Haus unter Freunden sprachen?«

»Jeder zehn Jahre.« Ich greife nach seinem Arm. »Vertrauen Sie niemand hier, Axel, n i e m a n d . Das Vertrauen hat mich ins Unglück gestürzt.«

»Das Vertrauen zu einem guten Freund.«

»Ja, Axel«, sagt er erregt »wer dringt in dieses Labyrinth des Schreckens, der Feigheit, der Niedertracht.« Dmitrij spricht ganz leise, kaum hörbar. »Die Menschen sind so verängstigt, dass sie zittern, wenn an ihre Haustür geklopft wird. Sie sind keine Menschen mehr.« Dmitrij sieht keinen Ausweg. Zwei Leben zerstört, der Sohn allein und hilflos zurückgelassen.

Nach zehnjähriger Trennung, nach zehnjährigem Lagerleben gealtert und zermürbt, wird ihnen irgendwo im Lande ein Platz zum Weiterleben angewiesen werden. Dmitrij hätte zwanzig Jahre auf sich genommen, um damit die Freiheit seiner Frau zu erkaufen und dem Sohn den mütterlichen Beistand. Nun klammert er sich an die Hoffnung, mit seiner Frau ins gleiche Lager zu kommen. Von Freunden erhält er kleine Päckchen, Machorka und getrocknete Schwarzbrotscheiben – Suchari. Manche davon fallen für mich ab.

Ich bin so ausgehungert, dass meine Gedanken sich stundenlang nicht vom Essen lösen können. Ich träume vom Essen. Wenn Dmitrij sich ans andere Ende des Raumes begibt, um sich mit Häftlingen zu unterhalten, passe ich auf seinen Lebensmittelsack auf. Einmal vergaß ich mich und schnürte ihn heimlich auf, griff hinein und stahl Suchari heraus. Danach war ich beschämt über diese Gemeinheit gegen einen Menschen, der gut zu mir ist. Am eigenen Leibe erfahre ich, wohin der Hunger den Menschen treiben kann. An ihm zerbricht die beste Erziehung – sogar die eines Axel W. – und die edelste Moral, die mir meine Mutter beigebracht hatte. Brechts Song aus der Dreigroschenoper fällt mir ein: Erst kommt das Fressen, dann die Moral.

Dmitrij und ich hoffen, ins gleiche Lager zu kommen. Wir sind Freunde geworden. Unterwegs kann man sich besser gegen die Ganoven zur Wehr setzen und sich einfacher ins Lager eingewöhnen. Es ist einer der Lagerträume, die der Häftling gerne träumt – so wie zu allen Zeiten die Elenden und Getretenen sich Märchen und Geschichten ausdenken, in denen Hoffnungen und Wünsche in Erfüllung gehen. Sieben Tage sind wir zusammen, da öffnet sich morgens die eisenbeschlagene Tür. Auf dieses aufregende Ereignis wartet jeder Häftling täglich und stündlich. Es kann für ihn die Befreiung aus der gegenwärtigen Hölle bedeuten, aus diesen Mauern, wo in der Ecke die stinkenden Kübel stehen, die Menschen zusammengepfercht vegetieren, es kann der Aufruf zum Abtransport ins Lager sein.

Eine Woche und länger öffnet sich die Tür oft nicht, außer wenn die Kübel von den Kalfaktoren heraus- und zurückgeschafft werden. Sofort schließt sich die Tür wieder hinter ein paar jungen Polizeioffizieren, die nur wenige Schritte davon stehen bleiben. Abtransport – Abtransport, raunt es durch den Raum. Die Luft wird noch stickiger, noch heißer vor Aufregung. Die schweren Schaftstiefel schreiten jetzt in die Mitte des Gemäuers. Die Namen der Häftlinge werden verlesen, die sich sofort reisefertig zu machen haben. Dmitrij ist dabei. »Hier«, ruft er laut. »Fertigmachen und antreten, schnell, schnell, los, los«, schnarrt eine Kommandostimme. Mir wird schwer ums Herz. Dmitrij schnürt hastig sein Bündel. Auf zwei Suchari und eine Prise Machorka hoffe ich zum Abschied, aber er ist viel zu aufgeregt, um daran zu denken. Ein Händedruck – und schon steht er eingereiht in einen Trupp von dreißig Männern. Schnell, schnell, los, los – treiben die Polizisten an – marsch, marsch. Schwer fällt die Tür hinter ihnen ins Schloss. Auch Nikolai Andrejewitsch war dabei, der uns ab und zu aufgesucht hatte.

Nach jedem derartigen Ereignis ufert die Erregung unter den Zurückgebliebenen in wilde Spekulationen aus. Manche glauben zu wissen, welche Richtung der Transport einschlagen wird, wobei sich Leute bis fast zur Schlägerei ereifern, ob nach Sibirien oder in den Ural. Andere ziehen aus dem Beruf, dem Alter und anderen Merkmalen der Abtransportierten Schlüsse, für welches der Hunderte von Lagern sie ausersehen sind. Die anwesenden alten Lagerhasen, die zum zweiten oder dritten Mal abgeurteilt sind, oder sich hier auf der Durchgangsetappe von einem Lager ins andere befinden, vermitteln den andächtig lauschenden Neulingen ihre reichen Erfahrungen, gemischt mit todsicheren Tipps für ihre Zukunft und gewaltigen Aufschneidereien. Ich kehre an den Platz zurück, wo eben noch Dmitrij neben mir gesessen hat. Die Tage mit ihm sind wertvoll gewesen. Frei von Hass und Verachtung gegen die, die ihn und seine Familie ins Unglück stürzten, war seine Selbstdarstellung und sein Urteil über Menschen und Zustände konkret und realistisch. Vorläufig scheint mir das, was sich in dieser Welt hier zuträgt, als ein unfassbares Chaos – ein rasender Höllensturz, der mir die Besinnung raubt.

Mit geballten Fäusten muss ich jede Nervenfaser, jeden Gedanken disziplinieren, damit Emotionen nicht die festen Fundamente meiner Weltanschauung unterspülen. Muss mich von gewohnten Denkweisen des Mitteleuropäers trennen und diesen fremden östlichen Erdteil in anderen Dimensionen begreifen, den Dimensionen seiner bis nach Asien reichenden Weite, der geschichtlichen Vergangenheit eines durch Jahrhunderte vom Zarismus in physischer und seelischer Sklaverei gehaltenen Volkes, das niemals die Demokratie gekannt hat. Es heißt aber auch, den Blick zu schärfen für die Widersprüche, für die verheerenden Auswirkungen des Schädlichen und Gefährlichen – und nicht gedankenlos und mit falschem Optimismus auf den Sieg des Sozialismus mit dem »Trotz alledem« auf den Lippen zu vertrauen wie ein Gläubiger aufs Evangelium. Es heißt also, klug eingliedern in sein Weltbild, was Sinne und Verstand wahrnehmen, als unschuldig Verurteilter und elend Heruntergekommener nicht Bitterkeit in sein Urteil einfließen lassen, sondern unermüdlich die Quellen aufspüren, wo sich das

Neue, das menschlich Große manifestiert, und sich selbst einordnen in das unfassbare Geschehen dieser neuen Epoche. Schon die nach der Urteilsverkündung gefasste Meinung – die anderen seien Schuldige, ja sogar Verbrecher, ich selbst dagegen ein reiner Mensch – war eine voreilige Versimplifizierung der Probleme, die nicht zum Ziel führen konnte.

Gelingen muss es mir, einen Panzer anzulegen, um in dieser rauen Welt, der ich für die nächsten Jahre endgültig ausgeliefert sein werde, zu existieren. Gelingen muss es, auf den Luxus von Gefühlen zu verzichten, gar nicht zu reden von ästhetischer Schönheit, die, verkörpert in Kunst, Architektur, Musik, Bestandteil meines Lebens war. Dafür einzudringen in die Menschen neben mir, wer immer die seien, sie von ihrer Geburt, von ihrer Vergangenheit her zu verstehen, menschliche Wärme und echte Empfindungen aufzuspüren, so tief verschüttet sie in dieser grausamen Umwelt auch sein mögen. Etwa eine Woche nach Dmitrijs Fortgang öffnet sich wieder die eisenbeschlagene Tür, wieder treten sie mit knarrenden Stiefeln ein. Abtransport – Abtransport, raunt es wieder durch die Reihen, und mit schneidiger Stimme werden Namen aufgerufen. Diesmal ist meiner dabei. Wir sind etwa fünfundzwanzig. »Schnell, schnell, marsch, marsch, los, los, antreten«, wird in die aufgeregte Masse hineingeschrien. Die Oberschüler, die wegen Kritik an der Schule acht und zehn Jahre bekommen haben, sowie die Tätowierten gehören auch diesmal nicht zum Transport.

Wieder formiert sich ein grauer, zusammengewürfelter Trupp anonymer menschlicher Lebewesen, wo keiner vom andern weiß, wer er ist, woher er kommt. Sie führen uns durch Korridore in einen nackten Raum und schließen uns ein. Entlang den Wänden stehen im Fußboden verankerte Holzbänke. Viele Stunden sitzen wir und warten. Zwischendurch werden die Personalien geprüft: Familienname, Vorname, Vatersname, Paragraf, Lagerfrist. Alles stimmt. Der Polizist zwirbelt seinen Bart und stößt einen Seufzer der Befriedigung aus. Dann holen wir unser Gepäck aus der Aufbewahrungskammer. Meine zwei großen Lederkoffer nehmen sich

neben den Beuteln und Holzkisten der andern aus wie Prunk-
stücke. Achtundvierzig Augen verschlingen sie mit Blicken.

Inzwischen ist ein mörderischer Hunger ausgebrochen. Balander – Balander – (Gefängnisjargon für Essen) wird laut an der Tür
gerufen, damit die Wachen es hören. Es muss Mittagszeit sein und
Ängstliche befürchten, dass wir ohne Balander abtransportiert werden. Glücklich, wer noch Suchari hat. Manche rauchen Machorka
und sind scheelen Blicken ausgesetzt. Den Banditen, von denen
unterwegs Überfälle zu erwarten sind, geben die Raucher eine Prise
ab, um sie gnädig zu stimmen. Wie wird es mir mit den Koffern
ergehen. Niemand wird mir beistehen. Endlich kommt Balander.
Fünfundzwanzig Tonschüsseln werden durch die Holzklappe hereingereicht, fünfundzwanzig Portionen grässliche Fischsuppe folgen. Weniger als fünf Minuten dauert das Verteilen und Vertilgen
der Mahlzeit. Zwei grobschlächtige Burschen, deren Anblick keine
guten Gefühle wachruft, haben ihre Portionen in eine Schüssel zu-
sammengossen und Brot hereingebrockt. Es sieht nach einer sätti-
genden Mahlzeit aus. Mit der Beschwichtigung des Magens werden
auch die Gemüter ruhiger. Doch Ruhe lässt man uns nicht. Die Tür
springt auf. Draußen stehen Wachen in fußlangen Mänteln mit um-
geschnalltem Revolver.

»Los – schnell, marsch, marsch.« Sie treiben uns die Korridore
entlang wie eine Viehherde, in einen Hof hinaus, wo der grün ge-
strichene berüchtigte Transportwagen auf uns wartet, der in der ganzen Welt seinen Namen hat. »Los, los – einsteigen.« Auf dem schmalen Bänkchen sind wir mit unserem Gepäck zusammengequetscht
wie Heringe, in einer Luft zum Ersticken. Die Gittertüren werden
zugeworfen und abgeriegelt. In die Kabine davor steigen zwei Wachen, sitzen, jeder mit einer Maschinenpistole, einander gegenüber
und schließen die äußeren Türen, sodass es innen stockdunkel wird.
Die Fahrt beginnt und hier wird es jetzt lebendig.

Die Stunde der Ganoven ist gekommen. Sie betasten uns, greifen in Manteltaschen und machen sich am Gepäck zu schaffen. Es
setzt Schläge, Schreie werden laut, heißer Atem stößt dir ins Gesicht,

mit Fäusten und Bissen wird das Raufen ausgetragen. Die Schakale stürzen erbarmungslos über ihre Opfer her, die Zeit ist kurz, es gilt sie zu nutzen. Angst kriecht manchem ehrbaren Manne unter die Haut, der sich in der Freiheit von Raubgesindel fernhielt. Und Angst macht ihn zum Handlanger der Banditen, um selbst verschont zu werden und von der Beute noch ein wenig zu profitieren. Wir andern setzen uns zur Wehr. Den Fuß auf dem einen Koffer, den andern fest am Griff, verteidige ich meine Habe und schreie Beschimpfungen in meiner Sprache heraus, dass die Wachen mit der Faust gegen das Gitter schlagen. Die Ganoven sind eingeschüchtert. Kurz darauf hält das Fahrzeug an.

Die Wachen öffnen die äußeren Türen und springen ab. Licht und Luft dringt zu uns ein. Wir erblicken einen Gleiskörper in Bahnhofsnähe, auf dem ein einzelner Eisenbahnwaggon steht. Einige glauben an der Umgebung den nahen Bahnhof zu erraten und prophezeien die Richtung unseres Transports. Mir ist gleichgültig, wohin die Fahrt geht. Vier Jahre und fast drei Monate hinter Stacheldraht sind mein Ziel. Ein starker Kordon Bewaffneter bildet eine Gasse zwischen dem Gefangenenauto und dem Waggon. Die Gittertür wird geöffnet. Drohende Zurufe prasseln auf uns nieder. »Los, los – marsch, schneller, los!« Im Sturmschritt erreichen wir den Waggon. Die Augenblicke, wo Sträflinge nicht hinter Gittern und Stacheldraht sind, bilden für die Wachmannschaft eine hohe Gefahrenstufe. Schwerverbrecher, die nichts zu verlieren haben, ergreifen jede Gelegenheit zur Flucht. Und dann geht der Verantwortliche des Transports selber ab hinter Gitter.

Unser Waggon ist einer von den vielen, die auf den Schienen dieses Landes über Tausende von Kilometern mit besonderer Ladung ständig in Bewegung sind. Im Volksmund heißen sie ›Stolypin'sche Gefangenenwagen‹, genannt nach ihrem Erfinder, dem reaktionären zaristischen Ministerpräsidenten Stolypin, geboren in Dresden, und wegen grausamer Unterdrückung der revolutionären Bewegung im Lande zu Beginn unseres Jahrhunderts ermordet. Seine Waggons haben die Revolution überlebt und ihm ein Denk-

mal gesetzt. Ein Stolypinwaggon ist wie ein D-Zug-Wagen. Gang-
und Abteilfenster sind vergittert. Aus einem Gitter mit Schiebetür
besteht auch die Trennwand zwischen Abteil und Gang. Eine trau-
rige Tradition haben diese Waggons. Ein Symbol auf Rädern für
ewige Verschickungen Schuldiger und Unschuldiger in die Schrecken der Verbannung. Einst saßen auf diesen Bänken Revolutio-
näre, Bolschewiki, progressive Menschen. Eine bittere Ironie.

Die Stolypin'schen Waggons rollen in alle Himmelsrichtungen
des Landes, am häufigsten nach Osten und Norden, sind zuweilen
acht Tage und länger unterwegs mit voller Fracht »zeitweilig isolierter Bürger«. Jedes Abteil ist in drei übereinanderliegende Etagen
aufgeteilt. In den oberen kann man nur liegend – oder wer von
kleinem Wuchs – in hockender Stellung verbringen. Tagsüber kann
man stundenweise auf den untersten Bänken sitzen, soweit Platz
vorhanden und die Inhaber dieser Bänke einem gutwillig ein Eck-
chen einräumen. Es sind die bevorzugten Plätze im Abteil und deshalb immer im Besitz der Ganoven, der Verbrecher. Ein Abteil, das
für sieben oder acht Mann berechnet ist, wird zuweilen mit zehn,
zwölf und mehr Menschen belegt. Beim Herauf- und Herabklim-
men andere mit dem Stiefel ungewollt ins Gesicht zu stoßen oder
schlafenden Nachbarn auf Hände und Füße zu treten ist unver-
meidlich. Grausige Mütterflüche und Faustschläge, wohin sie gerade treffen, sind die Antwort. Anstatt sich den qualvollen Transport zu erleichtern, wetteifern die Häftlinge darin, ihn sich zur
Hölle zu machen. So ist's scheinbar überall, wo die Verdammten
dieser Erde im Elend miteinander existieren müssen. Obendrein
treten und schlagen sie sich.

Noch mehrere Stunden bleibt der Waggon auf seinem Platz
stehen. Inzwischen füllen sich auch die leeren Nachbarabteile mit
Gefangenen, die aus anderen Zügen umgeladen, aus Gefängnissen
und Zwischenstationen bei uns eintreffen. Jeder Zugang wird mit
lauten Rufen und stürmischen Freudenausbrücken seitens der Kriminellen begrüßt. Es bildet sich sofort eine Brücke gegenseitiger
Sympathie von Abteil zu Abteil. Der Ganovenjargon ist eine Mund-

art für sich und mir noch ziemlich unverständlich. Ein Wort, das als Anrede dient und mehrmals in jedem Satz wiederkehrt, bleibt mir im Ohr haften: Bljad – abgeleitet von dem Ausdruck ›Bljadnoi‹, einer im Volk gebräuchlichen Bezeichnung für die Bruderschaft der im ganzen Lande verbreiteten und miteinander verschworenen Banden von Berufsverbrechern. Ihr ewiger Kreislauf ist Freiheit – Gefängnis – Lager – Freiheit.

Die Wachen laufen unzählige Male den schmalen Gang geschäftig hin und her. Solange der Waggon steht, sind sie trotz der schweren Vergitterung voll Nervosität. Schließlich wird der Waggon rangiert und angekoppelt. Die Stolypinwaggons bilden stets den Abschluss der endlos langen Passagierzüge. An den Bahnstationen stehen sie weit draußen, wo es schon keinen Bahnsteig mehr gibt, sodass sich Reisende selten dorthin verirren. Geraten sie dennoch in die Nähe des unglückseligen vergitterten Waggons, dann flüchten sie verängstigt in die andere Richtung. Wie lange die Reise an die Wolga dauerte, ist mir nicht mehr erinnerlich. Gefangenentransporte werden unterwegs abgehängt, umrangiert, warten auf Stationen auf Anschluss, sodass sich die normale Fahrzeit verlängern kann. Ich verbringe die Reise fast die ganze Zeit auf dem Bauch oder Rücken liegend in der mittleren Etage. Die Luft ist zum Ersticken.

Noch im Gefängnis, kurz vor dem Abtransport, war eine Trockenration für die Reise ausgegeben worden. Schwarzbrot und gedörrter gesalzener Fisch. An der Brotmenge schätzt der Häftling ab, wieviele Tage er unterwegs sein wird. Während des Eisenbahntransports gibt es kein warmes Essen. Nur mit Trinkwasser wird man versorgt. Um seine Notdurft zu verrichten, wird man durch den Gang zum Abort gebracht. Eine qualvolle und schmerzliche Prozedur wiederholt sich bei mir seit Tagen und Wochen. Die vollkommene Umstellung von der gewohnten mit Fett zubereiteten Nahrung auf Schwarzbrot und fettlose Grütze hat den Darm verstopft. Der Druck verstärkt sich, aber keine Anstrengung erlöst mich davon. Draußen donnern Fäuste an die Tür. Los, los – bist nicht alleine da. Du quälst dich ein letztes Mal. Vergebens. Sie reißen die Tür auf, führen dich zurück ins vergitterte Abteil. Verzweifelt kriechst du nach oben auf die Holzplanken und drängst dich in die schmale Lücke zwischen ausgestreckten Leibern. Angstvoll greifst du nach dem Brot unter der zusammengerollten Jacke. Die schmale Kruste – die kostbare, sie ist noch da. Erleichtert wendest du dich eine halbe Drehung zur Seite und suchst in dem ratternden Waggon, der hart auf die Schienen schlägt, im Stimmgewirr der unteren Bänke, im sauren Geruch stagnierender Luft ein wenig Schlummer.

Doch die Gedanken sind zu wach. Der Hunger reißt an den Nerven und am Ende des zweiten Reisetages heißt es das Brot noch wachsamer zu beschützen. Manche verschlingen nämlich ihre Ration gleich nach Empfang auf einmal. Einen Tag lang sind sie satt, dann packt sie der Hunger umso ärger, den sie, wie es im Volksmund heißt, zapp-zerapp, mit langen Fingern, befriedigen. Du verbirgst das Brot in der Jackentasche, schiebst sie nachts unter den Kopf. Beim Aufwachen ist das Brot weg. Bitter – bitter ist das Erwachen, wenn der Magen gebieterisch die Brotkruste fordert, die du dir abgespart hast. Nirgends sah ich kunstfertiger stehlen als hier. Die irre Wut musst du im Zaume halten. Ausbrüche von Ärger oder gar Beschuldigungen werden von den Kriminellen der unteren Bänke mit Hohn, geballten Fäusten und einer Flut von Mutterflüchen beantwortet. Ehrenwerte Männer verdächtigen! Unverschämter. Einer springt auf.

»Meinst du mich, such doch dein Brot«, schreit er herausfordernd. Ein anderer hält dir zwei gespreizte Finger vor die Augen.

»Meinst du etwa mich?«

»Oder mich?«

»Bljad, im Lager treffen wir uns wieder, dort erwürg ich dich, Hundesohn.« Und wieviele, ach, wieviele lassen sich durch Drohungen einschüchtern und kriechen vor den Ganoven wie ein getretenes Hundevieh zu Kreuze. »Ruhe, Ruhe hier drin.« Die Wache schlägt mit der Faust gegen das Gitter. Für eine Weile herrscht Schweigen.

Inzwischen hat der Zug eine Station erreicht. Haltestellen sind für den Reisenden eine angenehme Abwechslung, dem Häftling steht schon wieder ein erbitterter Kampf bevor, der Kampf ums Trinkwasser. Stundenlang von brennendem Durst gepeinigt, nach dem Genuss von gesalzenem Dörrfisch und trockenem Schwarzbrot ist die Kehle ausgedörrt. Die Wachen schaffen aus entfernten Brunnen Trinkwasser in Eimern herbei und stellen es im Korridor auf. Gierig strecken sich Arme mit Bechern durch die kleine Öffnung in der Gittertür, um daraus zu schöpfen. Als Erste stürzen sich die Ganoven darauf, die andern brutal zurückstoßend. Sie trinken sich satt ohne Rücksicht, was übrig bleibt. Von oben reichen Hände Trinkbecher herunter. Viel zu wenig gelangt zurück. Bettelnd oder aufbegehrend fordern die Durstigen ihren Teil. Hastig wird das kalte Wasser heruntergestürzt, um noch einen zweiten Becher voll zu erobern. Doch schon blockieren andere Hände die Öffnung. Die Wachen draußen halten die Eimer schräg zum Ausschöpfen der letzten Tropfen. Ein Glockenschlag kündigt die baldige Abfahrt an. Zu spät für die Wachen, um noch einmal zum Brunnen zu laufen. Die Eimer sind leer. Das Brot gestohlen, der Durst ungelöscht. Auf der nackten Bretterpritsche liegend, bist du wie ein gefoltertes Tier, das stumpf sein bitteres Schicksal erwartet. Bitter – Gorkij auf Russisch –, das Wort bringt mir zum Bewusstsein, weshalb der große Dichter es zu seinem machte.

*

Nach dem Ausladen an dem fernen Ende irgendeiner Bahnstation und einer kurzen Fahrt im Gefangenenauto sind wir am Ziel. Die Begleitmannschaft in der Bahn hatte aus Mitleid meine Koffer in ihrem Abteil verstaut, sonst wären sie bei der Ankunft leer gewesen. Vor uns erhebt sich ein großes hölzernes Einfahrtstor, flankiert von zwei Wachtürmen. Von ihnen aus erstrecken sich nach beiden Seiten meterhohe, endlos lange Stacheldrahtzäune. Ringsum flache trostlose Steppe, aber der Himmel ist da – zehn Monate entbehrter Himmel und Luft, frische Luft. Wir sind ins

Wolgagebiet verschlagen, nicht weit von Saratow. Die Lagermannschaft vor den Wachtürmen beginnt mit der Kontrolle. Name, Vorname, Vatersname, Geburtsjahr (Tag und Monat werden nicht registriert, weil viele sie nicht wissen). Paragraf, Strafmaß. Jeder leiert seine Litanei herunter. Eine Seitenpforte öffnet sich, fünfundzwanzig Zugänge ins Lager eingelassen. Dieser Eintritt ins Lager besiegelt meinen Status als rechtmäßig verurteilter Bürger – verurteilt zu fünf Jahren Lagerhaft, ohne dass die Untersuchung einen Schuldnachweis erbrachte, verurteilt unter Bruch der elementaren Menschenrechte, ohne Recht der Verteidigung.

Nach Stalins Tod wurde das Geheimnis dieses tausendfach verübten Unrechts bekannt. Seit den dreißiger Jahren hat das damalige Volkskommissariat für Innere Angelegenheiten Drei-Mann-Ausschüsse, sogenannte OSO, mit Sondervollmachten eingesetzt. Diese OSO verurteilten »politisch gefährliche« Bürger ohne Gerichtsurteil. Dem Angeklagten wurde keine Gegenüberstellung mit dem Drei-Mann-Ausschuss gewährt noch eine Berufung an eine höhere Instanz zugelassen. Während die OSO-Ausschüsse anfänglich nur geringe Fälle behandelten, gewannen sie in den vierziger Jahren wesentlich an Macht und konnten Todesurteile fällen. Die OSO wurden 1953 nach Stalins Tod abgeschafft.

Eine zweite Kontrolle erfolgt nun innerhalb des Lagers hinter Stacheldraht: die Leibesvisitation und Gepäckkontrolle. Schon haben sich neugierige Müßiggänger in Lagerkleidung angesammelt, um sich die Neuen anzusehen – und nicht nur sie selbst. Vor allem erweckt unser Gepäck lebhaftes Interesse. Vor ihren Augen durchwühlen die Wachen meine Kleidungsstücke und Wäsche, schütten den ganzen Berg auf die Erde, und begehrliche Blicke heften sich an die fremdländischen Sachen. Kein guter Anfang für mich. Sie werden mir keine Ruhe lassen, versuchen, die begehrenswerten Dinge in ihren Besitz zu bekommen. Abends weiß natürlich jeder im Lager, was der Ausländer mitgebracht hat.

»Koffer in Ordnung bringen, schnell, schnell.« Ich stopfe meine Habe herein und blicke mich flüchtig um. So sieht also ein Lager aus – eine öde, nackte Barackenstadt. Baracken in Reih' und Glied, Baracken im rechten Winkel, im weiten Umkreis nacktes Land und der Himmel darüber. So wird auch das Leben verlaufen, in Reih' und Glied und im rechten Winkel. Die harte Disziplin des Transports wird jetzt gelockert. Im Lager hinter Stacheldraht ist man nicht besorgt um Ausreißer.

In loser Marschordnung bewegt sich unser Trupp unter Führung eines Sergeanten voran, ich mit den Koffern am Schluss. Vor einer der Baracken wird haltgemacht. Immer vier auf einmal werden hereingelassen. Vom Vorraum, der mit zwei Holzbänkchen ausgestattet ist, blickt man durch die Klappe einer rohgezimmerten Trennwand in die Kleiderkammer hinein. Der Ausschnitt gibt Kopf und Oberkörper eines dahinterstehenden Lagerhalters frei, der behende von Regalen und Kleiderstangen Lagerkleidung zusammenrafft, sie zu einem Berg auftürmt und dem Häftling gegen Unterschrift aushändigt. Der emsige Mann ist selbst ein Häftling. Im Arm hält nun jeder von uns Unterwäsche und baumwollene dunkelblaue, zum Teil wattegefütterte Oberbekleidung, Hosen, eine kurze Jacke, Tjelogrejka genannt (etwa: Körperwärmer), und eine dreiviertellange dicke Jacke, eine Art kurzen Mantel, den Buschlat, dazu eine gesteppte schwarze Baumwollmütze vom Ansehen jener unseligen Südwester aus der kaiserlich deutschen Kolonialzeit und grobe schwarze Lederschuhe. Man trägt die neue Montur auf eines der Holzbänkchen, und dort vollzieht sich die endgültige Verwandlung des Menschen in einen abgestempelten Lagerhäftling. Die uniformierte Kluft wird angezogen und die ausgezogene eigene Kleidung im Koffer verstaut.

Nebenan ist die zweite Dienststelle, die Gepäckaufbewahrung, ebenfalls unter der Obhut eines Gefangenen. Gegen Quittung werden die Koffer dort abgegeben. Die nächste Station ist die Badeanstalt, die Banja. Die westliche Vorstellung einer Badeanstalt mit Badewanne und Dusche trifft auf diese Einrichtung nicht zu. Die Banja ist ein niedriger Raum aus massiven Wänden mit Estrich-Fußboden und wenigen kleinen Fenstern, zahlreiche Kalt- und

Warmwasserhähne befinden sich entlang den Wänden. Gestapelte Holzkübel und Holzbänke sind die übrige Ausstattung. Seife und Handtuch erhält man beim Betreten. Man füllt sich einen Kübel mit lauwarmem Wasser, stellt ihn auf ein Bänkchen, wäscht sich ab und gießt frisch nachgefülltes Wasser über Kopf und Körper. Nach dem dritten Abseifen fühle ich mich sauber und sehr müde. Das Tragen des gefüllten Wasserkübels strengt meine erschlafften Muskeln an. Auf einem Bänkchen ruhe ich aus und betrachte unermüdliche Enthusiasten, die sich immer von neuem waschen und mit Wasser begießen.

Nach zehn Monaten grauer Gefängnismauern und dem Anblick grauer Sträflinge ist es ein ästhetisches Erlebnis, nackte Menschen sich frei bewegen zu sehen. Entledigt der schlecht sitzenden schmutzigen Kleidung, die die Figur verunstaltet – wie schön gebaut und kräftig sind diese Jünglinge und Männer. Die Natur verschenkt ihre Gaben wahllos und großzügig. Ganoven und Diebe, die eben noch andere geschlagen, erbarmungslos bestohlen, Durstigen den letzten Schluck Wasser weggetrunken haben – in der Nacktheit, in der Grazie der Bewegungen sind sie ohne Makel. Ihre starken, die bäuerliche Herkunft verratenden Schultern und Schenkel, schön gebräunt, beherrschen mit der Sicherheit des Athleten das elastische Schreiten der Füße, das Hochstrecken der muskulösen Arme, wenn sie aus dem Gefäß den Wassersprudel über die glitzernde Haut fließen lassen. Unverwandt blicke ich ihnen zu, diesen natürlichen, wohlgebauten Gestalten, die sich mit sicherem Anstand bewegen.

Die alte Liebe für klassische Schönheit erwacht in meiner getretenen Seele und erweckt Sympathie für diese Adonisse, die Bilder aus der Kunst der Renaissance wachrufen. Möchte ihre innere Bildung der vollendeten äußeren entsprechen, denke ich. Doch wie sie davon überzeugen, die kraftstrotzenden Taugenichtse! Stumme Worte richte ich an sie: Ihr seid gesund, stark, könnt eine Frau beglücken, nützliche Arbeit leisten, die in eurer weiten großen Heimat auf euch wartet, könnt mit euren Kindern glücklich sein in einer Gesellschaft, die euch eine großartige Zukunft verspricht. Aber – hol's der Teufel, und daran reihen sich einige unterwegs gelernte Flüche, der Trieb der Zerstörung, der Verachtung ist euch ins Fleisch gefahren. Ihr stehlt, vergewaltigt, mordet – vergeudet eure besten Mannesjahre in diesem elenden Dreckloch von Lager. Euch ist nur e i n Leben geschenkt …

»Schluss machen, Schluss, weg von den Wasserhähnen, alle raus, anziehen, los, los schnell, schnell.« Die schrille Stimme des Badeaufsehers reißt mich zurück in die Wirklichkeit. In wenigen Minuten werden die Adonisse wieder graue Lagerhäftlinge sein und ich einer von ihnen. Eingekleidet und frisch gewaschen wird unser Trupp durch den staubigen Sand zu den Schlafbaracken geführt, und von den Adonissen bin ich später keinem mehr mit Bewusstsein begegnet.

Beim Marsch durch die Barackenstadt bröckelt unser Trupp immer mehr ab. Mal hier, mal dort werden Häftlinge in bestimmte Baracken eingewiesen. Ich erinnere mich, dass gleich nach Empfang des Papierchens mit dem Urteil Fragebogen auszufüllen waren. Häftlinge mit Fachausbildung werden gezielt verschickt, wo Bedarf ist. Die Lagerleitung wird rechtzeitig informiert – und nun halten wir vor der Baracke der Bauleute. Der Polizeischerge ruft meinen Namen und weist mich zu der geöffneten Tür. Im Halbdunkel auf einem Schemel sitzt – ich ahne seine Bedeutung nicht – seine Gnaden, der Dnjewalnij, der Barackenwärter, natürlich auch ein Häftling.

Ein alter Lagerfuchs würde mit diesem ausgekochten Wolf eine bedeutsame Begrüßung wechseln. Ein Ganove etwa so, dass die tätowierte Hand sich zur Faust ballt, was bedeutet: dulde alles, was ich tun und lassen werde, und halt dein ungewaschenes Maul, dann kriegst du Grütze und Machorka, sonst geht es dir dreckig, sehr dreckig sogar. Verstanden? Der andere versteht. Dem Ganoven wird seine Bleibe in der hintersten Ecke der Baracke bereitet, morgens und abends sein Essen von der Küche abgeholt und heißes Teewasser hingestellt werden, und wenn's drauf ankommt, wird ihm der Dnjewalnij auch den Arsch abwischen. Die Begrüßung mit dem Durchschnittshäftling spielt sich harmloser ab. Ein Häufchen Machorka auf einem Zeitungsblättchen sichert dem Ankömmling gemessene Freundlichkeit, die nach einer Weile in Gleichgültigkeit umschlägt, bis ein neuer Beweis guten Willens wieder Gutwetter macht.

Das Greenhorn Axel stolpert vom heißen Bad ermüdet in den halbdunklen, endlos langen Raum herein, ohne von dem Halbgott Notiz zu nehmen. Ein herrischer Anruf bringt ihn zur Besinnung: »He, du, wohin, Hundesohn zurück – hierher, aber schnell, sonst …« Ich kehre um. »Was ist los: wer bist du?« Ein paar enge böse Augen sehen mich an. Ich stelle mich vor. »Ah, zu den Bauleuten?« Ich nicke. Er macht ein paar Schritte nach rechts. »Och, Bljad, ich f..k deine Mutter, hierher, na komm schon, da ist dein Platz. Ist dir der Beutel an der Schulter angewachsen?« Mein erschrockener Blick stimmt ihn versöhnlicher. Das echte russische Temperament. Erst unausstehlich grob, dann von einer Strähne Mitgefühl überwältigt. Sein Landsmann würde diese Chance geschickt nutzen. Als sei nichts vorgefallen, käme es nach der Spielregel nach der Grobheit zum freundschaftlichen Beschnüffeln, wobei etwas spendiert werden muss, sei es noch so bescheiden, gewissermaßen das Anstecken der Friedenspfeife. Wieder enttäusche ich ihn. Kein Krümchen Brot, keine Machorka habe ich anzubieten. »Was für ein Paragraf?«, fragt er mich. »58er«. »Dacht ich mir, sind ja alles welche in der Brigade.« Dann überlässt er mich meinem Schicksal.

Ich blicke mich um. Muss ich eine Schlafbaracke beschreiben? Ihr kennt sie alle als eine der scheußlichsten Erfindungen der Neuzeit, ein Asyl, wo der Mensch herabgewürdigt wird zum anonymen Teilchen einer Masse, die dort vegetiert wie das Vieh im Stall. Rechtwinklig zu den zwei Längswänden, paarweise nebeneinander, sind die Doppelstockpritschen aufgestellt. Jeweils ein schmaler Gang dazwischen gestattet ganz knapp das Herauf- und Heruntersteigen. Am Ende jeden Ganges steht ein Nachttischchen, in das sich vier Schlafkumpane teilen. Darin befinden sich Brotreste,

Holzlöffel, Glasbehälter – Glas in jeder Form ist verboten, aber vom Dnjewalnij geduldet, insofern Machorkabeziehungen bestehen – und sonstiger Krams, der dem Häftling am Herzen liegt, von zuhause gesandte Bildchen, Kämme, Taschenspiegel usw. Die Anordnung der Doppelstockpritschen nimmt aus Platzgründen keine Rücksicht auf Fenster, die zum Teil verstellt sind und nur das halbe Licht einlassen. An der Decke hängen an einer kurzen Leitungsschnur nackte Glühbirnen voller Fliegendreck.

Nahe dem Gang ist der Sitzplatz des Dnjewalnii, daneben eine Tonne mit Trinkwasser und einer Schöpfkelle. Im breiten Mittelgang steht ein rohgezimmerter langer Holztisch mit ebenso langen Bänken, zu schwer und sperrig, um sich damit die Köpfe einzuschlagen. Der Tisch dient den Barackenbewohnern zum Essen. Zweimal täglich, frühmorgens und abends nach der Arbeit, werden riesige Holztabletts mit den Brotrationen darauf abgestellt, welche die Brigadiere mit ihren Helfern aus der Küche hertransportieren. Hinter dem Tisch steht der große Kachelofen. Das ist die Ausstattung meiner Baracke. Gegenwärtig ist sie fast leer, da alle auf Arbeit sind. Außer dem Dnjewalnij, der auf seinem Sitzplatz mittels eines zum Messer geschärften Stücks Eisen voll zähen Eifers an einem Holzgriff herumschnitzt – Messer sind im Lager verboten – und mir halten sich drei Häftlinge darin auf, vermutlich Krankgeschriebene. Sie liegen auf ihrer Pritsche und starren die Fliegen an der Decke an oder schlafen. Ab und zu schlurft einer im Häftlingshemd und unten zugebundener Unterhose zum Dnjewalnij. Sie kratzen ihre Machorkavorräte zusammen, die gerade für eine Zigarette reichen, und ziehen abwechselnd daran.

Inzwischen habe ich mich in meiner neuen Wohnstätte erschöpft aufs Lager geworfen. Auf dem Rücken liegend, erblicke ich über mir rissige Holzbretter, die Liegestatt des Schläfers der oberen Pritsche. Die lose nebeneinanderliegenden Bretter wollen mir auf den Kopf fallen. Sitzend stoße ich fast dagegen. Die rechte Hand unter dem Kopf, reicht der gebeugte Arm auf das Kopfkissen der Nachbarpritsche herüber. Dichter als im Ehebett bist du mit einem Fremden verkettet. Sein Atem, seine Ausdünstung, jede Bewegung greift in dein Wachen und Schlafen, in die Gedanken, wenn sie allem entfliehen möchten, du mit dir allein sein, dich sammeln willst zum Kampf gegen einen neuen feindlichen Tag. Links, jenseits des etwa halbmeter breiten Ganges, sodass die ausgestreckte Hand hinlangt, türmt sich die nächste Doppelstockpritsche und droht dich zu erdrücken. Durch die Bettpfosten rechts und links schweift das Auge über eine endlose Reihe dieser hohen Ungetüme, die abends voll mit Menschen bepackt sein werden. Gefängnis oder gar schlimmer als Gefängnis? Um meine Brust legt sich ein eiserner Ring. Über vier Jahre meines Lebens soll ich hier schmachten? Vier Jahre als Ausgestoßener der Gesellschaft, das Teilchen einer ausgestoßenen Masse, ewig hungernd, das andere, was du warst, zertrampelt und erstickt. Enger, qualvoller schließt sich der Ring um die Brust.

Eine harte Stimme reißt mich aus dem Halbschlummer, in den mich die schweren Gedanken entließen. »Westgeim Axel?« (Die Sprache kennt kein h und setzt ein g dafür.) Der Lagerordner steht vor mir. Ich richte mich auf.

»Zugeordnet zur Brigade. Ab heute Abend Essen und Brot mit der Brigade gefasst. Morgen früh fünf Uhr dreißig Antreten am Tor zum Ausmarsch mit der Brigade zur Arbeit.« Man muss der GULAG bescheinigen, dass sie ein guter Organisator ist. Kaum ist der Mensch abgeurteilt und gleitet unmerklich aus den Fängen der Justiz in die jener Mammutorganisation hinüber, die ihr Netz mit einem Millionenpotential an Mitarbeitern und abgeurteilten Zwangsarbeitern über einen weiten Kontinent spannt, so erfassen ihre Registrierzentralen gewissenhaft alles über Ausbildung, Qualifikation und berufliche Erfahrungen des frisch zugelieferten Arbeitssklaven, es gilt, ihn vom ersten Tage seiner Lagerzeit an effektiv auszunutzen, denn der GULAG wie jedem andern Produktionsbetrieb im Lande wird die Erfüllung hochgesteckter Planziele abverlangt. Hohe Arbeitsnormen, eiserne Strenge und Disziplin schmieden den Häftling vom Morgen nach seiner Ankunft im Lager bis zum Tage der Entlassung an die Galeeren dieses grausamen Produktionsgiganten.

An der Wolga, in der baumlosen Steppe Kasachstans, in der mörderischen Kälte des Ural und Nordsibiriens marschieren jeden Morgen Millionen wehrloser Menschen durch das Lagertor zur Urbarmachung von Ödland, zum Roden des Urwalds, zum Talsperren- und Kraftwerksbau, zum Straßenbau und hundert anderen Unternehmungen. Als Gegenleistung für die Verausgabung seiner Kräfte, seiner Gesundheit, erhält der Sträfling täglich ein Stück Schwarzbrot, einen Teller Suppe, eine Schüssel Grütze, Arbeitskleidung, eine Pritsche im Massenquartier und paar Groschen Taschengeld. Seit ich jeden Morgen eingereiht in meine Bauprojektierungsbrigade zur Arbeit ausmarschiere, gestattet der unerbittliche Rhythmus des Lagerlebens keine Zeit zum Nachdenken. Um vier Uhr dreißig ist Wecken. Der Dnjewalnij rüttelt die Langschläfer auf.

»Los, steh auf, raus mit dir, Bljad!« Unausgeschlafen stehe ich auf. Längst vor dem Signal bin ich wach. Mein Organismus ist so erschlafft, dass ich nachts sechs mal, acht mal und öfter zum Wasserlassen nach den Latrinen laufe. Im Halbdunkel rasch Hosen und Stiefel angezogen, den Buschlat darüber, vierzig Meter zur stinkenden Kloake und zurück im Eiltempo, ausziehen und versuchen, wieder einzuschlafen bis zum nächsten Aufstehen. Zur Morgenwäsche sammelt sich alles unweit der Baracke an den auf Holzgestellen montierten langen Blechrinnen. Etwa ½ Meter darüber sind Wasserbehälter in regelmäßigen Abständen angebracht, die an der Unterfläche mit einem pfenniggroßen Loch versehen sind. Drückt man mit der Fingerspitze ein senkrecht darin eingehängtes Metallstäbchen nach oben, so ergießt sich ein dünner Wasserstrahl in die Blechrinne, den man geschickt auffangen muss.

Dieser listige Mechanismus sichert sparsamsten Verbrauch, da die eine Hand die Wasserzufuhr betätigt, und nur die andere zum Waschen frei ist. In ihren grauen Arbeitshosen mit bloßem Oberkörper stehen die Männer entlang der Rinne. Dahinter wartet die Ablösung. Strenge Waschregeln gestatten die Reinigung nur bis zum Gürtel. Als ich versuche, sie zum Geschlecht und den Oberschenkeln auszudehnen, die ihrer ebenso notwendig bedürfen, treffen mich giftige Blicke und Zurufe: Schwein, Sau. Sie kommen von denselben Männern, die sich in der Banja in unbefangener Nacktheit ringsum abwaschen. Dort darf man, hier nicht. Eingewurzelte Moralbegriffe, so überholt sie sind, erhalten sich hartnäckig. Ihr Ursprung mag auf den Einfluss der orthodoxen Kirche zurückgehen, die das Volk zu verlogener Prüderie erzog. Das Zugeständnis an die Hygiene wurde einmal die Woche, sonnabends, gemacht. Öfter das sündige Fleisch vor fremden Blicken zu entblößen, war von Übel. Jahre später in der Freiheit sah ich Männer diese eingefleischte Regel im eigenen Haus genauso peinlich befolgen.

Fünf Uhr fünfzehn ist es. Höchste Zeit, mich meiner Brigade anzuschließen, die sich gerade zum Gang nach der Küche sammelt. Die Küche liegt etwa im Zentrum der Lagerstadt. Ein normaler Häftling darf sie nie betreten. Die Essenausgabe erfolgt durch ein Klappfenster ins Freie. Drin steht der Koch erhöht auf einem Podest, vor sich den Suppenkessel, die Häftlinge draußen in der Schlange. Neben den vordersten Essenempfänger postiert sich der Brigadier und verkündet mit Stentorstimme die Nummer der angetretenen Brigade und ihre Anzahl. Brigade 17 – 12 Mann, hallt es durch den grauen Morgen. Der Koch kontrolliert diese Angabe auf einer Liste, die ihm frühzeitig von der Lagerleitung zugestellt wird.

»Stimmt, 12 Mann. Los …«, schallt es durchs Klappfenster, und gemeinsam mit dem Brigadier wird jeder Schlag der Kelle in die hingehaltene Schüssel abgezählt: … und drei, und vier … und sieben … und elf … in Sekundenschnelle ist der kleine Trupp abgefertigt. Der Brigadier als Letzter bekommt doppelte Ration. Alles läuft mit seiner heißen Suppe zur Baracke. Aus der Ferne trägt der Wind das Auszählen der nächsten Brigade herüber. Brigade 11 – 15 Mann. Stimmt, 15 Mann … los. Wir erreichen unsere Baracke. Brot war gleich nach dem Aufstehen verteilt worden. Es ruht im schmutzigen Beutel unterm Kopfkissen.

Während der Brotausgabe und der Mahlzeiten lässt der Dnjewalnij keinen Fremden in die Baracke. Am langen Tisch löffeln zwanzig Mann oder mehr ihre Suppe und essen Schwarzbrot dazu oder brocken es herein, um der wässrigen Mahlzeit etwas mehr Substanz zu geben. In der Suppenschüssel schwimmen Mohrrübenteilchen, Fischstückchen, Fischgerippe, Gräten und eklige Fischköpfe, die dich mit toten Augen anstarren. Viele verschlingen wahllos alles. Danach setzt ein Sturm auf den Kessel ein, den der Dnjewalnij inzwischen mit heißem Wasser gefüllt hat. In den Becher geschöpft, wird es schlürfend getrunken. Im Lager heißt dieser Vorgang »Tee trinken«. Paketempfänger süßen das heiße Wasser mit zwei Stückchen Würfelzucker. Erst die Suppe, dann das heiße Wasser im Bauch täuschen für eine Weile Sättigkeit vor.

Das Kernstück unserer Ernährung ist das Brot. Es ist der verlässliche Freund des Hungernden. Wenn die abgewogenen Portionen frühmorgens nebeneinander auf dem großen Brett liegen, unterscheidet der geübte Blick die gehaltvollen von den anderen, das harte Kantenstück genießt vor dem weichen Mittelteil unbestritten den Vorzug. Es sättigt mehr. Mit einer Kante im Brotbeutel sieht der anbrechende Tag gleich rosiger aus. Sie ist im Beutel aufbewahrt für die Mittagsmahlzeit, aber es ist, als ob der Satan drinnen steckt und dich in eine höllische Gier versetzt. Daumen und Zeigefinger tasten den Beutel von außen einmal, zweimal, immer öfter ab. Unversehens, du weißt selbst nicht wie, ist das Band gelöst, die Finger brechen geschwind einen winzigen Brocken los, binden den Beutel zu, und … sieh da … schon wieder unterliegen sie der teuflischen Versuchung. Schluss damit, willenlose Kanaille. Friss doch gleich alles, Schwein, wie es andere machen. Aber sie sind für zwei Stunden satt – traumhafter Zustand, flüstert der Versucher. Und dann? Dann kommst du erst recht in die Hölle. Nein. Der Rest bleibt. Ach – dieser erbärmliche Rest. Unters Kopfkissen damit und nicht mehr daran gedacht.

Fünfzehn Minuten bleiben bis zum Ausmarschsignal, köstliche fünfzehn Minuten, wo du im dicken Buschlat auf der Pritsche ruhst, die Stiefel über die Bettkante gehängt, und von tödlicher Müdigkeit befallen, sofort einschläfst. Lärm reißt dich aus dem Schlummer. Die Brigadiere drängen zum Aufbruch. Wieder stößt der Dnjewalnij Eingeschlafene gegen Rippen und Schienbein. »Aufstehn, Bljad, deine Brigade ist schon angetreten!« Am Lagertor steht im Morgendämmer oder dunkler Winternacht, bei Sturm, bei Regenguss, in schneidender Kälte Morgen für Morgen eine lange graue Kolonne in Fünferreihen und wartet auf das Öffnen des Tors. Am Wachhaus haben sich der Lagerkommandant, die Ordner mit einer Holztafel in der Hand und der Arzt eingefunden. Ordner und Arzt sind Häftlinge wie wir. Wachsoldaten in fußlangen Mänteln mit geschultertem Gewehr stoßen die schweren Torflügel auf. Der Lagerchef gibt das Zeichen zum Ausmarsch. Die Soldaten setzen sich an die Spitze. Der Brigadier der vordersten Brigade an der Spitze seiner Leute beginnt den Marsch und schreit heraus: Brigade 4 – 27 Mann angetreten. Die Ordner zählen nach und kratzen mit einer Glasscherbe die Zahl 4 und 27 auf die Holztafel. Brigade marsch … und die nächste Brigade folgt. Brigade 11 – 19 Mann angetreten.

Brigade marsch. Die Tore schließen sich. Lagerchef und Arzt haben sich entfernt. Die Ordner bilden einen Kreis. Sie vergleichen die offizielle Häftlingsliste mit den auf dem Brettchen eingekratzten Zahlen und wissen, wieviele Männer nicht mit der Brigade ausmarschiert sind. Das Wohnlager ist jetzt wie leer gefegt. Während des Ausmarsches ist es streng verboten, die Baracke zu verlassen: einmal wegen Fluchtgefahr durchs offene Tor, zum anderen, um die Drückeberger in den Baracken rasch aufzustöbern. Die Jagd beginnt. Gemeinsam mit den Wachen filzen die Ordner eine Baracke nach der andern durch. Es gibt kein Entrinnen. Wer nicht krankgeschrieben ist, wird abgeführt und in den Bunker gesperrt, wo er bei gekürzter Ration absitzt, bis abends die Brigaden heimkehren. Erst wenn diese Razzia vorbei ist, hebt ein Signal die Ausgangssperre auf. Die Ordner treten beim Lagerchef zum Rapport an.

Inzwischen marschieren die Brigaden zum Arbeitsplatz. Unterwegs tragen mich die kraftlosen Beine nur mit großer Anstrengung über unwegsame Felder. Die meisten Brigaden arbeiten unter freiem Himmel auf einem weitläufigen Fabrikgelände, das sich im Aufbau befindet. Unsere Brigade 17 schwenkt rechts in eine kleine Baracke ein. Zu uns zwölf Männern gesellen sich fünf weibliche Häftlinge aus dem Frauenlager. Das Frauenlager liegt dem Wohnlager der Männer benachbart und wird von unserer Küche mitversorgt. Zwischen beiden Lagern spannt sich hoher Stacheldraht. Eine kurze Begrüßung mit den Frauen, dann beginnt die Arbeit an den Reißbrettern. Unsere Aufgaben, kleine Projektierungen für Erweiterungsbauten des Lagers oder der benachbarten, im Bau befindlichen Fabrik werden von unserm Kollektiv aus Architekten, Statikern, Tiefbauern und Zeichnern ausgeführt.

Ein kahler nüchterner Raum beherbergt uns, der mit seinen aufgereihten Zeichentischen und Hockern an das Klassenzimmer einer ärmlichen Dorfschule erinnert. Nicht weit von mir sitzt Tamara Nikolajewna, eine Frau etwa meines Alters, sehr blass, schweigsam, mit klugen braunen Augen, immer freundlich und hilfsbereit gegen mich. Selten gleitet ein Lächeln über ihr Gesicht. Niemals spricht sie über ihr vergangenes Leben, über Familie oder Heimat. Wenigstens nicht mit mir, und während der Arbeit auch nicht mit andern. Tamara Nikolajewna hat vier Jahre ihrer zehn abgesessen. Welche Sorgen quälen sie, während sie über der Arbeit sitzt? Denkt sie an ein zurückgelassenes Kind, an die kranke Mutter, an ihren Mann? Vielleicht abends im dunklen Winkel ihrer Schlafbaracke schüttet sie einer vertrauten Freundin ihr Herz aus.

Es gibt noch einen kleinen Raum, der keine Verbindungstür zu unserem hat, sondern nur vom Hof erreicht wird. Dort hat sich unser Brigadier Nikolai einquartiert, und am Zeichentisch nebenan sitzt die junge hübsche Nadja mit den schelmischen Augen und dem weichen dunkelblonden Haar, das ihr auf die Schultern fällt. Bei verhängtem Fenster ist es ratsam, mit seiner Zeichenrolle kehrt zu machen und ein andermal vorzusprechen. Tödlich langsam rinnen die Stunden bei der trockenen geistlosen Arbeit, die nicht anregt, sondern einschläfert. Der Kopf fällt mir vor Schwäche aufs

Reißbrett. Sehnsüchtig erwartet man die Mittagssuppe. Aus dem Wohnlager wird sie in Kesseln herangeschafft. Heiße Kohlsuppe in den leeren Magen – meine Lebensgeister werden wach. Und das Restchen Schwarzbrot dazu, das ich morgens dem eigenen Zugriff entrissen habe. Nie darf es anders werden, gelobe ich mir, als dass mittags zur Suppe Brot da ist.

Die anderen Mitarbeiter sind freundlich zu mir. Sie sind fast alle 58er. Das verteufelte Lagerleben hat die Menschen wortkarg gemacht. Selten gibt es eine ungezwungene Unterhaltung. Zwiegespräche werden im Flüsterton geführt. Meist hängt in der düsteren Behausung bedrücktes Schweigen, das jedem, der das Leben liebt, die letzte Strähne Frohsinn stiehlt. Jeder weiß vom anderen das Strafmaß und wieviel er abgesessen hat. Meine erste Erfahrung aus dem Gefängnis bestätigt sich: zehn Jahre Lager ist auch hier für die 58er die Norm – ja, wahrhaftig, ich sage euch die reine Wahrheit – es sind zehn Jahre, ganz selten acht. Zehn kostbare Jahre eines Lebens, das siebzig währt. Charakteristisch für die 58er ist, dass der Anlass einer Verurteilung selten erwähnt und fast nie diskutiert wird. Anlässe ähneln einander in ihrer kläglichen Fadenscheinigkeit und sind jedem zum Überdruss bekannt: ein kritisches Wort riskiert, Gespräche unter Freunden oder im Betrieb mit Arbeitskollegen, jemand nicht sofort gemeldet, der offen war, oder ganz gewöhnliche Diffamierung durch den Freund, den Nachbarn, den eigenen Mann. Der Posten des Vorgesetzten, die Frau des andern locken.

Die 58er haben die bittere Lektion gelernt, dass die Anlässe ihrer Verhaftung nur die glühenden Eruptionssplitter an der Oberfläche eines Vulkans sind, der aus seinem Schlund die Lava wütender Verfolgungs- und Verhaftungsaktionen über das Land ausspeit. Wehe dem, der in ihre versengende Nähe gerät. Dem Unglücklichen brennt die Glut grauenvolle Wunden ins Fleisch. Die gegenwärtige Geschichtsschreibung schweigt über diese Vorgänge. Sie kündet von Siegen und Heldentum. Der große englische Romancier W. M. Thackeray lässt in der ›Geschichte des Henry Esmond‹ den wahrheitsuchenden Helden an seinen Freund Addison die

Frage richten, warum »die würdige Muse der Geschichte, die in der Helden Tapferkeit und dem Glanz der Siege schwelgt, die rohen und gemeinen Szenen, die doch den größten Teil des Kriegsdramas bilden« verschweigt. Addison, damals angesehener Dichter historischer Stoffe, antwortet ihm: »Wollte ich dichten, wie Ihr von mir verlangt, so würde die Stadt den Dichter zerreißen und sein Buch von ihrem Henker verbrennen lassen.«

Ereignen sich die hier beschriebenen Vorgänge zwar nicht auf dem Schlachtfeld, sondern im Zivilleben, so tragen sie einen ebenso unmenschlichen Charakter. So wie damals wird der Dichter zerrissen und sein Buch vom Henker verbrannt, wenn er tägliche Vorgänge ins Licht rückt. Die jahrzehntelangen revolutionären Erschütterungen und der Krieg haben eine Generation heldenhafter Männer und Frauen hervorgebracht, die eine neue Gesellschaft aufbauen. Doch sind die Begleiterscheinungen nicht ebenso »roh und gemein« wie um 1700 zur Zeit Henry Esmonds? Das Volk wird sie überleben – sich seine unzerstörbare Menschenwürde bewahren. Doch eine künftige Generation darf nicht mehr zulassen, dass ihre Geschichtsschreibung die Zwangsjacke der Schönfärberei und des Verschweigens anziehen muss. Ohne den historischen Charakter der Zeit abzuwerten, werden Schriftsteller und Dichter die Leiden des Volkes nicht mit Lorbeerzweigen zudecken, sondern die harte Wahrheit in einer künstlerisch gültigen Form darstellen. Den Opfern zur Rechtfertigung und den Zeitgenossen als eindringliche Mahnung, dass solche Verbrechen nie mehr geschehen dürfen.

Eine stumme Solidarität erwacht für den Kameraden neben dir. Wen hast du zuhause zurückgelassen, wie lebt deine Frau, wird sie sich allein mit den Kindern durchschlagen, was wird aus der alten Mutter, die allein dasteht? Und ständig bewegen sich die Gedanken, ausgesprochen oder verschwiegen, um das brennendste Problem, das ins Schicksal vieler Häftlinge tief eingreift: wird deine Frau, wird dein Mann dir treu bleiben? Die Angehörigen von Lagerhäftlingen werden, soweit man erfährt, nicht diskriminiert. Aber niemand wird in den gefährlichen Ruf geraten wollen, der Familie eines Verbrechers hilfreicher Freund zu sein. Eine Ehe wird leicht geschieden, wenn jemand sich von seinem straffällig gewordenen Partner trennen will. Und welcher Dreißig- oder Vierzigjährige besteht die Prüfung, zehn Jahre auf den Ehepartner zu warten! Verhängnisvoll greifen die Massenverhaftungen durch den Stacheldraht des Lagers in das Schicksal der Menschen in der Freiheit über, zerstören Familie und Freundschaft und entwurzeln manchen Häftling vollends, dem bewusst wird, dass bei seiner Heimkehr alle familiären Bande zerrissen sein werden.

Manchmal streifen wir in der Mittagspause auf dem mit Stacheldraht eingezäunten Gelände herum, wo Sträflingsbrigaden Erdarbeiten ausführen, Gruben für Fundamente ausschachten, Rohrleitungs- und Kabelgräben ausheben. Auf einem solchen Streifzug dringen durch die offene Tür eines Bürogebäudes englische Laute an mein Ohr. Eine Täuschung oder Wirklichkeit? Ich trete näher. Zwei Amerikaner in Uniform und eine Sekretärin vor ihrer Schreibmaschine unterhalten sich. Auf Tischen Stapel von gefalteten Zeichnungen und Akten. Auf einem niedrigen Tischchen daneben eine Menge der bekannten bunt bebilderten Zeitschriften, die in den Staaten in jeder Familie gelesen werden. Ich entferne mich wieder. Könnte ich doch welche davon haben. Endlich wieder in einer mir geläufigen Sprache etwas lesen dürfen, ganz gleich, was, um mich abzulenken und herauszureißen aus verzweifelten Gedanken und Grübeleien. Ich erfahre, dass ein Kollektiv amerikanischer Ingenieure die Aufstellung der aus den USA an die Alliierten vermutlich für Kriegszwecke gelieferten Ausrüstung einer chemischen Fabrik beaufsichtigt. Erst Wochen später, als wieder einmal die Tür offensteht, fasse ich Mut, trete ein und bitte die Sekretärin, mir ein paar Zeitschriften zu leihen, was sie ohne Bedenken tut.

Inzwischen bin ich so getreten und geknebelt, dass der Stacheldraht mir zum vertrauten Gartenzaun und die Schlafpritsche zum Heim werden. Ich sehe nicht mehr die Gefangenenklamotten an den Gliedern hängen und nur selten in der Spiegelscherbe mein fahles unrasiertes Gesicht mit den ergrauenden Bartstoppeln. Ganz schön fertiggemacht haben sie mich, das sozialgefährliche Element. Aber diese Betrachtungen machen nicht satt. Willst du im Lager leben, dann darfst du dich nicht Gedanken hingeben, musst abwehren und zuschlagen, musst kämpfen. Keinen fairen Kampf, sondern einen, den du fürchten musst, weil du gegen hinterhältige Schläge nicht gewappnet bist. Die Wege, um sich das zu verschaffen, was du zu deiner Erhaltung brauchst, sind krumm und gewalttätig, und irgendein Hundsfott von Lagerspitzel liefert dich gegen eine Schüssel voll Grütze heimtückisch aus, dass du noch acht oder zehn Jahre dran denkst. Die Lagerleitung kennt die Gesetze des Hungers und bedient sich ihrer. Sie verteilt Posten mit der doppelten Tagesration und schafft sich eine Schicht satter und ergebener Vasallen.

Das ist die Lageraristokratie. Zu ihr zählen die Köche und Friseure. Die Köche schlagen sich mit Fett, Kascha und Sonnenblumenöl, das sie den Häftlingen entziehen, nach Herzenslust den Wanst voll und verkaufen Schüsseln voll gegen Geld, Kleidung und Machorka an hungernde Häftlinge. Die Friseure frisieren und rasieren die Köche und andere Aristokraten gegen nahrhafte Freundschaftsbeweise. Zur Aristokratie zählt auch der ganze Klüngel der Ordner und anderer Lagerschranzen, die der Lagerleitung zur Kontrolle und Überwachung ihrer Mitgefangenen dienstbar sind. Zu solchen vorteilhaften Posten werden Gefangene befördert, die nur noch ein oder anderthalb Jahre abzubüßen haben und das in sie gesetzte Vertrauen durch Diensteifer und Unterwürfigkeit rechtfertigen.

Diese Leute kennen alle Schliche und Kniffe des Lagerlebens, und die korrupten Köche haben guten Grund, ihnen das Maul mit dicker fetter Grütze zuzuschmieren. Zur Lageraristokratie gehören der Arzt und sein Gehilfe, die andere Aristokraten gegen nahrhafte Honorare krankschreiben und von der Arbeit befreien, gegen arme Teufel dafür unerbittlich sind. Sie gehorchen dem uralten Gesetz: vor den Besitzenden dienen, hart sein gegen die Besitzlosen. In seiner Funktion als Hygieneinspektor ist der Doktor zur täglichen

Überwachung der Küche verpflichtet, wo ihn hygienisch einwand-
freie, randvolle Schüsseln erwarten. Alle diese Zusatzportionen werden von den Lebensmittelzuteilungen abgezweigt, die der leitende
Koch aufs Gramm abgewogen und auf die Zahl der Lagerinsassen
aufgeschlüsselt »zu treuen Händen« in Empfang nimmt. Die Reihe
der Lageraristokraten, die von solchen Abzweigungen profitieren,
setzt sich fort mit den Paketempfängern. Sie erhalten Pakete mit
Suchari, Dörrobst, in Töpfen eingeschmolzener Butter und Zucker,
aber auch Bekleidung und stets Machorka, dem beliebtesten Tausch-
artikel im Lager.

Jede Art Bekleidung ist für alle Köche eine Attraktion. Manchem steht die Freilassung bevor, und sie statten sich im Lager mit
dem aus, was sie oft zuhause gar nicht erstehen können. Sind dem
Paketempfänger die Vorräte ausgegangen, und der Hunger fängt
ihn an zu peinigen, den er nach den fetten Tagen quälender empfindet als der ständig Hungrige, dann klopft er, einen Ledergürtel,
Strümpfe, einen Schal unter dem Buschlat verborgen, in der Dunkelheit bei den Köchen an, die gegen solche Freundschaftsgaben die
Zeit bis zum nächsten Paket mit Grützelieferungen überbrücken.
Letztere Methode habe auch ich zuweilen anwenden müssen, um
meinen verzweifelt schlechten Gesundheitszustand aufzubessern.
Trotzdem kann ich mich nicht zu den Aristokraten oder Satten
zählen, wie man sehen wird.

Gegen Abend, wenn's in der Gepäckaufbewahrung ruhig ist,
hole ich aus dem Koffer ein Hemd. Die Köche machen Stilaugen.
Die feine Qualität, der ausländische Schnitt, das geschmackvolle
Muster reizen ihre Begehrlichkeit. Sie versprechen ein wahres Him-
melreich an Grütze. Die Zahl der Lieferungen wird vereinbart. Ich
träume von satten Wochen. Die ersten Abende gibt es volle Schüsseln, danach eine halbe. Schweigend ertrage ich diesen Vertrauens-
bruch. Vielleicht sind sie knapp. Bald wird es wieder mehr. Keineswegs. Ich klopfe bei den Schuften vergeblich an. Ihre geübte Nase
hat die unerfahrene ausländische Lagerunschuld gerochen, mit der
sie umspringen können.

73

»He, hast doch noch mehr Hemden, Bljad«, ruft einer, »worauf wartest du? Sollen sie gestohlen oder von Motten zerfressen werden? Her damit, Bljad, sonst lass dich nicht mehr blicken.«

Nachdenklich, Hände in den Hosentaschen, die leere Tonschüssel unterm Arm, wandere ich über das zerstampfte Feld. Alles ist hässlich hier, sogar die Erde. Drüben hebt sich die Silhouette eines Wachturmes gegen den Himmel ab. Doch was für eine seltsame Erscheinung nehmen meine Sinne wahr? Vom Zaun herüber schwenkt seine langen Arme das Stacheldrahtgespenst. Jetzt dringen krächzende Laute an mein Ohr.

»Törichter Ausländer, wann begreifst du die Gesetze meiner Stacheldrahthölle? Hier sind die Gauner an der Macht. Und die Obergauner sind die Lords. Aber du … du … nie wirst du ihresgleichen werden.« Die Stimme schrillt das »nie« heraus, dass ich vor Schreck zusammenfahre. »Nie … nie. Draußen warst du der Lord. Der gebildete Herr Ingenieur, der gut verdiente. In meiner Stacheldrahthölle bist du ein Stück Dreck. Aus deiner weichen weißen Haut kannst du in keine Ganovenhaut kriechen, mein Herzchen«, krächzt das Gespenst. »Alleine mach mit Gaunern keine Geschäfte, sie zerquetschen dich zu Mus.« Gebannt lausche ich dieser Ausgeburt. »Mit einem unerschrockenen Lagerwolf teile die Grütze, die der Küchengauner dir für deine Hemden verspricht. Betrügt er euch, tretet ihm die Tür ein« – das Stacheldrahtgespenst schlägt eine gemeine Lache an – »deckt ihn mit Mutterflüchen ein, schlagt ihm in die Fresse. Ha … ha … kriechen wird das Schwein vor Angst. Denn die Lagerspitzel schnüffeln, schnüffeln. Wittern sie Stunk in der Küche, brechen sie dem Aas von Koch das Genick … haha.« Entschwunden ist das Stacheldrahtgespenst. Wortfetzen dringen aus der Luft herüber. »Begreife endlich die Gesetze meiner Stacheldrahthölle, kleiner dummer Ingenieur.« Ich blicke mich um. Der Wachturm steht da, der Stacheldrahtzaun – alles, wie es war.

Zur Lageraristokratie gehört noch eine besondere Schicht. Es sind die Verbrecher und Schwerverbrecher, die vom Faustrecht, von Diebstahl und Terror Gebrauch machen, um sich zu verschaffen, was das Lager Vorteilhaftes zu bieten hat. Diese Menschen, meistens in den zwanziger und dreißiger Jahren ihres Lebens, haben zuweilen fünfzehn und zwanzig Jahre abzusitzen, manche die zweite und dritte Verurteilung hinter sich.

Der Gedanke, jemals als freier Bürger zu leben, verliert für sie seine reale Bedeutung. Nach zehn oder fünfzehn Jahren Lagerhaft finden sie sich oft nicht mehr im geregelten Leben eines Arbeiters am Fließband oder in der Landwirtschaft zurecht. Sie sind dem Ganoventum verhaftet, und zum Teufel mit der Welt, in der man sich sein Stück Brot auf ehrliche Weise verdient. Für sie ist sie gestorben. Erneut schließen sie sich einer Bande an, werden rückfällig und landen wieder im Lager. Das Lager wird ihre eigentliche Heimat, in der sie sich so angenehm wie möglich anzusiedeln versuchen. Diese ewigen Lagerwölfe haben nichts zu verlieren. Eine Verschärfung ihrer Lage kann höchstens dadurch eintreten, dass sie in gefürchtete Gegenden mit harten klimatischen Bedingungen und einem strengeren Arbeitsregime verschickt oder neu verurteilt werden.

Die hunderterlei Fälle von Korruption, Diebstahl, Gewalt, verbotenem Geschlechtsverkehr, Erpressung – sozusagen die Vorkommnisse des Alltags – werden von der Lagerleitung weitgehend durch die Finger betrachtet. Sie legt sich ungern mit den Ganoven an und beschränkt sich, darüber zu wachen, dass keine extremen Fälle auftreten. Selbst dann hat der Täter oft nichts zu befürchten. Das Gericht verurteilt ihn z. B. zum Höchstmaß von zwei oder drei Jahren Lagerhaft. Gelassen nimmt er den Urteilsspruch entgegen. Er hat ohnehin noch sechs oder sieben abzusitzen. Die neue Strafe wird nicht zur alten addiert, sie zählt vom Tage der Urteilsfällung an. Stolz verlässt der Delinquent die Gerichtsstube und wird draußen von seinen Kumpanen als Held gefeiert. »Drei Jahre, Bljad, dass ich nicht kichere. Konnte dir ja nicht mehr verpassen, der Hundesohn. Ech, Bljad, den hast du ganz schon gef…t.« Tatsächlich, das Urteil ist eine reine Ironie, praktisch ein Freispruch für einen Schuft, der vielleicht Mitgefangene brutal zusammengeschlagen oder materiellen Schaden angerichtet hat. Unter den Ganoven

steigt sein Ansehen als kühner Draufgänger … ein wahres Verbre-
cherparadies.

Beim Appell im Lager oder bei Transporten, wo alle Häftlinge
zum Durchzählen antreten und Paragrafen und Strafmaß aufsagen,
zählt mancher Kriminelle ein Sündenregister von drei, vier verschiedenen Paragrafen auf. Der Sergeant hört den Multisünder nach den
verschiedenen Decknamen ab, unter denen er die Verbrechen beging. »Morosow, Alexeij Nikolajewitsch«, sagt der Verbrecher.
»Alias«, fragt der Sergeant. Ein zweiter Name folgt. »Alias.« Ein dritter und vierter folgen. Er kennt keine Scham. Im Gegenteil. Er ist
stolz, ein vollblutiger Ganove zu sein. Bei den Umstehenden erweckt
er Humor und Sympathie. »Du hast ja ein ganzes Bukett«, scherzt
der Nachbar und klopft ihm freundschaftlich auf die Schulter.

Ebenso entgegenkommend verhält sich die Lagerleitung dem
Gangstertum gegenüber, weniger aus Sympathie als aus taktischer
Klugheit. Nur im Guten kann man aus ihnen eine gewisse Arbeits-
leistung herausholen und sich ihren Einfluss auf eine Schar von
Mitläufern zunutze machen. Die Lagerleitung versucht, das Vertrauen der besseren Elemente unter den Kriminellen zu gewinnen,
in denen noch ein Funke Ehrgeiz lebendig ist, und sie vom Abschaum zu isolieren.

Die Gangster kennen die Lagergesetze, und für sie hat der
Spruch volle Bedeutung: allein bist du nichts, vereint sind wir alles.
Nie treten sie allein auf, sie bilden ein Team, das gezielte Streifzüge
unternimmt. Ein Häftling, der häufig als Einzelgänger lebt, besonders der 58er, ist eine schutzlose Beute. Ständig verschwindet neue
Lagerkleidung, besonders wattierte, die du nach vielen Mühen gerade zugeteilt bekamst. Sie liegt auf deiner Pritsche, du gehst zum
Bottich Wasser holen, kehrst zurück. Weg ist sie. Starr vor Schreck
blickst du auf die leere Stelle. »Weg … weg …«, lachen sie auf den
benachbarten Pritschen. »Ech, die verdammten Schufte, F..k deine
Mutter, gib's ihnen!«

Schadenfreude ist ringsum. Das ganze Lager kannst du umkeh-
ren, vergebens. Die Lageraristokratie hält dicht, auch die Ordner,

die natürlich aus Klugheit zu den Banditen halten. Du bettelst nach irgendwelchen Lumpen. Am nächsten Morgen erblickst du den Träger deiner gestohlenen Wattejacke. Hüte dich, den Mund aufzumachen. Fast nie erfolgen Anzeigen, aus Furcht vor Rache. Sie können dir auflauern und dich verprügeln. Die Lagerleitung ersetzt keine Verluste. Geht jemand wirklich hin, sich zu beklagen, heißt es: du musst besser auf deine Sachen aufpassen. Die Ganoven oder Bljadnije haben einen Spürsinn für ihresgleichen. Kommt Zugang ins Lager – der alte Lagerwolf erkennt seine Kumpane sofort heraus. Diese über das ganze Land verbreiteten Banden besitzen in der Freiheit wie im Lager ihre Erkennungsmerkmale, womit sie sich sicherer identifizieren als durch einen Reisepass.

Diese Kategorie der Lageraristokratie tritt auch den Köchen gegenüber geschlossen auf. Ein kurzes eindringliches Gespräch, zuweilen vom Aufblitzen eines Messers begleitet, genügt. »… und die Grütze reichlich und mit viel Fett, verstanden, Bljad?« Die Köche haben verstanden. Niemand weiß, woher die Ganoven Messer haben, und wie sie sie mit unvorstellbar raffinierter Geschicklichkeit bei der Überführung in neue Lager durch die Kontrollen hindurchschleusen. Kriegen die Wachen eins zu fassen, dann ruht der Ganove nicht eher, bis er irgendwo ein Stück Eisen entdeckt, an dem jeder andere achtlos vorüberginge. Er hebt es auf und schleift es mit tage- ja wochenlanger Ausdauer, abends, sonntags, schleift und schleift es zur Waffe. Erst jetzt ist er wieder vollwertiger Ganove.

Neben dieser Meisterklasse erscheinen solche, die im Alleingang ihr Handwerk ausüben, als Stümper, die rasch ertappt werden und schwer dafür büßen. Sie sind Außenseiter der Bruderschaft der Ganoven, etwa kleine Bettelmönche gegenüber einem mächtigen Orden. Der Bestohlene fürchtet sie nicht, schlägt sofort zu, und vier oder fünf andere springen wie elektrisiert von den Pritschen herunter ihm zu Hilfe. Die aufgestaute Wut auf das Diebsgesindel löst eine Eruption wilder Rachelust aus. Erbarmungslos schlagen die harten Fäuste zu. Der kleine Gauner wird halb zu Tode geprügelt. Von ihrer Pritsche aus betrachten die Häftlinge mit Genugtuung das

Schauspiel und begleiten es mit anfeuernden Zurufen und kräftigen Flüchen. Das zusammengesackte Häufchen wird mit Fußtritten aus der Baracke befördert. Lageraufsicht und Ordner sind in solchen Fällen unsichtbar, und der Dnjewalnij hat sich leise entfernt.

Die große Masse der Lagerinsassen bleibt hungrig, sie ist der wahre Lagerplebs, der von der ekligen Fischsuppe, der grausam kleinen Kelle Abendgrütze und der Schwarzbrotration sein Leben fristet. Dazu gehören viele 58er, in der Mehrzahl Intellektuelle. Sie verachten es, sich aus Hunger auf die Stufe der Kriminellen zu stellen, oder haben ganz einfach kein Geschick zum Diebeshandwerk.

Zur Lageraristokratie gehört noch ein Einzelgänger, der wegen seiner Bedeutung am Schluss genannt wird. Es ist der Brigadier unserer Baubrigade, Nikolai. Nikolai ist etwa Mitte der dreißig, mittelgroß, kräftig, mit blauen Augen. Er trägt einen feldgrauen Militärkittel mit niedrigem Stehkragen und ein ledernes Militärkoppel stramm um den wohlgenährten Bauch geschnallt. Nikolai hätte auch dem schärfsten Kreuzverhör ausländischer Journalisten oder eines internationalen Komitees für Menschenrechte standgehalten. Von rosiger Gesichtsfarbe, froh gelaunt, pausbäckig, das militärisch geschnittene Bürstenhaar auf einem Kopf, der einer Billardkugel gleicht, straff in der Haltung, wirkt er als lebendige Propaganda dafür, wie gesund, unbeschwert und wohlgemut »zeitweilig isolierte Bürger« in den Einrichtungen der GULAG leben, und straft jedes Gerücht Lügen, jemand im Lager hungere oder leide Not. Ein Lord aus der ›High Society‹ der Lageraristokratie. Man sagt, er sitze seine zweite Lagerfrist als 58er ab. Als Brigadier ist er freundlich gegen jeden von uns. Die selten zur Verteilung gelangende Streuzuckerration, eine Kostbarkeit für jeden, nimmt er zum Anlass, uns derb-kameradschaftlich herauszufordern.

»Wozu esst ihr denn Zucker, Jungens?«, meint er lachend, »das ist doch nichts für Männer. Gebt das süße Schleckerzeug den Weiberchen.« Übermutig schnalzt er mit zwei Fingern, und aus den Augen leuchtet ihm die Erwartung auf den Lohn, wenn er die hübsche Nadja mit seiner Zuckerration beschenken wird. Nikolai ist im

Wohnlager überall angesehen, wie ein Fisch im Wasser schwimmt er bald mit den Ordnern, bald mit dem Koch oder den Ganoven nach dem Appell, eine fröhliche Unterhaltung führend. Die abendliche Buchweizengrütze nimmt er nie mit uns ein. Hat der Koch durchs Fenster die letzte Kelle ausgeteilt, ist unser Brigadier verschwunden. Zufällig erblicke ich ihn eines Abends durchs geöffnete Fenster einer fremden Baracke mit drei anderen Kumpanen vor vollen Schüsseln von Fett triefender Griesgrütze. Griesgrütze gibt es für gewöhnliche Lagerhäftlinge nur an hohen Feiertagen. Arglos setze ich meinen Weg fort, ohne über diese erstaunliche Bevorzugung nachzudenken.

Teures Stacheldrahtgespenst, du mir wohlgesinntes Scheusal, weshalb schwebst du nicht in diesem entscheidenden Augenblick herbei, verspottest nicht mit Flüchen, hämischem Gelächter und zynischen Worten die vornehme Zurückhaltung des wohlerzogenen Herrn Ingenieurs, der sich zu gut ist, hereinzuschnüffeln in fremde Angelegenheiten, und sich einer Gefahr aussetzt, die ihm zum Verhängnis werden wird. Hier musste man stutzen, argwöhnisch werden, scharf beobachten und schlauer kombinieren, als sich die Gerissenheit eines Nikolai hätte träumen lassen. Verdammt, Pakete kriegt dieser Kerl nicht, um sich Grütze zu kaufen, mit den Ganoven ist er auch nicht liiert, und die kleine Zusatzportion als Brigadier verschmäht er, weil anderswo etwas Besseres auf ihn wartet – und täglich, wie es scheint.

Diese Bevorzugung hätte einen auf die Spur eines anderen sonderbaren Umstands führen müssen, dem nachzuspüren mir ebenso unwürdig erscheint wie der Grütze. Von Zeit zu Zeit verlässt Nikolai uns kurz vor dem Ausmarsch ins Arbeitslager. Eben hat er noch in der Baracke seine Leute zum Aufbruch angetrieben, Verspätete von der Pritsche gescheucht, sich am Tor an die Spitze seiner Leute gestellt. Wir marschieren los – Nikolai ist verschwunden. Und noch erstaunlicher: niemand am Arbeitsplatz verliert ein Wort darüber. Tamara Nikolajewna beschäftigt sich mit ihrer Zeichnung schweigsam, als habe sie ein Gelübde getan. Wohin ist Nikolai verschwunden? Zurückbleiben konnte er nur mit Geneh-

migung der Lagerleitung. Sonst muss er in den Bunker. Und Nikolai in den Bunker, dieser Lagerlord? Unmöglich. Zum Teufel,
was geht's mich an.

Nadja drüben in ihrem Stübchen langweilt sich allein und
kommt uns besuchen. Mit ihrem fröhlich-geschwätzigen Wesen
bringt sie einen frischen Lufthauch herein. Nadja gehört zur weib-
lichen Lageraristokratie. Gar nicht weit, in der Stadt, wohnen ihre
Eltern, die ihr Pakete ins Lager bringen und sie ab und zu kurz
wiedersehen dürfen. Es müssen wohlhabende Leute sein. Einer aus
meiner Brigade erzählt mir, wie enorm viel Geld solche Pakete
kosten. Brot, Butter, Zucker sind rationiert. Davon etwas extra zu
erstehen, bedarf es guter Beziehungen. Und dass Nadja so nahe
dem Elternhaus die Strafe absitzen darf … Er lacht kurz auf, und
statt Worten reibt er den Daumen am Zeigefinger. Nadja ist auch
58er. Weiß der Himmel, was für eine dumme Geschwätzigkeit dem
achtzehnjährigen Mädchen seine acht Jahre eingetragen haben. Sie
ist jetzt zweiundzwanzig. Ich selbst bin in den besten Mannes-
jahren – eine schlimme Sache, hier zu sein. Aber die goldenen
glücklichen zwanziger Jahre seines Lebens zwischen Gefangenen-
baracke und Stacheldraht zuzubringen, dazu als Zwangsgeliebte des
Brigadiers, ist furchtbar. Wie unmenschlich ein Regime, wo das
geschehen darf. Mit den Essensträgern taucht Nikolai mittags froh
gelaunt auf. Na also. Wozu sich Gedanken machen. Vielleicht war
ein Bericht über die Leistung der Brigade abzugeben.

Sind morgens die Lagertore hinter den Brigaden geschlossen
worden, die Wohnbaracken von Ordnern und Wachen durchge-
filzt und die aufgestöberten Drückeberger in den Bunker eingesperrt, dann breitet sich Sonntagsruhe über dem Wohnlager aus.
Die Dnjewalnij besuchen sich zu einem Morgenschwatz, die Köche legen sich nach der Frühschicht noch mal aufs Ohr. Die Lageraristokratie trifft sich in der Nähe der Friseurstube. In diesem
Salon, der mit drei uralten Holzsesseln mit Kopfstütze und fle-
ckigen Spiegeln an der Wand ausgestattet ist, werden außer der
Lagerleitung der Klüngel der Ordner und Aufseher bedient, die

Köche, der Arzt, Ganoven, Paketempfänger – und unser Brigadier Nikolai. Ja, diese froh gelaunte Pausbacke genießt die Gunst des Friseurs und bekommt ihre rosigen Wangen rasiert. Uns anderen Häftlingen ist die Friseurstube verwehrt, es sei denn, eine Freundschaftsgabe erwärmt das Herz des Figaro. Den Plebs erwartet dieser Künstler zu den Badetagen der Brigade in der Gemeinschaftsbanja und veranstaltet eine abscheuliche Massenschur. Im Vorraum dieser Stätte, wo ich einst meinen Eintritt ins Lager in Gesellschaft der Adonisse vollzog, hat sich der Friseur mit seinem Gehilfen postiert. Nackend, in einer Schlange angetreten, wartest du, bis du dran bist, um auf dem niedrigen Holzschemel abgefertigt zu werden. In großer Eile und rücksichtslos scheren sie dir Kopf- und Barthaare herunter.

Diese Profanierung ihres edlen Berufs, das Gewühl und die Unruhe versetzen die Meister in eine saumäßige Stimmung. Hier ist kein Zuckerlecken, wie im Salon, wo man in Muße eine wohlgesinnte Aristokratie bedient. »… he, nu mach schon, Bljad, bist dran, schläfst du?« Die Sitzfläche des Schemels, noch warm von den Ärschen der eben Abgefertigten, wird von deinem warmgehalten für die Kommenden. Ein Fluch folgt dem andern, wenn das Messer stumpf wird, und das Schleifen die Arbeit aufhält, wenn harte Barthaare das Tempo verzögern und die Klinge abstumpfen. Der am Rasiermesser klebende Seifenschaum zusammengepicht mit den abgeschorenen Haaren wird dir auf den bloßen Rücken geschmiert und dann »… los, los, Bljad, schnell, mach dich fort rüber in die Banja zum Abspülen … und der Nächste, schläfst du, Bljad … los, hergesetzt, schnell, schnell.« Unser Brigadier Nikolai ist beim Brigadebad nicht dabei. Im Salon erwartet ihn ein wesentlich noblerer und liebenswürdigerer Kundendienst.

Wichtiger indessen, als an solchen Symptomen herumzurätseln, für die ich keine Lösung weiß und auch nicht wissen will, weil schon genug Lagertratsch und Intrigen einem bis zum Halse stehen, ist mir die Sorge darum, alles Erdenkliche für die Freilassung zu unternehmen. Ich lasse keinen Termin aus, um einen Antrag auf

Revision meines Urteils ohne Gerichtsverfahren einzureichen. Soweit ich mich erinnere, waren Anträge alle zwei Monate gestattet. Ich erinnere mich der Worte eines Mithäftlings, als wir die Papierchen mit dem Urteil in Empfang nahmen: 0, im Lager kannst du dann Gesuche schreiben. Bei der GULAG gehen sicher täglich Tausende ein. Wenn sie durch die Mühlen durchgemahlen sind, kriegst du irgendwann mal Bescheid. Abschlägigen natürlich. Auf keinen der beharrlich abgefassten und abgeschickten Anträge kommt eine Antwort. Meine Lage erscheint mir immer hoffnungsloser. Möglich, dass ein Antrag auf Revision bereits als Kritik oder gar Auflehnung gegen die Unfehlbarkeit der Justiz ausgelegt wird, die man durch hartnäckige Ignorierung im Keime erstickt.

Für mich als Ausländer ist nach wie vor jeder Schriftverkehr mit Angehörigen abgeschnitten, gar nicht zu reden von Unterstützung in irgendeiner Form. Es scheint, als wolle man mich durch konsequenten Abbruch jeder Verbindung moralisch endgültig kaputt machen. Ein Jahr Lagerdasein ist hinter mir, fast zwei Jahre Gefangenschaft. Die Häftlinge sagen untereinander: Ich lebe nicht, ich bin vorhanden. Mit den Leuten der Brigade stehe ich auf gutem Fuß, aber mit keinem bin ich eng befreundet. Der Kollege, der mich kürzlich über die teuren Pakete aufklärte, hat mir angedeutet, Nikolai habe damals bei meinem Eintritt in die Brigade gefürchtet, ich werde ihm seinen Posten abspenstig machen. Er sei fachlich nicht qualifiziert. Nichts liegt mir ferner, Wassili, sage ich. Im Lager einen Posten zu bekleiden, fehlt mir jeder Ehrgeiz. Was zum Teufel hab ich nötig, morgens die Leute von den Pritschen zu jagen und abends mit dem Koch die Brigadengrütze auszuhandeln.

So läuft die Zeit, und es häufen sich die Nächte, wo Albträume dich quälen, deine Brust umklammern und dich erdrücken wollen. Noch drei Jahre, raunt dir das Stacheldrahtgespenst ins Ohr, drei Jahre Hunger, drei Jahre Stacheldraht, drei Jahre Wanzen. Von Grauen gepackt springst du auf, setzt dich auf die Kante deiner Pritsche, damit der stählerne Druck ums Herz sich löst. Die Luft durchdringt der Schweißgeruch und das Röcheln der Schläfer. Es ist vier Uhr morgens. Schnell die Stiefel an, das Schreckliche draußen in der frischen Luft abschütteln, noch einmal einschlafen und im Schlaf Vergessenheit suchen. Dieser Tag fängt an wie jeder andere. Aufstehen, das Brot, die Suppe, der Lagertee, Antreten am Tor, Brigade 17 marsch. Heute ist unser Brigadier Nikolai wieder nicht mit ausmarschiert. Es ist ein Vorfrühlingstag. Zu Beginn der Mittagspause habe ich drüben bei der amerikanischen Sekretärin Zeitschriften zurückgegeben. Auf einem Holzstoß neben der Arbeitsbaracke sitzend, verbringe ich die letzten Minuten allein.

Unbemerkt hat sich die junge hübsche Nadja, die heute wieder ohne den Brigadier in ihrem Zimmer ist, herangeschlichen. Nadja lässt sich dicht neben mir nieder.

»Axel«, flüstert sie, »sei auf der Hut vor Nikolai.« Springt auf und ist verschwunden. Die Worte treffen mich wie ein Blitzschlag. Sei auf der Hut vor Nikolai. Auf der Hut sein vor Nikolai? Was hab ich ihm getan? Und was soll er mir antun können, mir Sträfling auf der tiefsten Stufe menschlicher Existenz? Gibt es eine tiefere Schlucht, in die mich ein Mensch oder der Satan selbst herabstürzen kann? Was in aller Teufel Namen will er von mir, dieser Nikolai?

Nadjas Worte bohren sich in jeden Gedanken. Wie das Rätsel der Sphinx quälen sie mich im irren Suchen nach der Lösung. Das verhasste Räderwerk des Lagers zieht durch mein Gedächtnis, das Antreten am Tor, die Arbeit, Gespräche. Mich als Rivalen zu beseitigen, dafür besteht für ihn kein Grund mehr. Noch mal Nadja fragen? Fast hätte ich's getan. Doch ich verwerfe den Plan. Nie hätte sie mehr enthüllt als dieses eilig hin geflüsterte Wort: Axel, sei auf der Hut vor Nikolai. Nicht nur, dass sie abhängig ist von ihm als seine Geliebte. Der Hauch eines Verdachts, sie könne ihm schaden, ein zufällig erfahrenes Geheimnis verraten, genügt, um sie aus ihrer angenehmen Stellung in eine Schachtarbeiterbrigade oder in ein Lager 1000 km weg von den Eltern zu versetzen. Nadja hat sich, wie mir nachträglich bewusst wurde, durch ihr mutiges Verhalten ohnehin schon äußerst gefährdet.

Nadja, gutes tapferes Mädchen, deine Warnung kam zu spät. Nikolais Schlingen sind längst gelegt. Und bald werden sie sich um meinen Hals zusammenziehen. Wenige Wochen nach Nadjas Warnung kommt morgens vor dem Ausmarsch ein Ordner in unsere Wohnbaracke, und befiehlt mir, zurückzubleiben. Ich gerate in fiebernde Unruhe. Was ist der Grund? Er kann harmlos sein. Eine Antwort auf eine Eingabe in Empfang zu nehmen, eine Aussprache zu führen. Es kann den Wechsel in ein anderes Lager bedeuten. Keinen Tag ist der Häftling sicher, ob er morgen noch hier sein oder, wer weiß, in welche fernen Gegenden des Landes abtransportiert wird. Jeder fürchtet diesen Wechsel vom Vertrauten ins Ungewisse. Tagelangen Transport mit den Ganoven im Stolypinwaggon – ich hielte ihn nicht durch. Vielleicht ist das die Absicht, den lästigen Gesucheschreiber unauffällig kaputt zu machen. Und welche Rolle spielt Nikolai dabei? Mir graut, an die letzte Variante zu denken: erneut unter Anklage gestellt zu werden. Es gibt solche Fälle. Und das könnte Nikolais Werk sein. Hüte dich vor Nikolai. Voll Unruhe liege ich auf meiner Pritsche, als wieder der Ordner erscheint und mich in scharfem Ton auffordert, meine Sachen zusammenzupacken, die Koffer in der Aufbewahrungskammer abzuholen und mich in einer halben Stunde am Eingangstor einzufinden.

»Aber schnell, los los!«

»Und meine Sachen am Arbeitsplatz?« Er zuckt die Achseln. »Hast du Pech gehabt.« Damit ist er verschwunden.

*

Am Tor steht das Gefangenentransportauto. Sein Anblick erklärt alles. Diesmal brauche ich unterwegs keinen Überfall auf die Koffer zu befürchten. Ich bin der einzige Passagier. Draußen ist es schon wieder Winter geworden. Den kurzen Vorfrühling hat frischer Schnee aus dem Land getrieben, und ein eisiger Sturm fegt durch die Ritzen der dunklen Kabine. Die Fahrt dauert nicht lange, weniger als eine Stunde. Der Wagen hält an. Ich höre das Knarren der

3.

Lose Heftseiten aus der Lagerzeit. Abschiedsszene/Gedenken an das heimatliche Riesengebirge (S. 85–87).

3.

voll Freude ihre breite Tatze zum Gruss hinhalten, wenn man an ihre Hobelbank tritt. »Tag, Rudik«, sagen sie, erzähl uns was Nettes und dabei gleitet der Hobel schon wieder über die Bretter, – Viele Leute im Lager (...) mich Männer und Frauen, sie sind freundlich – die Jungens necken mich, drücken mit ihrer Faust meine Hand und lachen, wenn es schmerzt, ziehen mit komischer Geste die Mütze wenn ich vorbeigehe und (...) um eine Zigarette – Aufgeben das kleine, ein wenig warme Dasein – einem neuen entgegen. Einem schweren unbekannten. Ein neuer Kampf wird angehen – ein Kampf um ein sicheres Lager, um eine Kelle Grütze, um einen sicheren Platz, wo man seine letzten Sachen vor Dieben aufbewahrt, wieviel Kälte, Einsamkeit, Feindschaft hat man am Anfang zu überwinden. In den Kampf gehen habe ich noch nie gefürchtet – ich war stark und gesund. Aber jetzt bin ich schwach – physisch schwach infolge der jahrelangen Entbehrungen. Jetzt bin ich angezogen und kehre zurück in unser Büro. Alle sind aufgestört, wie immer, wenn einer aus ihrem Kreis wegtransportiert werden soll. Der Junge entreisst mir paar feuchte Stücke Wäsche, um sie nebenan in der Holztrocknerei zu trocknen. Ich selbst muss versuchen Schulden einzutreiben. Ohne Geld an einem fremden Ort ist man ganz verloren. Zahlen sie (...) Etwas kann ich bekommen (...) es wird reichen, um davon paar Laibe Brot zu kaufen im neuen Lager.

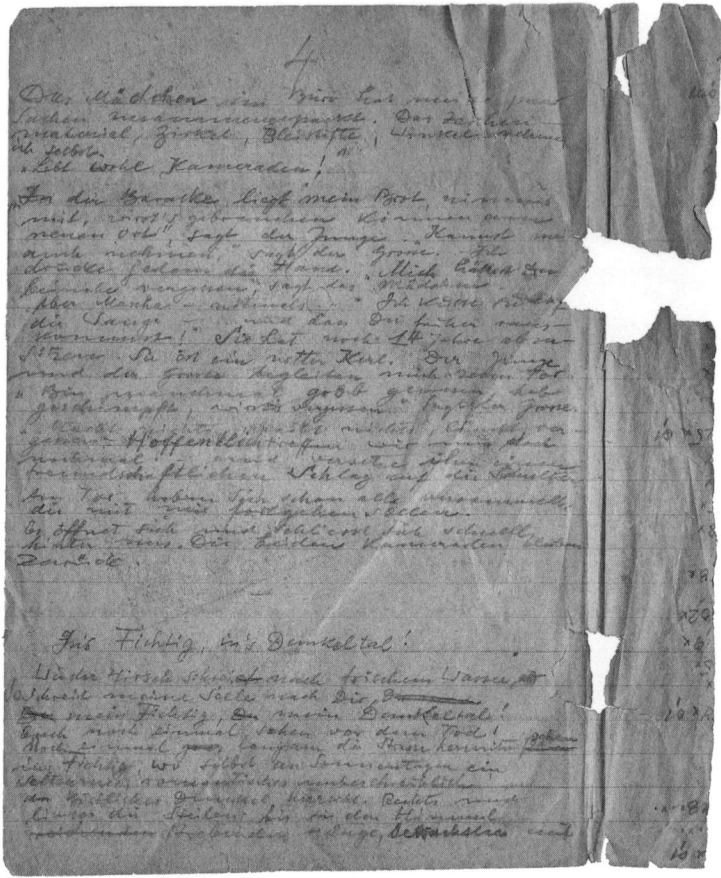

4.

Das Mädchen im Büro hat meine Sachen zusammengepackt. Das Zeichenmaterial, Zirkel, Bleistifte, Winkel nehme ich selbst. »Lebt wohl, Kameraden!«

»In der Baracke liegt mein Brot, nimm's mit, wirst's gebrauchen können am neuen Ort«, sagt der Junge. »Kannst meins auch nehmen«, sagt der Grosse. Ich drücke jedem die Hand. »Mich hättest Du beinahe vergessen , sagt das Mädchen. »Aber Mascha – niemals«, – Ich küsse sie auf die Wange – »und dass Du früher rauskommst!« Sie hat noch 14 Jahre abzusitzen. Sie ist ein netter Kerl. Der Junge und der Grosse begleiten mich zum Tor. »Bin manchmal grob gewesen, hab geschimpft, wirst's vergessen«, sagt der Grosse. »Macht nichts, macht nichts, (. . .) vergessen. Hoffentlich treffen wir uns doch nochmal – und ich versetze ihm einen freundschaftlichen Schlag auf die Schulter.

Am Tor haben sich schon alle versammelt, die mit mir fortgehen sollen. Es öffnet sich und schliesst sich schnell hinter uns. Die beiden Kameraden bleiben zurück. –

In's Fichtig, in's Dunkeltal! Wie der Hirsch schreit nach frischem Wasser, schreit meine Seele nach Dir, mein Fichtig, mein Dunkeltal! Euch noch einmal sehen vor dem Tod! Noch einmal langsam die Strasse heruntergehen ins Fichtig, wo selbst an Sonnentagen ein seltsames, romantisches, unbeschreiblich köstliches Dunkel herrscht. Rechts und links die steilen bis in den Himmel strebenden Hänge, bewachsen mit

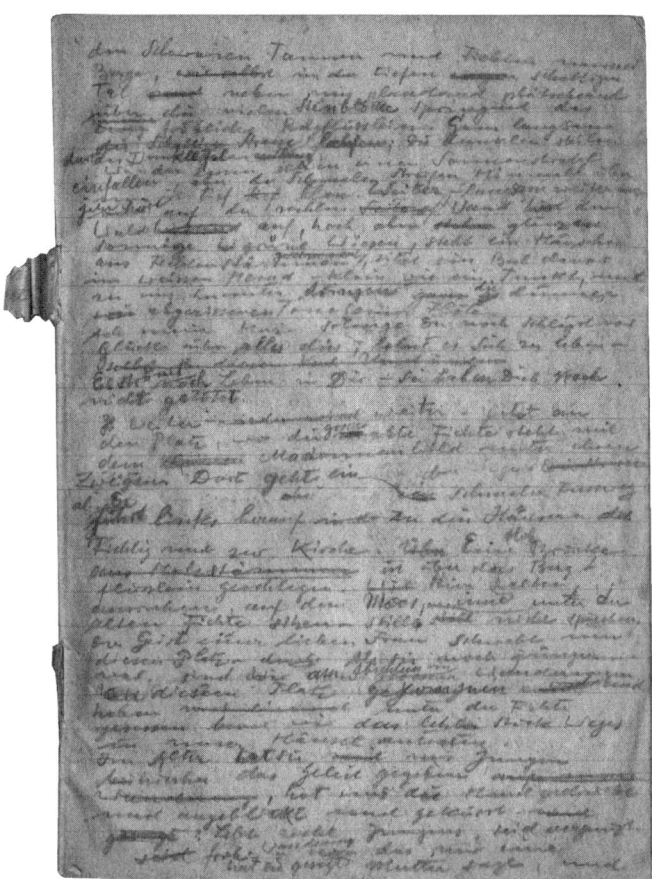

den schwarzen Tannen und Fichten unserer Berge, in dem tiefen schattigen Tal neben mir, überladend plätschernd, über die vielen Steinblöcke springend das fröhliche Bergflüsslein. Ganz langsam laufen. Die dunklen steilen (…) Durch das Dunkeltal entlang, was der (…) lassen selten einen Sonnenstrahl einfallen, aber schmalen Streifen Himmel über (…) ist tief blau. Weiter, langsam weiter (…) hört auf der rechten Wand der Wald auf, hoch aber glänzen sonnige, warme Wiesen, steht ein Häuschen aus Fichtenstämmen, steht ein Bub davor im weissen Hemd – klein wie ein Punkt, und zu uns herunter dringen die dünnen, abgerissenen Töne seiner Flöte – Ach, mein Herz – solange du noch schlägst vor Glück über alles dies, lohnt es sich zu leben. Es strömt noch Leben in Dir – sie haben Dich noch nicht getötet. Weiter, weiter – jetzt an den Platz, wo die grosse alte Fichte steht mit dem Madonnenbild unter ihren Zweigen. Dort geht ein schmaler Fussweg ab. Er führt links hinauf zu den Häusern des Fichtig und zur Kirche. Eine Holzbrücke ist über das Bergflüsslein geschlagen. Hier halten, ausruhen auf dem Moos und unter der alten Fichte sitzen – still, nicht sprechen. Der Geist einer lieben Frau schwebt über diesen Platz. Als sie noch jünger war, sind wir am Abschluss von Wanderungen an diesen Platz gekommen und haben unter der Fichte gesessen bevor wir das letzte Stück Weges in unser Häusel antraten. Im Alter hat sie uns Jungen hinüber das Geleit gegeben, hat uns die Hand gedrückt und angeblickt und geküsst, und gesagt: Lebt wohl, Jungens, seid vergnügt, frohe Wanderung, hat sie gesagt, das was eine Mutter sagt, und

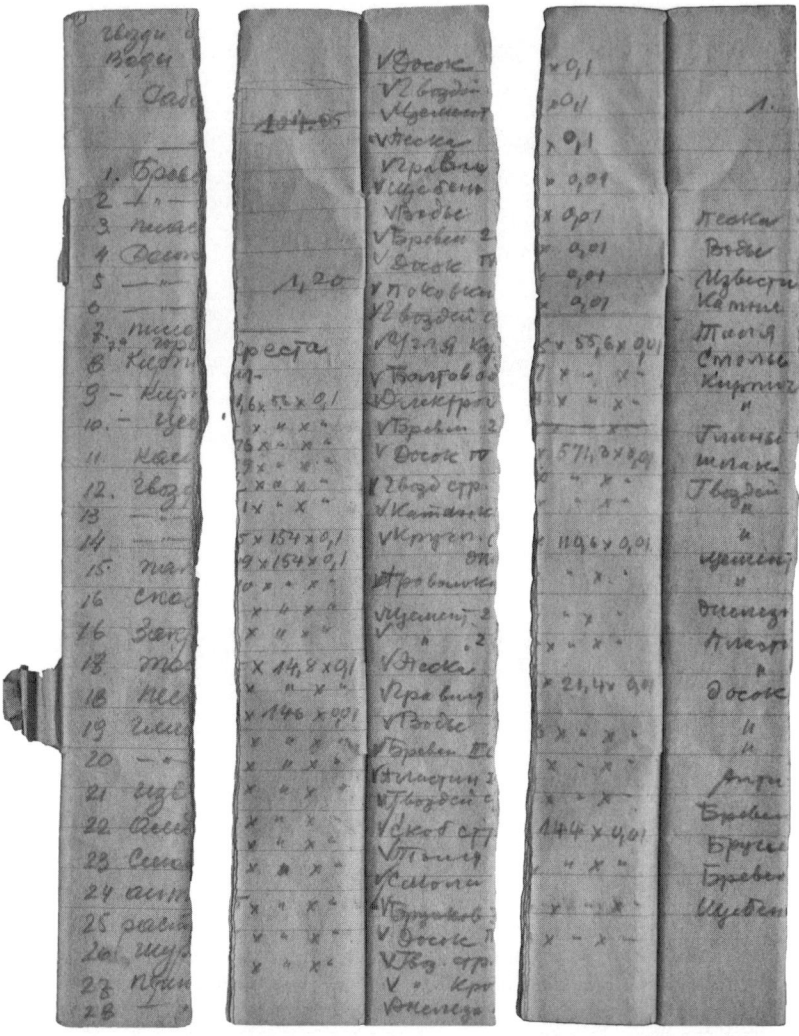

Fragmente aus einem Heft, in dem manche Seiten bis auf einen schmalen Streifen abgetrennt sind. In der 3. und 5. Spalte ist auf Russisch zu lesen: »Sand, Wasser, Kalk, Stein, Flaschenzug, Tische, Ziegel, Lehm, Nägel, Zement« usw. Es handelt sich offenbar um eine Bestellung oder Abrechnung aus einem Baubüro, in dem Hamburger tätig war.

sich öffnenden Tore, den Fahrer hereinlenken, anhalten, die Tore sich schließen. Dieses stets von neuem aufregende Geräusch des Öffnens und Schließens von Gefängnis- und Lagertoren wird mich wohl durch mein ganzes Leben verfolgen. Ein ärmliches kleines Gefängnis nimmt mich auf. Vermutlich steht es irgendwo auf dem Lande zur Unterbringung frisch gefasster Krimineller, die hier verurteilt und ins Lager abgeschoben werden. Die Formalitäten in dem kleinen Büro sind rasch erledigt. Der Wächter führt mich durch den Gang in eine Kammer, wo zwei Gefangene, denen in ihrer tödlichen Langeweile der Eintritt eines »Neuen« höchst erwünscht ist, mich begrüßen und mit den hundert Fragen bestürmen, die überall, wo sich die unheilvollen Wege von Leidensgefährten kreuzen, ihre ewige Wiederholung erleben.

Es sind die Fragen der stets Hoffenden, die meinen, in den Wochen ihrer Gefängnisabgeschlossenheit sei inzwischen ein Licht am Horizont aufgeleuchtet oder ein Wunder geschehen, etwa verbesserte Lagerbedingungen mit mehr Essen und einem weichen Bett oder gar »sichere« Aussicht auf Amnestie, worüber die Gerüchte im Lager und Gefängnis nie verstummen. Danach werden Stunden und Stunden der Paragraf, das Strafmaß, das Lagerregime, die Arbeit, das Essen durchgehechelt, bei dem am längsten verweilt wird. Während sich der Magen vor Hunger verkrampft, erinnert sich einer todsicher früherer Zeiten und zählt genießerisch die schmackhaften Gerichte auf, die zuhause auf den Tisch kamen. Selbstverständlich übertreibt er ungeheuer, bis der andere das Hohelied der Kochkunst jäh abschneidet und losdonnert: »Verdammt noch mal, du kannst mir auf den Sch…z kriechen, Bljad, hör auf.« Und jetzt sitzen wir mit jämmerlichem Gesicht da und lauschen auf das Geräusch im Gang, das die wässrige Fischsuppe mit den Glotzaugen ankündigt. Inzwischen bin ich ausgequetscht und uninteressant geworden.

Aber auch ich habe von meinen Zellenkumpels Neues erfahren. Beide waren schon vorher in Haft, kommen aus Lagern ähnlich dem meinen, nicht weit entfernt von hier. Der eine erwartet eine neue Verurteilung, der andere hofft auf Revision seines Urteils. Was mir vor nicht langer Zeit Mitarbeiter aus meiner Brigade angedeutet hatten, deckt sich mit ihrer Aussage: Im weiten Umkreis dieses Wolgagebietes unweit Saratow liegen zahlreiche Lager verstreut. Sie alle sind Teilchen eines der berüchtigten Komplexe – man könnte sie Pilzsiedlungen nennen – welche die GULAG vom Westen bis in den Fernen Osten, vom Ural und den Polarregionen bis nach Kasachstan nach einem einheitlichen Modell angelegt hat.

Weiß der Teufel, es war kein Lagergeschwätz, was man mir aufhängte und hier in der Zelle wiederholt, sondern die reine Wahrheit, die ich in späteren Jahren bestätigt finden werde: wie eine Hautflechte überziehen diese Pilzsiedlungen das weite Land, jeder Komplex ein Staat für sich. In einem zentral gelegenen Punkt, dem Mutterpilz, meist in einer Stadt, sitzt der Generalstab, der alle Lager im Umkreis beherrscht, die Schar der Kinderpilze.

Die Suppe ist ausgelöffelt, das Restchen Brot aufgegessen. Ruhe tritt ein, und das Furchtbare meiner Lage kommt mir zum Bewusstsein. Man wird mich erneut verurteilen. Viel darüber nachzudenken, weshalb, bin ich nicht in der Lage. Vielleicht die natürliche Abwehr, um mich nicht völlig zugrunde zu richten. Eines echten eindeutigen Vergehens bin ich mir nicht bewusst, darüber nachzugrübeln, führte zu sinnlosen Spekulationen. Wie es im Leben meistens ist – hast du mit dem Knüppel gerade eins übergezogen gekriegt, lässt der zweite Hieb nicht lange auf sich warten. Etwa eine Woche ist vergangen, die ich hinter diesen dicken Mauern, die sich nie erwärmen, mit meinen Gefährten bei großer Kälte verbracht habe, als der Schlüssel sich im Schloss knarrend herumdreht. Der Gefängniswärter ruft meinen Namen in die Zelle hinein. Ich stehe auf. Mit Sachen rauskommen, schnell, los … los. Ein kurzer Abschiedsblick zu den zweien herüber, und ich stehe mit meinem Bündel draußen in dem nackten feuchten weißgekalkten Korridor, der nach alter Fischsuppe riecht. Der Gefängniswärter voran, ich hinterher, gehen wir ein Stück den Gang herunter an anderen Zellentüren vorbei. Vor einer bleibt er stehen, schließt auf – ich schrecke zurück. Eine kleine Einzelzelle, das vergitterte Fenster dick vereist, kaum dass Tageslicht eindringt. Entgeistert starre ich auf diese schreckliche Höhle.

»Etwas kalt hier drin, liegt ja auch nach Norden«, lässt sich eine Stimme hinter mir vernehmen. Es ist der Gefängniskommandant. »Einzelzelle für verschärfte Fälle. Hm. Na ja. Schwerverbrecher und solche«, er hält inne. Dann bekommt die Stimme einen wärmeren Klang. »Hm, ja«, er wird verlegen, »es gibt nämlich so eine neue Verordnung. Gerade eingetroffen. Alle 58er sind von den übrigen Gefangenen zu isolieren. Ja … und im Augenblick haben wir keine andere Einzelzelle.« Dann überlegt er kurz. »Na ja, ich schick was Warmes«, und entfernt sich.

Ich trete in diesen Eiskeller ein wie in eine Todeszelle. Es wird abgeschlossen, doch gleich öffnet sich die Tür noch einmal. Männer bringen sechs Matratzen. Drei lege ich unter mich, drei über mich. Decke und Wände glitzern von Eiskristallen. Angekleidet in meine Wattesachen und an den Füßen Filzstiefel, die Walenki, liege ich im Dunkel der Zelle, wo kaum ein Unterschied zwischen Tag und Nacht ist, dahinvegetierend wie ein Tier, und starre gegen die Decke. Der Ausspruch des Gefängniskommandanten hat sich ins Gedächtnis eingekrallt: Die 58er sind von den übrigen Gefangenen zu isolieren. Aussätzige sind wir also geworden, vor denen Kriminelle beschützt werden müssen wie vor einer Seuche.

Das ist der neue Kurs, härter denn je. So wird auch mein bevorstehender Prozess ein gnadenloses Strafgericht werden über einen endgültig Ausgestoßenen. Tage verrinnen mit grausamer Langsamkeit. Die Haut beginnt unerträglich zu jucken. Der angekleidete ausgezehrte Körper ist eine Brutstätte für Läuse. Niemals kann man in den Lagern und Gefängnissen ihrer Herr werden, so eifrig man sie auszurotten versucht. Entschließe ich mich, wenn es etwas heller in der Zelle ist, aufzustehen, dann kratze ich mit dem Löffelstiel Grundrisse von Häusern in die Eiskristallschicht der Wand, von Häusern irgendwo in einem Traumland, für glückliche Menschen, mit Wohnzimmer, Bibliothek, Küche, Bad und Garten. Aber meistens liege ich in vollkommener Lethargie zwischen den Matratzen. Schließlich wird mir die Anklageschrift zugestellt. Sie lautet auf Verbreitung antisowjetischer Propaganda unter den Mitgefangenen, ein Verstoß gegen Paragraf 58, Punkt 10.

Einer der Beweise sind die illustrierten Zeitschriften, die ich mir im Arbeitslager von der Sekretärin der amerikanischen Berater ausgeliehen hatte. Diese allgemein bekannte Unterhaltungslektüre war von mir nicht eingeschmuggelt worden. Ich fand sie auf dem Territorium des Lagers, und auch den Zutritt zu den Amerikanern hatte mir niemand verboten. Bei der Lektüre war ich auf keine feindselige Äußerung gegen die Alliierten gestoßen, was zur Zeit ihres gemeinsamen Kampfes gegen Hitlerdeutschland auch nicht zu erwarten war. Ich hatte die Hefte deshalb arglos auf meinem Platz liegen.

Die Mitarbeiter, unkundig der Sprache, betrachteten die bunten Fotos und Reklamebilder. Texte habe ich ihnen nicht übersetzt. Für mich war diese Lektüre damals ein Labsal. Es ging mir nicht um den Inhalt. Es hätte ein Courths-Mahler-Schmarren, ein Krimi minderwertiger Güte oder irgendein Lehrbuch sein können. Es ging um den Genuss, nach 1½ Jahren vollkommen geistigen Stillstands etwas Gedrucktes in gewohnten Schriftzügen und einer mir geläufigen Sprache zu lesen, das die Gedanken ablenkte, die Umwelt vergessen ließ und die gefolterten Nerven beruhigte. Seit Beginn meiner Verhaftung habe ich mich bemüht, die Landessprache zu lernen, und erste Schritte in die Literatur gemacht. Aber es ist keine Entspannung, sondern anstrengender Sprachunterricht, mühseliges Selbststudium ohne Wörterbuch oder andere Hilfe.

*

Der Büroraum des Gefängnisses ist in einen Gerichtssaal verwandelt. Zwei Fensterchen beleuchten an diesem grauen Tage spärlich das weiß getünchte Zimmer, von dessen Decke an einem kurzen Draht eine nackte, fliegenverschmutzte Glühlampe hängt. Hinter zwei zusammengestellten Tischen sitzen der Richter und zwei Schöffen. Ob ein Staatsanwalt da war, erinnere ich mich nicht. Als ich eintrete, mustern ihre neugierigen Blicke den ausländischen Verbrecher. Links sitzen die Zeugen. Ganz vorn Nikolai, mein pausbäckiger Brigadier. Er richtet den Blick durch eines der Fenster, als gäbe es draußen einen interessanten Vorgang zu beobachten. Dahinter drei weitere Zeugen, unter ihnen Tamara Nikolajewna. Ihre traurigen Augen sind auf den Fußboden geheftet. Mir scheint, ihre Schultern sind noch schmaler geworden, ihr Haar mehr ergraut. Das weiße Profil mit dem gesenkten Lid bleibt während der Verhandlung unbeweglich. Mir wird ein Holzschemel in der Mitte des Raumes angewiesen. Rechts von mir hat mein Verteidiger Platz genommen.

Als ich im Korridor auf den Aufruf wartete, näherte sich mir ein unscheinbarer Mensch im dunkelblauen Anzug und sagte, er sei der Verteidiger. Was ich zu meiner Rechtfertigung vorzubringen habe? Diese Frage erfolgt etwa zwanzig Minuten vor Beginn eines Prozesses, bei dem viele Jahre Freiheitsentzug auf dem Spiel stehen. Wie will dieser Mensch in zwanzig Minuten eine Verteidigung vorbereiten!

Internationale Konventionen legen in zivilisierten Ländern die Rechte des Angeklagten fest. Anspruch auf einen Anwalt, der angemessene Zeit vor dem Gerichtstermin die Anklageschrift mit seinem Mandanten gründlich durcharbeitet und die Richtung der Verteidigung festlegt. Doch so etwas zwanzig Minuten vor Prozessbeginn erledigen zu wollen, ist ein Hohn auf die demokratische Gesetzlichkeit, eine Farce, die man einem wehrlosen Menschen vorspielt. Damals ein Papierchen mit dem fertigen Urteil in die Hand gedrückt, jetzt diese Hinterhältigkeit.

Immer rücksichtsloser demaskiert sich die Herrschaft von Gewalt und Willkür. Der Verteidiger schenkt ihm in Eile anvertrauten Argumenten kaum Gehör. Ohne sich eine Notiz zu machen, ohne eine Gegenfrage zu stellen, wird er sie in seinem Plädoyer überhaupt nicht erwähnen. Wozu auch? Gewissenhafte Verteidigung ist nicht seine Aufgabe. Für das Gericht ist die Schuld im vorhinein erwiesen und das Strafmaß vermutlich festgelegt. Gewiss, ich kann gegen diese unfaire Behandlung Einspruch erheben. Der Erfolg? Die Verhandlung würde ausgesetzt und in paar Monaten wieder aufgenommen werden. Man hat Zeit. Ich aber bin am Ende meiner Kräfte, werde die Folter der Einzelhaft in der Eishöhle nicht mehr lange aushalten. Und wird ein anderer Verteidiger nicht dem System genauso hörig sein wie dieser? Unbarmherzig bist du verstrickt in die dichten Maschen eines Netzes, das sich wie ein Mechanismus um sein Opfer zusammenzieht. Die nutzlose Figur von »Verteidiger« sitzt also als Staffage neben mir. Der Richter eröffnet die Sitzung. Er bedient sich des scharfen schneidenden Tons, den ich aus meinem preußischen Vaterland kenne, er soll Furcht einflößen, den Angeklagten von vornherein in die Position des schuldhaften Verbrechers drängen und jeden Versuch von Widerstand ersticken.

Der Angeklagte – so heißt es – wird beschuldigt, gegen Paragraf 58, Punkt 10 verstoßen zu haben … und die Schöffen nicken beflissen mit den Köpfen. Er hat antisowjetische Propaganda im Lager getrieben … heißt es weiter, ich horche auf. Wann habe ich antisowjetische Propaganda betrieben? Der Richter deutet mit dem Zeigefinger auf eine amerikanische Zeitschrift, eine von jenen, die ich mir im Lager ausgeliehen hatte, und hebt sie den Anwesenden zum Betrachten in die Höhe. Darin befindet sich ein Artikel – er räuspert sich vernehmlich – mit Fotografien bestimmter Personen … Sie haben den Artikel gelesen, Angeklagter … Ich bin mir nicht bewusst. Nun, er befasst sich mit der bürgerlichen polnischen Exilregierung in London und zeigt ihre namentlich benannten Vertreter im Bilde. Eine solche Regierung – er hebt die Stimme bedrohlich an – existiert für die Sowjetmacht nicht. Der Artikel ist eine böswillige Propaganda gegen die sozialistische polnische Volksregierung, die nach dem Sieg über den Faschismus die legitime Macht ergreifen wird. Dieser Artikel wurde vom Angeklagten den Häftlingen seiner Arbeitsstelle zugänglich gemacht. Wieder nicken die Schöffen pflichtschuldig mit den Köpfen. Noch mehr anstößige Dinge waren von Nikolai sorgfältig zusammengetragen worden. Worte, die im täglichen Gespräch mit dem Nachbarn einem über die Zunge gleiten aus Missmut und Verzweiflung, Worte über die eklige Fischsuppe, über eine verhasste Zwangsschicht am Sonntag. Kriminelle stoßen lästerliche Flüche aus. Niemand nimmt Anstoß. Der 58er sagt »Schweinerei« und wird zum Staatsfeind.

Nach Verlesung der Punkte stellt die Anklage Antrag auf acht Jahre Lagerhaft. Danach kommt der Verteidiger zu Worte. Sein kurzes Plädoyer enthält nichtige Phrasen. Er anerkennt a priori die Unfehlbarkeit der Anklage. Um trotzdem den Schein zu wahren, als trete er für seinen Mandanten ein, schließt er seine Rede mit der Bitte um Nachsicht wegen der … Jugend (!) des Angeklagten. Jugend? Ist dieser Mensch von Sinnen? Heiterkeit breitet sich aus. Alle blicken belustigt auf meinen grau schimmernden Schädel, das fahle abgezehrte Gesicht eines früh gealterten Vierzigers. Nicht genug, dass mich dieser staatlich bestallte Popanz nicht verteidigt, er macht mich auch noch zur lächerlichen Figur. Die Schöffen schließen sich natürlich vorbehaltlos dem Antrag der Anklage an.

Das Urteil ist gefällt. Acht Jahre. Zwei Jahre abgesessen, bleiben acht noch abzusitzen, macht zusammen zehn. Jetzt ist auch mir das landesübliche Standardstrafmaß von 10 Jahren für politische Gegner, die 58er, zugemessen. Die Zeugen sind eilig verschwunden, keiner hat mich angeblickt, noch brauchte er auch nur ein Wort zu reden. Und so lief alles wie am Schnürchen. Planmäßig. Nadja, stelle ich fest, war nicht dabei. Nikolai hat sein Liebchen nicht in dieses schmutzige Geschäft hineingezogen. Ich kehre in die Zelle zurück. Der Vorhang hat sich hinter dieser Tragödie geschlossen, deren Szenen noch einmal vor meinem Geist lebendig werden. Die Welt, in die ich wie von einem andern Planeten hineingeschleudert wurde, war das Gefängnis. Gefängnis in einem Land, dem ich alle Sympathie entgegengebracht hatte. Auf neun Monate Kerkerhaft folgte ein härterer Schlag: die Erfahrung, dass das Recht mit Füßen getreten wird. Ein Blatt Papier, das meine erste Verurteilung aussprach – es war Unrecht.

Der eben erfolgte Prozess und das gleiche Schicksal ungezählter Menschen neben mir – Unrecht. Vom erhabenen Podest ihrer Schreibtische und Rednerpulte betrachten Historiker und Philosophen solche Zustände als Überwindung des Alten und schmerzhaften aber grandiosen Durchbruch des Neuen. Dem Volk, seit Jahrzehnten diesen Zuständen ausgesetzt, ist es zur Gewohnheit geworden, sich zu ducken, zu schweigen, Unrecht und Missbrauch der unumschränkten Diktatur mit der Langmut ewig Misshandelter zu ertragen. Der unerfahrene Ausländer strauchelt in diesem Dickicht von Gewissenszwang und Heuchelei und reißt sich blutige Wunden. Und nun liege ich mit blutiger Wunde, der frischen Verurteilung zu acht Jahren Lagerhaft, in der eisigen Zelle. Forsche ich tiefer nach den Ursachen, so zeichnet sich eine ab, die mir große Gefahr brachte.

Nach meiner Einlieferung ins Lager wollte ich nicht wahrhaben, dass ich im Lager bin. Das Bewusstsein meiner Unschuld schlug in starre Negierung der Wirklichkeit um. Gewaltsam hierher verschleppt, wohin ich nicht gehörte. Aus Protest schloss ich mich in einen dicken Panzer ein. Aus einem Zustand tiefer Depression und physischer Zerrüttung suchte ich mich in diesem engen Gehäuse langsam wieder aufzurichten. Doch schien mir der Erfolg nur dann sicher, wenn ich mich rein hielte von allem Lagerschlamm. Betrug, Diebstahl, Korruption, die vollen Grützeschüsseln des pausbäckigen Nikolais, womit er sich den Wanst vollschlug, ungeniert herumhurte, die bestechliche Lageraristokratie – sie durften meinen Panzer nicht berühren. Diese künstliche Isolierung mag mir am Anfang als Demonstration inneren Widerstands moralischen Halt gegeben haben, doch sie entfremdete mich dem Leben um mich her, schwächte die Kampfkraft zur Erhaltung meiner Existenz unter den Bedingungen des Lagerdschungels – und außerdem war Isolierung auf die Dauer nicht durchführbar. Das Leben war stärker. Der Panzer zerbarst daran, und mir gelang nicht rechtzeitig die Umstellung vom Einsiedler zum wendigen Lagerwolf.

Inzwischen waren Kräfte am Werk, die mir verhängnisvoll wurden. Nadjas Warnruf: »Axel, hüte dich vor Nikolai« kam zu spät. Nikolais Rolle als berüchtigter Provokateur, im Lagerjargon ›Stukatsch‹ (Klopfer), steht eindeutig fest. Einige Jahre später traf ich Zeugen meines Prozesses wieder, worüber noch berichtet wird. Jetzt durften sie freier reden. Sie bestätigten seine Tätigkeit als Lagerspitzel – und dass ich nicht sein einziges Opfer gewesen sei. Auch Nadja begegnete ich. Nikolai habe beständig Notizen gemacht, besonders nach Gesprächen mit mir. Nie werde ich vergessen, was ein Stukatsch ist. Unter Vertrauten im Lager ist dieses Wort tabu. Geht so ein Judas vorbei, deutet man heimlich auf ihn und klopft mit gekrümmtem Zeigefinger auf die Handfläche. Jeder weiß Bescheid und ist gewarnt: Stukatsch.

Aus heutiger Sicht gebe ich Nikolai nicht die Hauptschuld an seinem niederträchtigen Handeln. Schuld ist das Regime, unter dem Menschen sich zu so elenden Kreaturen erniedrigen. So wie Zeiten des Hungers, der Arbeitslosigkeit zum Diebstahl verleiten, so verleitet Terror dazu, dass sich Menschen als Spitzel verkaufen, zum Kretin werden. Zweimal als 58er verurteilt zu – ich weiß nicht – wieviel Jahren … Nikolai zog seine Konsequenzen. Willst du leben, musst du mitmachen, wurde seine Devise. Ich möchte behaupten, dass Nikolai mich nicht willkürlich als Opfer ausersehen hatte, sondern als Werkzeug staatlicher Geheimdienste gezielt auf Leute angesetzt wurde.

Nach langjähriger Lagererfahrung verdichtet sich der Verdacht, dass diese Stellen meine Verurteilung von nur fünf Jahren, ein, wie schon erwähnt, im Falle des Paragrafen 58 überaus seltener Fall, nicht billigten. Der Stukatsch Nikolai sollte die Voraussetzung schaffen, das Fehlurteil zu korrigieren. Er hat den Auftrag recht und schlecht ausgeführt. Die Anklagepunkte waren mehr als fadenscheinig, besonders der über die polnische Exilregierung. Wer hat schon in der Welt außer den Eingeweihten Mitte 1944 etwas Konkretes über die Zukunft Polens gewusst? Niemand im Lager hat den Artikel gelesen. Nikolai hatte sich die Zeitschriften von mir ausgeliehen und sie der Leitung abgeliefert. Im Lager verstand niemand die amerikanische Sprache. Sie müssen einer Stelle zugeleitet worden sein, die sie auftragsgemäß auf Texte durchkämmte, aus denen man mir einen Strick drehen konnte.

Die Rolle des Verteidigers ist beleuchtet worden. An seiner Stelle ein Bauer aus dem Nachbardorf wäre nützlicher gewesen. Er hätte geschwiegen und mich nicht kompromittiert. Von den Zeugen außer Nikolai ist zu sagen, dass sie sich freiwillig niemals dazu hergegeben hätten, vor allem nicht Tamara Nikolajewna. Benennt aber der Lagerspitzel Personen als Zeugen, so müssen sie sich dazu bereit erklären, andernfalls droht ihnen, selbst angeklagt zu werden. Du kannst nicht leugnen, heißt es dann, die USA-Zeitschrift angesehen und abfällige Kritik angehört zu haben. Und hast du Anzeige erstattet, wie es deine Pflicht war? Nein? Also hast du dich strafbar gemacht. Der in tödliche Angst versetzte Häftling erklärt sich schließlich »zur Entlarvung des gefährlichen Schädlings« bereit. Man erteilt ihm Absolution. »Du tust ein gutes Werk und ein zweites Mal unterlasse nicht, solche Parasiten anzuzeigen.« Der versierte Stukatsch Nikolai kennt sich in diesen Erpressermethoden aus und weiß, dass sie immer zum Ziel führen.

Wieviele Wochen sitze ich schon in diesem fürchterlichen Eiskeller in Einzelhaft! Auf dem täglichen Rundgang im kleinen Gefängnishof spüre ich, es wird wärmer, jetzt kommt der richtige Frühling. Bald werde ich verschickt werden. Wer weiß, wohin. Auf keinen Fall ins frühere Lager. Die GULAG schickt niemals Häftlinge dorthin zurück. Wenn auch jedes beliebige Lager besser sein wird als dieses elende Kerkerloch, so graut mir schon jetzt vor dem Transport. Mein Kräftezustand hat ein neues Tief erreicht, ich fühle mich elender als vor zwei Jahren nach der Untersuchungshaft. Acht Jahre Stacheldraht vor mir sind eine Last, die mich zu Boden drückt. Gleichzeitig wächst die Unruhe, von hier fortzukommen, und jedes Rasseln des Schlüssels erweckt die Hoffnung: Jetzt ist es soweit.

Eines Tages erfüllt mich Erwartung, als die Kerkertür sich öffnet, doch es geht nur zum üblichen Rundgang in den Hof, aus dem dunklen Korridor trete ich ins Freie und sehe am Wachturm eine kleine rote Fahne flattern. Ein ungewöhnlicher und erstaunlicher Anblick. Nicht einmal zum 1. Mai war eine gehisst worden. Der Posten auf dem Wachturm in seinem langen Mantel ist gut gelaunt. Er übersieht die Ungehörigkeit des Gefangenen, der ihn, auf die Fahne deutend, anspricht. Lachend ruft er herunter:

»Der Krieg ist zu Ende – Faschisti kapuuht«, und wirft beide Arme in die Luft vor Freude. Ein heißer Strom überwältigt mich. Zu Ende das Völkermorden, der Hitler-Faschismus am Boden, Friede. Und plötzlich erscheint mir mein eigenes Schicksal klein neben diesem ungeheuren Ereignis. Aber wie bitter, es an dieser Stelle zu erleben.

*

Der gefürchtete und zugleich ersehnte Tag ist gekommen, an dem ich zum Abtransport ins neue Lager aufgerufen werde. Wieder sperren sie mich in das überfüllte vergitterte Abteil des berüchtigten Stolypinwaggons wie ein Tier. Diesmal sind die Wachen nicht so entgegenkommend wie auf dem ersten Transport. Die Koffer muss ich ins Abteil nehmen. Wieder bin ich auf das harte Brettergestell der mittleren Etage geraten, wo man nur liegend oder hockend existieren oder besser, vegetieren kann. In die Taschen meines unendlich schäbigen Buschlats habe ich die Trockenration für drei Tage hereingestopft, die ich in dem kleinen Gefängnis noch in letzter Minute in Empfang nahm: Schwarzbrot und getrockneten Fisch. Schwer vorzustellen, dass diese graue harte salzige Schwarte einmal ein munterer Schwimmer war. Die Schwarte zusammen mit dem groben Schwarzbrot als einzige Nahrung verursacht grausame Verdauungsstörungen. Alles wiederholt sich. Du wirst auf einen der beiden Aborte des Waggons geführt, in die sich etwa vierzig Männer teilen müssen. »Los, los!« Der Posten pflanzt sich draußen auf. Des ewigen Aufschließens der vergitterten Abteile, Herauslassens, Hereinlassens, Zuschließens, sich Postierens vor dem Abort tödlich überdrüssig, ist er barsch und ungeduldig. »Na los – schnell, schnell, wie

lange dauert's denn.« Das ohrenbetäubende Rattern in diesem ver-
dreckten Loch und der drohend klirrende Schlüsselbund des Pos-
tens vereiteln deine verzweifelten Anstrengungen vollends. Der
Nachfolger wartet mit geballter Faust. »Endlich ausgeschissen,
Bljad? Sieh zu, wenn ich zurückkomme. Den Schwanz dir in die
Kehle, Bljad.«

Nach den Monaten der Einzelhaft sind die Flüche geradezu
eine Erfrischung. Tagsüber ist der Buschlat mit der Trockenration
in den Taschen mein Kopfkissen. So kann mir nichts herausge-
stohlen werden. Nachts beim Einschlafen liegen die Hände schüt-
zend auf den Taschen. Wie oft wachst du auf vor Angst, ob das
Brot noch da ist. Die Koffer stehen unter den Bänken. Was dort
geschieht, daran darf ich nicht denken. Drei qualvolle Tage rattert
der Stolypinwaggon durchs Land. Endlich – in einer fernen fremden Gegend wird er aufs tote Gleis geschoben und bleibt einsam
stehen. Wo sind wir? Durch vergitterte Fenster empfängt dich endlose Steppe, tödliche Einöde. Kein grüner Baum, kein Feld, kein
menschliches Anwesen deutet auf Leben. Doch zum Rätseln lässt
man uns keine Zeit.

Die Wachen entfalten auf dem Gang Geschäftigkeit und Lärm.
»Mit Gepäck zum Abmarsch fertigmachen«, überschreien sie sich.
Die Gittertüren öffnen sich, und mit »Los, los … schnell, schnell«
werden die vorübergehend isolierten Bürger wie Vieh aus dem Stolypinwaggon ins Freie herausgetrieben. Jeder weiß, wir marschieren
in eine Peresilka, ein: Durchgangsgefängnis, von wo jeder dann an
seinen Bestimmungsort weiterbefördert wird. Es kann noch Tage,
eine Woche und länger dauern, bis ich am Ziel bin. Wahrhaftig –
der Federstrich eines GULAG-Gewaltigen verbannt dich ans Ende
der Welt, dass dir die Hoffnung vergeht, jemals wieder in ein Leben
zurückzufinden, wo es Frohsinn gibt.

Der Gefangenentransport gruppiert sich zu einer Kolonne. Der
Abend beginnt zu dämmern. Die Kolonne schreitet eine Fahrstraße
bergan. Sie bewegt sich auf die Häuser eines Dorfes oder einer
kleinen Siedlung zu. Aus Schornsteinen steigt dünner Rauch in

die Luft. Anheimelndes Bild, seit Jahren nicht mehr erblickt! »Marsch … marsch«, kommandieren die Wachen. Die Kolonne marschiert, schweigsam, mit hartem Schritt. Den einen Koffer hat mein Nachbar genommen. Natürlich muss ich ihm ein gutes Hemd als Belohnung geben. Kostbare Grütze – leb wohl. Den andern trage ich selbst. Es ist, als ob Blei und Steine drin wären.

An der Spitze, am Ende und an beiden Seiten der Kolonne stampfen die Wachen mit aufgepflanztem Bajonett. Ewig schreien sie: »Marsch, los, los, marsch!«. Beim Transport im offenen Gelände sind sie aufgeregt vor Angst, dass jemand ausbricht. Wenn nur zwei oder drei Häftlinge einen gezielten Fluchtversuch unternehmen, sind die Wachen in einer verteufelten Lage. Verfolgen sie die Ausreißer, entsteht ein Chaos und die Gefahr, dass noch mehr ausbrechen. Lassen sie nur einen entwischen, sind sie selber dran. Der Verantwortliche geht ins Gefängnis. So versuchen sie, mit Schreien und Antreiben uns Furcht einzujagen und die Disziplin zu straffen. Inzwischen hat die Spitze des Trupps die ersten Häuser erreicht. Das Schreien und Stampfen hat die Leute an die Fenster und vor die Haustür gelockt. Kleine Holzhäuser mit niedriger Tür, durch die man gebückt eintritt. Davor sitzen auf Bänkchen Frauen in ihren Kopftüchern.

Jetzt erkennt man an den Physiognomien der Leute, wohin wir verschlagen sind: nach dem asiatischen Kasachstan in Mittelsibirien. Wie unser Gefangenenzug, stumm und gedrückt, in schwerem Schritt, auf der staubigen Straße, umgeben von Bajonetten, vorbeimarschiert, brechen die Frauen in Tränen aus. Manche mag an ihren gefangenen Mann, an ihren Sohn denken, der, wer weiß wo, in einem fernen Lager schmachtet. Sie weinen, die Frauen und Mütter mit ihrem harten Leben und dem warmen Herzen. Der Glanz ihrer Tränen leuchtet uns Elenden herüber als ein zärtlicher Gruß von Menschlichkeit.

Wir haben die Häuser hinter uns gelassen. Die Straße steigt steil bergan. Die Kräfte verlassen mich. Ich verlangsame den Schritt, komme mit dem Hintermann in Kollision, gerate seitlich aus der

Kolonne und sinke zu Boden. Neben mir liegt der Koffer. Zwei Wachen eilen herbei und bedrohen mich mit ihren Bajonettspitzen. »Aufstehen … los. Vorwärts … weitermarschieren, aber schnell …«, schreit einer, »kannst den Koffer nicht tragen, schmeiße ihn weg – das verfluchte Ding«, schreit der andere und stößt mit dem Stiefel dagegen. Der Nachbar buckelt sich den zweiten Koffer auf. Wollner Sweater – zwanzig Schüsseln goldene Grütze, lebt wohl. Mit letzter Anstrengung reiße ich mich hoch. Der Marsch geht weiter. Dicht neben mir, einen halben Schritt voraus, stampft jetzt ein Bewaffneter. Seine schwarzen Stiefel, die sich mitleidlos wie ein Räderwerk einer hinter den andern setzen, sind mein Schrittmacher, eine ständige Drohung. Vorwärts, schreite aus, Schritt für Schritt, weiche keinen Zoll zurück. Endlich ist auch dieser Leidensweg ausgestanden.

Die Tore einer völlig vereinsamten Peresilka öffnen sich. Wir werden dem Gefängniskommandanten überantwortet. Das Fragespiel nimmt den gewohnten Verlauf. Name, Vorname, Vatersname, Geburtsjahr, Paragraf und Strafmaß. Gerade noch fällt mir ein, das neue anzugeben, und als ich mich »acht Jahre« sagen höre, überläuft mich kalter Schauer. Unseren Trupp nimmt ein saalartiger Raum auf, in dem etwa fünfzig Häftlinge an den Wänden sitzen oder verstreut auf der Erde herumliegen. Ein fünfköpfiges Gangsterteam bereitet seinen Zunftbrüdern einen stürmischen Empfang und betrachtet den Rest mit dem Blick des Schakals, der seine Beute mustert, ehe die Pranken zugreifen. Meine Koffer sind zum Glück in der Gepäckaufbewahrung abgegeben, sodass das ärmliche abgerissene Stück Mensch, das übrig bleibt, nichts zu befürchten braucht. Erschöpft lassen wir uns auf dem Fußboden nieder, an nichts anderes denkend als an heiße Suppe und Schlaf.

Doch die Gangster wollen es anders. Aus dem Hintergrund visieren sie einige lukrativ aussehende Männer an, dickwanstige und vermutlich von den staatlichen Sicherheitsorganen liquidierte Schieber, die soeben prallvolle Säcke unter ihre breiten Ärsche geschoben haben und es sich darauf bequem machen. Die Gangster schlängeln sich an sie heran und fordern in dreistem Ton Brot, Machorka und Sachen zum Anziehen. Einer Ablehnung würden Faustschläge folgen. Verängstigt lösen zwei Hasenfüße den Strick von ihrem Bündel und beginnen darin nach Suchari und Machorka herumzufischen, womit sie die Banditen zu begütigen hoffen.

Blitzschnell greifen die Gangster zu, zerreißen die Säcke, bemächtigen sich eines großen Teils der herausfallenden Sachen, die sie ihren dahinterstehenden Helfershelfern zuwerfen, und verschwinden mit der Beute in einen dunklen Winkel. Eine solche Aktion ist großartig vorbereitet, klappt besser als eine Feuerwehrübung, ohne Lärm und Aufsehen, und dauert höchstens zwanzig Sekunden. Die Wachen draußen auf dem Gang mischen sich rücksichtsvoll nicht in die inneren Angelegenheiten der Häftlinge ein, solange nicht Geschrei, Mord und Totschlag sie aus der Ruhe reißen. Eine Beschwerde im Durchgangslager hat keinerlei Aussicht auf Erfolg. Die Beute ist verteilt, die Lebensmittel verzehrt, und morgen sind die Beteiligten in alle Winde verschickt.

Kein Zeuge findet sich. Jeder hat Angst vor der Rache der Gangster, denen man noch mal andernorts begegnen kann. Tatsächlich: Häftlinge haben eine panische Angst vor ihnen und lassen sich eher ausrauben und verprügeln, ehe sie sich wehren. Inzwischen ist die heiße Suppe ausgelöffelt und ein Kanten Schwarzbrot in einen heißhungrigen Schlund gewandert.

Es ist spät geworden. Alles hat sich ausgestreckt und erwartet todmüde den ersehnten Schlaf. Da durchbricht das geräuschvolle Drehen des Schlüssels in der eisenbeschlagenen Tür die Stille. Durch den geöffneten Spalt tritt ein einziger Häftling herein, ein höchst sonderbarer Fall. Woher kommt einer allein? Diesen Mann, etwa dreißig Jahre alt, bekümmert das schlafende Nachtlager nicht im Geringsten. Mit federndem, kraftvollem Gang schreitet die athletische Erscheinung auf knarrendem Holzfußboden hin und her, drängt Liegende, die ihm im Wege sind, sanft – und wenn ihm verärgerter Widerstand begegnet, gewaltsam – beiseite. Er betritt die gesäuberte Fläche von drei Metern im Geviert und schickt sich an, eine Schaustellung vorzuführen. Der ganze Saal ist erwacht, alles hat sich aufgerichtet und blickt verdutzt auf den frechen Eindringling zu später Stunde, weiß sich auf dieses rätselhafte und kühne Auftreten noch keinen Reim zu machen.

Was hat dieser Mann mit uns vor, dass er rücksichtslos unsern Schlaf stört? Wird er eine Botschaft überbringen – gar unser Erlöser sein? Im armseligen eintönigen Dasein des Lagerhäftlings bedeutet jedes unerwartete Ereignis eine willkommene Abwechslung, eine aufflackernde Hoffnung, und niemand ist es leid, dafür eine Stunde Schlaf zu opfern. Alles reißt die Augen auf. Der Athlet hat den Oberkörper entblößt, stemmt die tätowierten Arme in die Beuge, dass der Bizeps in prächtigem Spiel auf- und abwärtsgleitet, beschreibt, während das Standbein mit dem Boden verwachsen scheint, schwingend-tänzerische Figuren mit dem Spielbein, stützt schließlich die kräftig geformten Hände in die Hüften und rollt den muskulösen Körper im Kreise. Mit einem einzigen Sprung ist er in den Kopfstand gegangen, die Beine kerzengerade in die Luft gestreckt und gestrafft bis in die Zehenspitzen.

Aller Blicke sind gebannt von diesem gymnastischen Meisterstück. Im Handstand bewegt er sich über die kleine Arena scheinbar mühelos hin und her, senkt in kurzer Armbeuge den Oberkörper, reckt ihn wieder in die Höhe und steht nach elegantem Salto aufrecht in der Mitte des Gevierts. Dann entspannt er, Arme und Beine locker schüttelnd, die Muskulatur und zieht sich gemächlich an. Angelockt von diesem Schauspiel, haben sich auch drei der Gangster als Zuschauer in der vordersten Reihe niedergelassen. Mit sicherem Instinkt erkennen sie den Athleten als einen der ihren. Doch auch in der Bruderschaft der Ganoven heißt es auf der Hut sein. Nicht jeder Bruder erweist sich als Freund. Er kann zum gefährlichen Rivalen werden, wenn er seine Chance wittert. Die drei komplimentieren jetzt den Athleten in ihren Räuberwinkel. Offenbar ist dieser Ort auch sein Ziel, doch nicht als gebetener Gast, der sich aus dem Überfluss der Beute mit einem Geschenk abfinden lässt. Er geht aufs Ganze. Wie eine Raubkatze setzt er mit großen Sprüngen durch den

Saal, stürzt sich auf das dreiste Gesindel, drängt es mit der Wucht seines muskulösen Körpers in die Ecke, und die Fäuste hämmern mit harten Schlägen erbarmungslos auf die geduckten Leiber. Einige winseln am Boden, andere suchen zu entrinnen. Er nimmt alles. Keinen dieser fünf Scheißkerle gelüstet es, ihm nachzustellen, feige verkriechen sie sich in ihrer dunklen Ecke.

Die Sympathie des Saales gehört dem Athleten. Dieser kennt sich indessen in den Gesetzen seiner Zunft aus. Er weiß – auch der Starke darf niemals allein bleiben. Der sichere Bljadnoi-Instinkt gebietet ihm blitzschnelles Handeln. Mit geübtem Blick wählt er aus der Menge zwei ihm ergebene Kumpane, ehe sich eine Koalition gegen ihn bildet. Wie nach einem reinigenden Gewitter herrscht jetzt eine friedliche Atmosphäre im Saal. Alles hat sich niedergelegt, und in die Stille dringt nur das verhaltene Kauen und Schmatzen, das Zerbrechen von Suchari, schließlich das Anzünden von Machorkazigaretten zum Abschluss des Siegesmahls. Und wieder fällt es einem vertrackten Störenfried ein, uns den Schlaf zu rauben. Mit Krach öffnet sich die Klappe in der Tür, durch die das Essen hereingereicht wird. Der Kopf einer hübschen jungen Sergeantin, das Käppi schief auf die Frisur gedrückt, erscheint in der Öffnung. Die Hand reicht eine gestrichen volle Schüssel Grütze herein.

»Für den Kleinen da«, spricht die kokette Stimme.

Verwunderte Blicke. »Welcher Kleine?«

»Der da«, sagt sie und zeigt auf den Athleten. »Ja … für dich, Kleiner.«

Der Athlet erhebt sich vom Mahl, bewegt sich geschmeidigen Schritts zur Tür, verbeugt sich höflich und nimmt aus den Händen der Schönen die Schüssel, als sei sie ein Orden, mit dem verbindlich-eleganten Lächeln des Grandseigneurs entgegen. Die Klappe schließt sich. Der Athlet kehrt auf seinen Platz zurück. Gesättigt von den erbeuteten Leckerbissen, reicht er die Grütze großartig den zwei Kumpanen ihm zu Füßen, die, ebenfalls vollgefüttert bis zum Kragen, ein paar Hungerleider finden, denen sie voll herablassender Grandezza den Bettel auf den Fußboden stellen.

Selten sah ich aristokratische Manieren so vollendet zur Schau getragen wie von Ganoven. Was steckt hinter dem Theater, das der Athlet uns vorspielte? War die hübsche Sergeantin, durch das Guckloch die Vorstellung beobachtend, von dem Supermann so überwältigt, dass sie in der Küche eine Extraportion Grütze für ihn lockermachte? Glaubhafter erscheint, dass die Gefängnisleitung den fünf dreisten Gangstern eine Lektion erteilen wollte. Der Athlet wurde ausersehen, sie aufs Kreuz zu legen. Dafür die Belohnung. Ein schlauer Lagerkommandant gebraucht nicht selten Bljadnije als Werkzeug, indem er, ihre Rivalitäten ausnutzend, sie gegeneinander ausspielt und im Zaume hält. Drei Tage Ruhe sind mir in diesem Durchgangsgefängnis vergönnt. Der Athlet verschwand noch in der gleichen Nacht seines Auftretens.

Jeden Morgen wird die Liste derer verlesen, die in eines der vielen Lager verschickt werden, mit denen offenbar die weiträumige kasachische Steppe besiedelt ist. Der Weg zu Fuß bergab zum Bahnhof fällt mir leichter. Die Bauernhäuschen sind diesmal wie ausgestorben. Seit den vergossenen Tränen der Frauen dürfen die Bewohner Gefangenentransporte vielleicht nur hinterm Vorhang anschauen. Die Bahnfahrt dauert fast zwei Tage. Dann landen wir in einem Auffanglager, das zu dem Komplex der Pilzlager Karaganda gehört.

Genau nach dem Modell an der Wolga gibt es hier den Mutterpilz, vielleicht die Stadt Karaganda selbst, um den sich in kilometerweitem Umkreis die kleinen Pilze scharen. Ringsum Steppe. Leben herrscht nur in den Baracken hinter Stacheldraht. Ein Ganove stolziert umher und sonnt sich in einem nagelneuen Straßenanzug. Der Besitzer, dem er abgenommen wurde, wird zwanzig Meter entfernt in eine Kolonne eingereiht, um in ein Lager abzumarschieren, ohne Chance, das gestohlene Gut zurückzugewinnen. Aus Angst hat er den Diebstahl nicht gemeldet. Bald bin auch ich mit etwa fünfzehn vorübergehend isolierten Bürgern auf dem Marsch ins neue Arbeitslager. Anders als zu Fuß werden Gefangene scheinbar in diese entlegenen Winkel nicht transportiert. Nur für die Beförderung des

Gepäcks hat die Leitung des Auffanglagers ein Bauerngefährt gestellt. Nur zwei magere Gäule ziehen es über die öden Wege. Gewöhnt an den Anblick grauer Gefängnismauern und Stacheldrahtzäune schweift das Auge wie trunken über die endlos weiten Flächen – am Boden, in der Ferne, in der Luft Erquickung und einen Fetzen Schönheit suchend. Doch vergeblich. Kein Baum, kein frisches Grün belebt die Monotonie der Landschaft. Nur selten unterbricht sie niedriges verstaubtes Strauchwerk. Mit aufgepflanztem Bajonett umkreisen uns die Wachen. Doch sind sie unbekümmerter als in der Nähe städtischer Siedlungen.

Hier, auf einer Erde ohne Leben und ohne Fruchtbarkeit, bliebe ein Fluchtversuch ohne Chance. Langsam und mühselig stapft unsere kleine Kolonne über das fremde Land. Schweigsam, finster sind wir Sträflinge, jeder dem andern unbekannt, dem gleichen verfluchten Schicksal ausgeliefert. Die Aufregungen des Transports hatten mich eine Woche lang vollkommen in Anspruch genommen. Jetzt, in der Einsamkeit des Marschierens, überfällt mich – als spränge mir ein Raubtier auf den Nacken und drücke mich zu Boden – das Grauen vor der Zukunft. Acht Jahre! Hier in dieser Steppe, unerreichbar für jeden, der dir lieb ist, wirst du acht Jahre deines Lebens lassen. Hinter Stacheldraht. Acht Jahre, und dann? Wenn du bis dahin nicht verreckt bist, wohin dann? Dann bist du vom Leben endgültig ausgestoßen und zu alt geworden, um noch einmal den Weg zurückzufinden zum Beruf, zu deiner früheren Welt.

Die Wache ruft mich, von den Schwächsten dürfen immer zwei auf den Bauernwagen steigen und, die Beine über der Erde baumelnd, eine Strecke fahren. Gegen Abend erreichen wir unser Ziel.

Und selbst ein solches Ziel, das Lager mit der Stacheldrahtumzäunung und den Wachtürmen, erweckt im Herzen eines alten Häftlings fast heimatliche Gefühle. Ein Nest – ein stachliges zwar – aber doch eins, wo man sich geborgen fühlt, wo ein Stück Brot und eine Kohlsuppe auf einen wartet. Die Zeremonie der Kontrolle und des Einlassens, jedem ein Überdruss, vollzieht sich rasch. Das Tor

hat sich hinter uns geschlossen. Die Neuen werden zu ihren Schlaf-
plätzen geführt.

Ein Mann kommt auf mich zu, ruft mich beim Namen – wir
liegen uns in den Armen wie alte Freunde. Dmitrij, der gute
Mensch, der mich vor zwei Jahren nach der ersten Verurteilung im
Etappengefängnis freundschaftlich aufnahm. Ein heißer Strom
durchflutet mich.

»Dmitrij, was für ein wunderbarer Zufall.«

»Kommen Sie, Axel, ich erzähle Ihnen alles nachher. Erst gehen
wir in Ihr neues Quartier. Das Gepäck gleich in die Aufbewahrungskammer. Sicher haben Sie noch paar gute Sachen drin.« Ich nicke.

»Dann rasch, es gibt genug Gesindel hier.«

Danach führt er mich zu einer Bauernhütte, die mit zehn oder
zwölf anderen abseits von den üblichen Baracken im hinteren Teil
des Lagers verstreut liegt. Reste eines Dorfes, das einst deutsche
Siedler gegründet haben, erklärt Dmitrij. Und das ist das Wohn-
häuschen unserer Projektierungsgruppe. »Da ist ein Platz für Sie,
ich wohne auch dort.«

Wir treten in die Haustür. Unwillkürlich ziehe ich den Kopf
ein. Ein winziger weißgekalkter Vorraum mit Steinplattenfußbo-
den, dahinter die Bauernstube, etwa 17 m² groß, wo sechs schmale
eiserne Bettstellen an den Wänden stehen. In der Mitte ein Holztisch mit zwei Bänken, in der Ecke ein Kachelofen. Auf der Ofenbank nächtigt der siebente Bewohner der Stube, der Dnjewalnij,
unser alter Haushüter Wassilij. Vom Vorraum ist noch eine winzige
Kammer mit zwei Betten zugänglich. Ich werfe mein Bündel auf
die leere Bettstelle.

»Kommen Sie«, sagt Dmitrij, »draußen können wir eine Weile
sitzen, zum Umherlaufen ist's zu spät, die Streifen sind unterwegs.«

Auf der Holzbank neben der Eingangstür entfacht sich im Flüsterton ein lebhaftes Gespräch, natürlich in deutscher Sprache. Über
uns der flimmernde Sternenhimmel, darunter zwei Menschen in
Häftlingskleidern, mit grauen Gesichtern, Stoppelbart und kahl ge-
schorenem Kopf. Den Blick zu den Sternen kann uns keine GULAG

mit keinem Stacheldraht versperren. Jetzt erst mustern wir uns gegenseitig mit dem erfahrenen Blick von Menschen, die nach Jahren der Trennung in den ersten Augenblicken des Wiedersehens ohne viele Worte alles voneinander wissen. Dmitrij ist der einzige im Lager, dem ich die Geschichte meiner zweiten Verurteilung anvertraue. Er erzählt, dass unser Wiedersehen kein Zufall sei. Der Leiter des kleinen Projektierungsbüros, wo ich morgen die Arbeit aufnehmen werde, suchte eine Arbeitskraft und beauftragte Dmitrij, der sein Vertrauen genießt, die Listen der Neuankömmlinge im Auffanglager auf einen geeigneten Baufachmann hin zu überprüfen. Er stieß auf meinen Namen. Wir rauchen eine Machorka, vergessen beim Erzählen die Zeit, vergessen, dass wir im Lager sind und noch acht Jahre vor uns haben hinter Stacheldraht in der Steppe von Kasachstan. Schritte nähern sich der Hütte. Vor uns steht eine Zwei-Mann-Streife der Lagerpolizei.

»Was ist los, Otboi (Zapfenstreich) nicht gehört? Was? Aber los, macht, dass ihr reinkommt, oder wollt ihr in den Bunker? Schnell, schnell.«

»Jawohl, Bürger Vorgesetzter«, ruft Dmitrij beschwichtigend. Wir stehen auf – die Wache verschwindet – blicken uns an. Sträfling, wage nicht den Flug in eine glücklichere Welt.

Die Projektierungsbaracke liegt fünf Minuten zu Fuß von unserer Bauernhütte. Verglichen mit dem Lager an der Wolga bedeutet es morgens eine köstliche halbe Stunde länger Schlaf, bedeutet den Wegfall des verhassten demütigenden Antretens, Abzählens, der schreienden Kommandos, des Ausmarschierens im gleichen Tritt unter den Augen des Lagerchefs und seiner lausigen Kamarilla. Es bedeutet auch, dass man sorglos seine Hütte verlassen und den Buschlat auf der Bettpritsche zurücklassen kann. Der getreue Wasilij wacht über unsere Sachen. Den ganzen Tag sitzt der Alte drin oder draußen auf dem Bänkchen, und wenn er nach Trinkwasser geht, verschließt er die Hütte mit einem dicken schweren Vorhängeschloss. Unter uns acht wird nicht gestohlen. Wir sind alle 58er. Zwar werden, wenn auch selten, Einbrüche verübt. Die Ganoven graben heimlich ein paar Meter von der Hütte entfernt einen Kanal unter das Fundament des Hauses bis in die Unterkellerung, die jedem Bauernhaus als Speisekammer und zum Kühlen von Getränken dient. Nachts zwängen sie sich durch den selbst gegrabenen Schacht, öffnen im Keller die Holzklappe nach oben, schleichen sich in die Stube, wo sieben Mann im tiefen Schlaf liegen, und nehmen alles mit, dessen sie habhaft werden.

Mit Dmitrij betrete ich die Arbeitsstätte. Sie ähnelt der im alten Lager. Sie ist aus getrockneten Lehmsteinen gebaut, der Fußboden Zementestrich. Türen und Fenster sind auf bäuerliche Art gemacht. Über eine hohe Schwelle gelangt man gebückt herein. Vom Vorraum sind nach rechts und links gleichgroße Räume zu erreichen, wo je ein Kollektiv von etwa acht Ingenieuren, Kostenplanern und Zeichnern an Reißbrettern und Tischen arbeitet. Im linken Raum haben die Bauprojektanten, im rechten die Vermessungsleute ihr Quartier. Bei den Bauleuten ist gleich links neben der Eingangstür ein Verschlag von 2 ½ mal 2 ½ Meter abgetrennt. Dieses Käferchen ist das Büro des Leiters.

Obwohl wir uns sehr pünktlich eingefunden haben, sitzt Alexander Iwanowitsch schon an seinem Tischchen. Dmitrij stellt mich vor. Alexander Iwanowitsch ist ein schmächtiges freundliches Männchen mit einer kräftigen gebogenen Nase und prüfenden intelligenten Augen. Er sitzt in einem richtigen Bürosessel mit hartem Polster. Uns weist er Holzschemel an, wie sie auch in den Arbeitsräumen stehen. Begrüßung und Aussprache sind kurz. Ich habe das Gefühl, Alexander Iwanowitsch möchte einen wärmeren Ton anschlagen und mehr über den von weither verschlagenen Ausländer erfahren. Aber er ist ein Freier, und dieser Unterschied legt ihm Zurückhaltung gegenüber dem Häftling auf. Zudem ist sein Käferchen vom benachbarten Arbeitsraum durch keine Tür, sondern nur eine einfache Öffnung abgetrennt.

Damit nicht jedes Wort nebenan aufgefangen wird, pflegt Alexander Iwanowitsch mit gedämpfter Stimme zu sprechen, fast im Flüsterton wie der Pfarrer im Beichtstuhl. Seine schmalen geäderten Hände gleiten unablässig über gefaltete Zeichnungen auf dem Schreibtisch hin und her, während seine Augen wiederholt forschend zu mir herüberwandern. Alexander Iwanowitsch muss auch aus einem andern Grund vorsichtig sein. Das in ihn gesetzte Vertrauen als Leiter der Projektierung darf er keinesfalls infrage stellen. Er hatte um diese Stellung ersucht, als das Unglück ihn zu dem schweren Entschluss bewog, seine russische Heimat zu verlassen, um als Einsiedler in einem kasachischen Steppendorf sein Leben unter Fremden fortzuführen. Wenige Kilometer entfernt, in einem Gefangenenlager für Frauen, sind seine Frau und Tochter eingesperrt, beide verurteilt nach Paragraf 58.

Sein freies Leben mag nicht viel glücklicher aussehen als unseres. Er wohnt jenseits des Stacheldrahts in einer Bauernhütte, wir diesseits. Jeden Morgen erscheint er pünktlich zum Dienst, um nach den kleinen Pflichten des Tages die Abende tödlicher Einsamkeit zu erwarten, denen er jahraus, jahrein ausgeliefert ist. Die Unterbrechung dieses niederdrückenden Daseins bilden die Stunden, wenn er sich zur festgesetzten Besuchszeit ins Frauenlager begibt, um mit Frau und Tochter die kurze schmerzlich glückliche Zeitspanne vereint zu sein, die die Lagerordnung gewährt, und ihnen mit ein paar mühsam erstandenen Lebensmitteln den Hunger lindert. Alexander Iwanowitsch erscheint dieses Dasein sinnvoller als in seinem Heimatort vereinsamt, von der Familie völlig isoliert, dahinzuleben. Den Grund des grausamen Schicksals, das Frau und Tochter widerfuhr, vernimmt man nicht und interessiert sich nicht dafür. Paragraf 58. Was gibt es da noch zu fragen.

Weibliche Häftlinge leben nicht nur im Frauenlager, einige haben ihre Unterkunft bei uns im Männerlager, aber nur wer hier arbeitet. Vier Frauen sind in unserer Projektierung beschäftigt. Sie sind ebenso, wie die meisten Männer des Kollektivs, nach Paragraf 58 verurteilt. Maria Alexejewna sitzt ganz vorn gegenüber der Eingangstür und entsprechend ihrem Rang nur einen Sprung entfernt von Alexander Iwanowitschs Käfterchen. Eine Frau etwa Ende der Vierzig, schlank und hochgewachsen, mit etwas zu treublauen

Augen, leicht ergrautem Haar, das ein akkurat gezogener Madonnenscheitel teilt, steht sie unserer Bauprojektierung als Gruppenleiter vor. Von unbescholtenem Lebenswandel, streng gekleidet, ein wenig frömmlerisch im Gehabe, ein wenig säuerlich, ein wenig verschlagen, könnte sie aus einer puritanischen Siedlerfamilie aus dem Virginia zu Beginn des 18. Jahrhunderts hierher verschlagen sein. Alle begegnen ihr mit scheuer Zuvorkommenheit, was sie als eine ihr angemessene Behandlung mit Würde entgegennimmt.

Ihr Paragraf trägt natürlich die Zahl 58 und ist verschlungen mit dem unvermeidlichen Strafmaß von zehn Jahren. Weshalb, wofür? Niemand weiß es, noch will es wissen. Achtundfünfzig! Was gibt es da noch zu fragen. Maria Alexejewna ist Empfängerin eines Essensabschnitts für Zusatzkost, wovon mehrere als materieller Anreiz monatlich von Alexander Iwanowitsch an die besten Mitarbeiter als Auszeichnung verteilt werden. Maria Alexejewna genießt diese Bevorzugung ohne Unterbrechung, was mir sauer aufstößt und mich an die vollen Grützeschüsseln des pausbäckigen Stukatsch Nikolai erinnert, dem ich meine acht Jahre verdanke.

Hinter ihr sitzt Vera Wassiljewna, eine lebhafte liebenswürdige Frau in der zweiten Hälfte der dreißig. Ihr klarer Blick aus den haselnussfarbenen runden Augen spiegelt ihren sauberen Charakter wider. Sie ist energisch und weist jede Freiheit, die sich Männer gelegentlich erlauben, unmissverständlich zurück. Einmal nimmt sich ein Mitarbeiter, der schon ein paar Jahre unweit von ihr arbeitet, die Vertraulichkeit heraus, sie mit dem Kosenamen »Verotschka« anzusprechen. Für Sie bin ich Vera Wassiljewna – wird er zurechtgewiesen. Von Beruf ist sie Bauingenieur, fleißig und zuverlässig. Sie besitzt eine bewundernswerte innere Kraft, wohltuende Ausgeglichenheit, unvorstellbar, dass sie niedriger Handlung fähig wäre, die anderen schaden könnte. Welche blindwütige Torheit, einen so prächtigen mutigen Menschen für zehn Jahre aus der Gesellschaft zu verstoßen und ihn hinter Stacheldraht zu demütigen.

Drüben an der Wand hat Larissa Pawlowna ihren Platz, die Zeichnerin unserer Bauprojektierung. Sie stammt von Deutschen ab, spricht aber nur wenige Brocken, die sie aus der Kindheit im Gedächtnis behalten hat. Während die beiden erstgenannten Frauen ihr gehobenes Ansehen auch im privaten Sektor durch Distanz gegenüber der männlichen Übermacht wahren, den Weg von und zur Arbeit, ja sogar ins Häuschen draußen im Hof, stets gemeinsam zurücklegen, ist Larissa ein herzhaft unbeschwertes Mädchen aus dem Volk, das nicht zimperlich ist, derbe Worte und Zoten verträgt und sehr vergnüglich findet und deshalb bei der Männlichkeit viel Sympathie genießt.

Drüben in der Vermessungsgruppe arbeitet die vierte Frau unseres Kollektivs, Ira. Ich weiß nicht einmal ihren Vatersnamen. Sie ist ganz einfach Ira, der unbestrittene Liebling der Projektierung. Klein, schwarzhaarig, ein südlicher Typ mit lebhaften dunklen Augen, immer guter Laune, gilt sie als eine hervorragende Zeichnerin. Vermessungspläne verlangen einen hohen Grad von Genauigkeit und einen äußerst feinen Strich. Ira beherrscht ihr Fach. Jedes Blatt von ihr ist vorbildlich. Die Ingenieure der Vermessung sind stolz auf sie. Aber kein Mann würde es wagen, ihr einen Zoll näher zu kommen, als sie es wünscht. Sie wird begehrt. Doch soweit man weiß, enthält sie sich im Lager des Zusammenlebens mit Männern. Vielleicht hält sie jemand die Treue, der in der Freiheit auf sie wartet. Ihre Zurückhaltung macht sie den Männern umso begehrenswerter. Sie ist zu einem Idol geworden. Alexander Iwanowitsch ruft sie als einzige aus dem Kollektiv nicht mit Vor- und Vatersnamen, sondern mit dem Kosenamen »Iritschka«. Sich diese Freiheit im Angesicht der sittenstrengen Maria Alexejewna zu gestatten, die wie ein Hofhund vor seinem Käfterchen über Ordnung und Anstand wacht, ist kühn und nicht ganz ungefährlich. Wie leicht kann ein eifersüchtiger Stukatsch auch dem Freien einen hübschen glatten Strick drehen.

Ein anderer Dauerempfänger von Zusatzkost, der ebenso wie Maria Alexejewna von uns glühend darum beneidet wird, ist Morosow, der Zimmerälteste, der dem Leiter gegenüber für Ordnung und Arbeitsdisziplin der Gruppe verantwortlich ist. Selbstverständlich hat dieser alte Lagerinsasse seinen Platz in der hintersten Ecke des Raumes. Er ist ein Mann von Anfang sechzig, ein hochgewachsener, durch die Jahre gebeugter Arbeiterveteran, mit den von Entbehrung scharfen, runzligen, aber gutmütigen Gesichtszügen. Über die Zahlen der Kostenplanung gebeugt, die dem breiten Arbeiterschädel viel Kopfzerbrechen machen, raucht er fast pausenlos Machorka. Er ist nicht nur, wie Maria Alexejewna, privilegierter Empfänger von Zusatzkost, sondern erhält auch Päckchen, die hauptsächlich Tabak enthalten. Damit füttert er den ausgemergelten Leib, der von diesem scharfen Gift so durchtränkt ist, dass er auf Hungergefühle nicht mehr reagiert. Morosow schlürft die Mittagssuppe appetitlos herunter, begierig, nach dem letzten Löffel die fertig gedrehte, neben dem Suppennapf bereitliegende Machorkazigarette anzustecken. Als 58er wurden ihm seine zehn Standard-Jahre Lagerfrist zugemessen, doch auch bei ihm weiß niemand, wofür, und zeigt kein Interesse dafür. Irgendeine Verhaftungswelle hat ihn vermutlich mitgespült.

Morosow ist ein Vorbild an Zurückhaltung. Niemals gleitet ein Wort über politische Ereignisse, Lagergeschichten oder Lebensumstände von den Menschen seiner Umgebung oder gar seiner Vergangenheit über seine Lippen. Sein schweres Schicksal hat sein Inneres bis fast zur Leblosigkeit versteinert und ihn abgestumpft wie ein altes Kavalleriepferd, das zwischen Kugelhagel und Kanonendonner seinen vorgeschriebenen Weg trabt. Sogar die Gerüchte und Dispute über eine bevorstehende Amnestie, die seit Kriegsende in den Lagern der GULAG hohe Wogen schlagen, entlocken ihm keine Silbe. Er kennt sein Land und sein Volk und weiß, dass ihm kein Tag erlassen werden wird. Er behält recht.

Die tausend Hoffnungen der politischen Gefangenen auf Gnade nach dem siegreichen Ausgang des Vaterländischen Krieges bleiben unerfüllt. Kein 58er wird vorfristig entlassen. Im Gegenteil. Eine neue Verfolgungswelle setzt ein, von der die Rückkehrer aus der Zwangsarbeit in Deutschland und den dortigen Konzentrationslagern betroffen sind.

Unser Leiter Alexander Iwanowitsch hat einen schweren Stand, wenn die Zusatznahrung für den nächsten Monat zu verteilen ist. Alle sind fleißig und alle sind hungrig. Das schmale wohlwollende Männchen, das zuweilen versucht, eine grimmige Miene aufzusetzen, um sich Respekt zu verschaffen, grübelt ratlos, wie es allen gerecht werden soll, bis sich ihm der Hilferuf entringt: »Maria Alexejewna, hierher bitte.«

Unsere Gruppenleiterin, schon seit geraumer Weile auf dem Sprunge, antwortet voll der süßesten Sanftmut, deren sie fähig ist: »Alexander Iwanowitsch, ich komme«, sitzt aber in Wirklichkeit schon ihm gegenüber auf dem viereckigen Holzschemel, um ihm die Lösung der Probleme in ihrem Sinne zu suggerieren. Neben unsern beiden Dauerempfängern erheben massiven Anspruch auf Zusatznahrung zwei Vermessungsingenieure aus dem andern Raum, die sich keineswegs schlechter dünken als wir. Diese beiden alten Lagerhäftlinge sind, trotzdem sie 58er sind, in Anbetracht ihrer bevorstehenden Freilassung nach zehn Jahren Haft im Besitz von Passierscheinen in die Umgebung außerhalb des Lagers. Solche Ausnahmefälle treten ein, wenn dringende Aufgaben zu erfüllen sind. Außerdem besteht keine Fluchtgefahr, wenn jemand neun Jahre abgesessen hat, und noch eins bevorsteht. Die schweren Messgeräte werden zu Fuß hinaus in die endlose Steppe getragen und das Land vielleicht zum ersten Mal, seit es geschaffen ist, aufgemessen.

Die Männer mit dem Propusk, dem Passierschein, betrachten wir förmlich in einer Gloriole. Einmal, weil sie ungehindert aus dem verfluchten Stacheldraht herauskönnen und wenigstens auf ein paar Stunden die Luft unter dem freien Himmel der Schöpfung atmen, eine Lerche in die Luft steigen sehen und eine Pflanze am Boden betrachten dürfen. Zum andern, weil sie uns Eingesperrten ab und zu gefällig sind und aus dem Kramladen des nächsten Dorfes mit Machorka und Wassermelonen versorgen, die im Verkaufsstand des Lagers oft Mangelware sind.

Alexander Iwanowitsch hat inzwischen die Verteilung der Zusatzmarken festgelegt. Seinem Gewissen gehorchend, gewährt er jedem reihum einmal die Vergünstigung. Ab und zu versucht die Lagerleitung unserer Projektierung Zusatzmarken zugunsten anderer Brigaden zu entziehen. Ein erbittertes Tauziehen spielt sich im Zimmer des Lagerkommandanten ab. Unserem Alexander Iwanowitsch fehlt die robuste Natur dazu, und erst, nachdem ihm Maria Alexejewna den Rücken gestärkt hat, zieht das gebückte Männchen in die Kommandantur zur Verteidigung seiner Schutzbefohlenen. Die begehrte Zusatznahrung wird abends mit der Grütze zusammen gegen Vorzeigen des Abschnitts ausgegeben. Sie besteht aus 100 g Schwarzbrot, einer winzigen Kelle Zusatzgrütze oder einem Löffel Krautsalat, auf den Deckel des Kochgeschirrs oder rücksichtslos in die Grütze hereingeschüttet, oder einem grauen 5-Pfennig-Brötchen. Diese kleine Vergünstigung löst beim Empfänger ein Glücksgefühl aus, das höher einzuschätzen ist als der effektive Wert der fast bedeutungslosen Zusatzkalorien.

Trotz des Lebens in der öden Steppe ist dies Lager leichter zu ertragen als das frühere. In meinem Kollektiv sind Menschen, zu denen ich Kontakt finde. Das Leben in der Bauernhütte ist entschieden angenehmer als im Massenquartier einer Baracke. Unter uns neun Bewohnern herrscht kein Lagerregime, wir leben als eine Familie. Die Ganoven, der ständige Schrecken des Barackenbewohners, bleiben uns vom Leibe mit Ausnahme seltener nächtlicher Einbrüche. Zwischen mir und Dmitrij hat sich eine feste Freundschaft gebildet, eine Insel des Vertrauens über den trüben Wässern von Verrat und Spitzelwesen. Auf unserer Insel wird deutsch geredet. Jahrelang im Innern vergrabene Gedanken, qualvoll zurückgestaut aus Furcht vor Entdeckung, werden frei geäußert. Als Lagerhäftlinge beschäftigt uns natürlich unser eigenes Schicksal, das vertausendfacht freilich kein Einzelschicksal mehr ist, sondern eine erschütternde Anklage gegen die Unmenschlichkeit der Machthaber.

Vergeblich sucht man einen Sinn hinter dem mörderischen Strafgericht, das über loyale, ihrer Sache ergebene, schuldlose Menschen hereinbricht oder solche, die den Widersprüchen und

Wirrnissen ihrer Zeit noch nicht gewachsen sind – hinter dem Ha-
gelschauer, der der jungen Saat des Sozialismus unermesslichen
Schaden zufügt. Wo eine Verwarnung, eine Kurzhaft zur Abschre-
ckung als Lehre fürs Leben dienten, verhängt man zehn Jahre, reißt
Menschen aus ihrer Bahn, beraubt sich unzähliger Talente und
schöpferischer Kräfte. Blutige Tränen kann man weinen. Sie sind
keine Heuchelei. Im ›Sturm‹ sagt Miguel Angel Asturias: Es gibt
tatsächlich Menschen, die nichts so sehr bewegt wie das Schicksal
der Allgemeinheit. Vielleicht weil sie selbst gelitten haben und wissen, wie klein, wie unbedeutend ihr Leid im Vergleich mit dem der
breiten Masse ist, deren Unglück nicht verletztem Selbstgefühl oder
persönlichem Versagen entspringt, sondern der unmittelbaren, blin-
den und umfassenden Wirklichkeit.

Eine andere Frage, auf unserer Insel häufig diskutiert, ist die
politische Lage in Europa nach dem siegreichen Ausgang des Krieges, die Zukunft der Völker. Wird es einen friedlichen Aufbau geben, oder werden sich erneut Kräfte gegeneinander gruppieren, die
neue Konflikte heraufbeschwören? Völlig abgeschnitten von Informationen, bleiben wir in Spekulationen stecken, es sei, ein neu
eingelieferter Häftling bringt spärliche und auf ihren Wahrheits-
gehalt nicht überprüfbare Nachrichten. Die Entwicklung der Ereignisse, die wir mit brennendem Interesse verfolgen, betrachten
wir natürlich auch als bedeutungsvoll für die eigne Zukunft. Uns
scheint, über ihr hängen schwarze Wolken. Wird unser Leben überhaupt noch einmal in das der jüngeren Generation integrierbar
sein, einer Generation, die nach dem härtesten Test der Kriegsjahre
ohne Rücksicht auf die Vergangenheit und alle, die von ihr her-
stammen, ihre Herrschaft antreten wird? Wird uns dann noch eine
Chance bleiben oder nur noch der Weg zum alten Eisen?

Die Stunden mit Dmitrij auf der Insel beleben den Geist, der
nach dem Willen der Machthaber in den zehn Lagerjahren verkümmern und verdorren soll, durchwehen wie ein frischer Wind die
stickige Lagerluft, erlösen uns aus der geistigen Sklaverei, die dem
Menschen zur Hölle wird. Manchmal kehren wir uns ab von den

schweren Problemen und Sorgen und genießen das persönliche Glück unserer Freundschaft. Vielfach äußert sich Dmitrijs sorgende Liebe für seine Frau. Sie ist im benachbarten Frauenlager eingesperrt, wo auch Alexander Iwanowitschs Frau und Tochter ihre Straffrist verbüßen. Ihre Nähe erleichtert Dmitrij sein Los, und der Austausch von Nachrichten – eine geheime Vergünstigung – hält die Verbindung der Liebenden aufrecht. Tiefen Kummer bereitet beiden das Schicksal ihres aus dem Felde entlassenen schwerkranken Sohnes, fern ihrer Liebe und Hilfe.

In letzter Zeit unterliegt Dmitrijs ausgeglichenes Wesen wiederholten Störungen. Es muss Auseinandersetzungen mit Maria Alexejewna gegeben haben, keine beruflichen, sondern wegen seiner Frau. Welcher Art, ist aus den kurzen Bemerkungen nicht erkennbar. Ich dringe nicht in ihn. Im Lager heißt es selbst dem besten Freund gegenüber klug und zurückhaltend sein, wenn die Situation es erfordert. Schweigt er, dann weiß er, weshalb. Wissen kann ins Verderben führen. Besorgt beobachte ich ihn, doch nach einiger Zeit erscheint er wieder ruhiger.

Das kurze Stück zur Arbeit legen wir meist gemeinsam zurück. Doch an jenem unheilvollen Tag, den ich nicht vergesse, laufe ich früher als sonst allein den trostlosen sandigen Weg entlang der wuchtigen Masten, zwischen denen das meterhohe Drahtverhau des Lagerzauns gespannt ist. Da erhebt seine Fratze das Stacheldrahtgespenst von einst, schwenkt die langen Arme und reißt das Maul zum höhnischen Morgengruß auf: Willkommen, Bruder Sträfling – krächzt es – sei gegrüßt, Bruder Sträfling, und auf gute Nachbarschaft noch für v i e l e Jahre, Bruder Sträfling.

Schreck fährt mir in die Glieder, so wie damals im alten Lager. Ich eile davon, und aus der Ferne verfolgt mich das hämische Krächzen … noch für v i e l e Jahre, Bruder Sträfling. Inzwischen haben sich alle Häftlinge in dem gedrückten Arbeitsraum eingefunden. Hocker werden geräuschvoll auf dem Estrichfußboden hin- und hergeschoben, Winkel und Bleistifte aus der Schublade geholt.

Einer fehlt! Dmitrij. Immer ist er pünktlich. Sicher kommt er gleich. Etwas muss ihn abgehalten haben. Alexander Iwanowitsch sitzt in seinem Käfterchen und bemüht sich, beschäftigt auszusehen. Der Arbeitsbeginn ist längst verstrichen. Weshalb fragt er nicht nach Dmitrij? Stets fragt er, wenn jemand nicht pünktlich an seinem Platz ist. Krank kann Dmitrij nicht sein. Ich sah ihn frühmorgens seine Suppe holen. Eine Stunde verrinnt. Alexander Iwanowitsch fragt immer noch nicht. Ich blicke zu meinen Nachbarn herüber, zu Maria Alexejewna. Ihr Blick ist aufs Reißbrett geheftet. Hinten sitzt Morosow stumm in seiner Ecke, raucht Machorka und schiebt die Holzkugeln seiner Rechenmaschine hin und her. Hart und verbissen klingt heute das Geräusch der aneinanderprallenden Holzkugeln, als wären sie aus Stahl. Im unheimlichen Gleichmaß spulen sich die Minuten, die Stunden ab, als gäbe es keinen Dmitrij unter uns, als seien sein Reißbrett, seine Schiene, sein Notizblock, die seit gestern unberührt auf ihrem Platz liegen, gar nicht vorhanden. Gequält rutsche ich auf meinem Hocker hin und her, unzählige Male schweift der Blick durchs Fenster. Wo kann er geblieben sein? Mir ahnt nichts Gutes. Und plötzlich ist es, als würge mich der Griff der eiskalten knochigen Hand des Stacheldrahtgespensts an der Kehle und es flüstere: Dmitrij haben sie abgeholt. Er ist verhaftet, dein Liebling. Es kann nicht anders sein. Er ist verhaftet. Das hartnäckige Schweigen im Raum ... sie wissen es.

Alle wissen es schon. Sonst hätte Maria Alexejewna die ungehörige Abwesenheit eines Mitarbeiters längst herüber ins Käfterchen dem Chef vermeldet. Kalter Schweiß steht mir auf der Stirn. Könnt ich doch herüber in die Hütte laufen, den alten Wassilij fragen. Ich möchte aufschreien oder weinen, Erlösung finden aus dieser Höllenpein der Ungewissheit. Dmitrij, wohin haben sie dich verschleppt? Doch mit niemand darf ich jetzt reden, niemand fragen, muss die Fassung bewahren, nicht meine Unruhe verraten. Unruhe ... zu Tode verstört bin ich. Schweig, sonst bist du vielleicht der Nächste.

»Die Zunge ist mein größter Feind, rausreißen möchte ich sie«, sagte einmal ein Häftling, ein 58er. In der Mittagspause muss ich Gewissheit erlangen. Der einzige Mensch, den ich in einem unbewachten Augenblick fragen kann, ist Larissa. Sie ist immer ein guter Kamerad und hält dicht. Als die Suppe ausgeteilt wird, richte ich es ein, sie im Vorraum zu treffen. Sofort weiß sie, was ich will. Wie eine Taubstumme gibt sie mir mit Gesten, mit der Augensprache und den Lippen, die tonlos Worte formen, zu verstehen, dass Dmitrij morgens aus unserer Hütte abgeholt wurde. Lautlos hat sich der Schlund geöffnet und ihn verschlungen. Lautlos hat er sich wieder geschlossen. Die Menschen hier haben gelernt, jede Emotion, jede Erschütterung in der Brust zu ersticken. Nur ich nicht.

Gewaltsam werden kaum verheilte Wunden aufgerissen, als sich jener Morgen ins Gedächtnis drängt, da der Ordner in meine Baracke kam. Sachen packen und antreten am Tor, marsch. Der grüne Wagen holt dich ab ins Dorfgefängnis. Marsch in die Zelle mit dir. Die Monate im Eiskeller in Einzelhaft, die widerwärtige Gerichtsszene mit erpressten Zeugen und gestempeltem Verteidiger. Dmitrij, Freund, das steht dir jetzt bevor. Höllenqualen. Und haben sie ihr Mütchen gekühlt an ihrem Opfer, dann trägst du einen Sack über den knochigen Schultern, da steckt eine Last drin, schwerer als zehn Zentner Blei. Es sind zehn Jahre deiner Freiheit, zehn Jahre Lager. Und zusammen mit der abgesessenen Zeit sind es noch paar Jahre mehr.

»Heda, willkommen zurück im Lager, Bruder Sträfling. Und auf lange und gute Nachbarschaft, Bruder Sträfling«, grüßt dich dann krächzend das Stacheldrahtgespenst vom Drahtverhau herüber. Mit Widerwillen betrete ich jetzt morgens den Arbeitsraum, gehe vorbei an Dmitrijs leerem Platz und lasse mich schweigend an meinem Reißbrett nieder. Er hatte vor mir gesessen. Sein guter breiter Rücken gab mir das Gefühl der Ruhe und Sicherheit, und gern betrachtete ich das ergrauende volle Haar am Hinterkopf.

Ganz vorn gegenüber dem Käfterchen von Alexander Iwanowitsch sitzt auch heute, wie gewohnt, Maria Alexejewna. Der schwarze Haarknoten liegt auf ihren Schultern. Sie arbeitet, wendet sich dann Vera Wassiljewna zu, und mit ihrer schmeichelnden mütterlichen Stimme wechselt sie ein paar Worte mit ihr. Wie sanft säuselt der Wind in unserer Arbeitsstätte seit Dmitrijs Verschwinden – bis der Nächste dran sein wird. Ich zeichne, aber die Gedanken sind ständig mit Dmitrijs Verhaftung beschäftigt. Mit niemand darf ich sprechen, auch nicht in unserer Hütte, auch nicht mit Larissa. Ein Wort – und es kann wirken wie der Biss einer Natter. Maria Alexejewna – ekelhafte Viper, du bist es gewesen, die Dmitrij den Strick gedreht hat und niemand anders.

Die Parallelen drängen sich auf. Damals im alten Lager Schüsseln voll Grütze für Nikolai, hier Maria Alexejewnas Daueranspruch auf Zusatzkost. Dort die gut gespielte Rolle des lustigen unbeschwerten Lagerkumpans, hier die des sittenstrengen Tugendengels. Stukatsch dort und Stukatsch hier. Verflucht sei diese Pest! Inzwischen wird geflüstert, Dmitrijs Frau sei in ein anderes Lager verschickt. Dmitrij wird es das Herz brechen. Zwar wird er ohnehin nicht mehr hierher zurückkehren. Niemand kehrt ins alte Lager zurück. Und diese Trennung ist vielleicht das Schrecklichste für Dmitrij. Auseinandergerissen auf Jahre, vielleicht für immer sind sie nun, Dmitrij und seine Frau. Von Lager zu Lager ist Briefwechsel verboten. Über den Umweg zum schwerkranken Sohn höchstens, falls er noch lebt und sich getraut, Vermittler zu sein. Wie unmenschlich sind diese Zustände. Sanft bewegt sich der Haarknoten auf Maria Alexejewnas Schultern. Von welchem Dämon war sie besessen, die Unselige, zwei sich liebenden Menschen den letzten Fetzen Glück zu zerstören.

Trotz meines Hasses – und darf ich sie hassen, da ich nichts Genaues weiß? – trotz meines Hasses habe ich den Eindruck, dass sie nicht den nackten materiellen Vorteil sucht nach Nikolais Prinzip: willst du leben, dann musst du mitmachen. Dass sie vielmehr nach Verhaftung und Verurteilung – zehn Jahre nach Paragraf 58 natürlich – ihre Ideale zertrümmert sah, aber aus einem verzweifelten Trotz heraus der Sache weiter zu dienen meinte, indem sie den verhängnisvollen Schritt tat, Lagerspitzel zu werden. Sollte diese intelligente Frau wirklich dem Selbstbetrug erliegen, eine patriotische Pflicht zu erfüllen? Doch wer findet sich zurecht in den Tiefen einer gepeinigten und vielleicht durch bitterste Enttäuschungen erschütterten Frauenseele: Mag sein, Maria Alexejewna ist Stukatsch gegen ihr besseres Gewissen, sie ist dazu gezwungen worden. Alles ist möglich. Ich übernehme einen Teil von Dmitrijs Arbeit. Sie ist ebenso geisttötend wie im alten Lager. Kleine Aus- und Umbauten für Polizeistationen, Waschkaue oder Schlafbaracken für die Lager der Umgebung. Manchmal wünschte ich kräftiger zu sein. Dann würde ich körperlich arbeiten in einer Brigade von einfachen Menschen, denen der abgefeimte Geist des Verrats noch fremd ist.

Einmal bearbeite ich ein Projekt, das sich über den Alltag hinaus hebt – das Eingangsportal für einen halb verwilderten Park, den, wer weiß, wann einmal, Idealisten in dieser kasachischen Steppe angelegt haben. Alle in den letzten Jahren aufgespeicherte Phantasie und unterdrückte Sehnsucht, zu gestalten, lege ich in dieses Projekt. Es wird eine Art Triumphbogen aus Holz, zwar gebührend bewundert von den Mitarbeitern, aber für die Ausführung zu aufwendig. In einer Schublade wird es eingesargt. Es kommen Tage, wo man, in seine Arbeit vertieft, für Augenblicke vergessen kann, dass einem noch sechs Jahre hinter Stacheldraht bevorstehen, dass dieses Giftmaul am Lagerzaun einen noch 2400 mal begrüßen wird. Willkommen, Bruder Sträfling, auf gute Nachbarschaft!

Etwa sechs Wochen nach Dmitrijs Verhaftung bleiben eines Morgens Plätze in unserer Arbeitsbaracke leer. Niemand fragt, niemand wundert sich. Diesmal wundere auch ich mich nicht. Alexander Iwanowitsch in seinem Käfterchen spielt mit dem Lineal und blickt versonnen durchs Fenster in die Steppe hinaus. Woran mag er denken? Jeder weiß, was die Abwesenheit unserer Mitarbeiter auf sich hat. Heute wird Dmitrij abgeschlachtet. Sie sind Zeugen in seinem Prozess. Maria Alexejewna ist zu meiner Verwunderung nicht dabei. Sie sitzt jetzt gerade hinten bei Morosow und geht mit ihm die Positionen eines Kostenanschlags durch. Hat sie Dmitrij doch nicht ausgeliefert, oder verschleiert man geschickt ihre gefährliche Rolle, um sie aufzusparen für weitere Dienste?

Ein tiefes Dunkel liegt über dieser Sache, in das ich auch später nie eindrang. Auch nicht, als Dmitrij vierzehn Tage darauf in unserer Hütte sitzt, als wir abends nach Hause kommen. Welche Überraschung, den Freund wiederzusehen. Elend sieht er aus. Grau die Haut und grau die Stoppeln des lange nicht rasierten Bartes. Die Augen wandern unstet umher. Verlegen mustern ihn die Kameraden, wie er zerrüttet auf dem Rand seiner Pritsche sitzt, die seit seinem Verschwinden leer stand. Ich bin erschüttert von seinem Anblick, aber ich zeige es nicht. In Gegenwart der andern muss ich meine Teilnahme verbergen.

Die Lagergesetze bestimmen, dass der erneut »straffällig« Gewordene zum Erzaussätzigen unter den Aussätzigen wird, zum Abschaum, den wir Aussätzigen verachten und meiden müssen. Meinte ich im Laufe der Jahre mit den Lagerregeln und Tabus vertraut geworden zu sein, so erfahre ich wieder neue, bisher ungeahnte, die das Gewissen noch tiefer versklaven. Für mich gibt es nur mein Gewissen, und das sagt mir, dass ich meinem guten alten Freunde die Treue bewahren werde. Weshalb Dmitrij gegen alle Regeln der GULAG hierher zurückgeschickt anstatt ins Umschlaglager gebracht wurde, ist unbekannt. Vielleicht ist es überfüllt. Dmitrij ist auch nur als Durchgänger zu uns gekommen. Zur Arbeit ist er nicht zugelassen. Dmitrij bleibt den Tag über in der Hütte. Die Abendstunden verbringen wir gemeinsam.

»Ein Schlangennest ist eure Arbeitsstelle«, stößt er heiser hervor, als wir die erste ruhige Stunde für uns haben. Geduldig und voll Teilnahme höre ich seiner Erzählung zu. In seiner ganzen Aufmachung ähnelt der Fall so verzweifelt dem meinen, dass es mich anwidert, diese blutige Komödie noch einmal vor mir lebendig werden zu lassen. Etwas in mir verschließt sich. Vielleicht ist es der natürliche Instinkt, dass ich mich auch gegen das Unglück des Freundes panzern muss, haushalten mit meinen Kräften, um die vielen bevorstehenden Lagerjahre durchzuhalten, sonst gehe ich vor die Hunde. Dmitrij hat diesmal acht Jahre bekommen, auch darin gleicht sein Fall dem meinen. Mit den abgesessenen vier werden es zwölf sein, bis er die Freiheit wiedersieht. Es ist sinnlos, ihn zu trösten. Worte vermögen nichts. Oder soll man ihm sagen … ach, die Zeit geht schon um …? Ich suche seine Gedanken abzulenken, auch abends beim Appell. Am täglichen Appell nach dem Abendessen muss er teilnehmen. Das ganze Lager tritt auf dem großen Platz unweit der Baracken brigadeweise an und wird durchgezählt. Dmitrij steht mit bei uns. Gibt es eine Unstimmigkeit beim Zählen, dann fängt es von neuem an. Die Zählung kann sich drei-, viermal wiederholen, und dann stehen wir dreiviertel Stunden auf der Stelle.

Die Kollegen halten sich unauffällig abseits von Dmitrij und reden nicht mit ihm. Nur ein alter Geologieprofessor gesellt sich zu uns. Als 58er hat er natürlich auch seine zehn Standard-Jahre bekommen. Ertönt das Signal, dann löst sich alles auf. Wir schlagen gemeinsam den Weg zur Hütte ein und begegnen unterwegs Vera Wassiljewna. Sie beeilt sich, einen Bogen um Dmitrij zu schlagen und erwidert seinen Gruß nur eben mit einem unmerklichen Senken der Augenlider. Feiges Pack, es verdient kein anderes, als dieses Sklavenlos. Und meine ganze Hochachtung vor dieser Frau ist erloschen. Mich erinnert diese Szene an die dreißiger Jahre, als ich das letzte Mal meine kleine Heimatstadt in Nazideutschland besuchte. Auch dort begegneten mir gute alte Bekannte auf der Straße, schlugen denselben Bogen um mich und grüßten mich mit demselben unauffälligen Senken der Lider. Vielleicht ist es sträflicher Leichtsinn, mit Dmitrij so offen zu verkehren. Hol's der Teufel – sollen sie mir dafür noch mal acht Jahre geben.

Wenige Tage später finden wir abends bei der Heimkehr Dmitrijs Pritsche leer. Morgens wurde er abgeholt, berichtet der alte Wassilij, unser Hauswächter. Für immer ist Dmitrij aus meinem Gesichtskreis verschwunden. Ein schmerzlicher Verlust. Gemeinsam hatten wir versucht, uns das Leben hinter Stacheldraht menschlich zu machen, den Hunger, die Wanzen zu vergessen, uns für Stunden zu befreien vom Albdruck des Sträflingsdaseins. Der warme Lebensstrom in uns war noch nicht versiegt. Er trug uns zu Blumen, zu heimatlichen Bäumen, zu Liedern und zu Häusern, wo freie Menschen wohnen, und zu Kindern, umherlaufenden, lachenden Kindern, nach denen ich mich schmerzlich sehne, zu Müttern, die sie im Arm tragen, ihnen die Tränen trocknen, zu Männern und Frauen, die von der Arbeit kommen, verdrossen oder vergnügt, die spazieren gehen, Bier trinken – und zu Liebespaaren. Immer wieder kramten wir in unseren Erinnerungen nach solchen Bildern.

Zwei Jahre hatte ich mit Dmitrij im kasachischen Lager verbracht. Allein zurückgeblieben, greift mich der tägliche Kampf gegen Hunger, seelische Depression, Angst, ob man die Jahre hier durchhalten oder vorher als Wrack herausgeschleift wird, stärker an als zuvor. Hatten wir uns schon zu weit entfernt von der Wirklichkeit, uns in Räume gewagt, wo uns die Flügel zerbrechen konnten? Hatten wir zu viel geträumt? Die Banditen leben realistischer. Solange sie hinter Stacheldraht sind, ist das Lager ihre Welt, und an keine andere denken sie. Das unstete Auf und Ab, das Wagnis ihrer Räubereien, wo entweder der volle Wanst triumphiert oder es Schläge und Fußtritte setzt, verleiht ihnen Spannkraft, ihr Wagemut stürzt sie in immer neue Abenteuer und Überraschungen, die ihr eigentliches Lebenselement sind. Das Lager wird ihre zweite Heimat, die manche nur vorübergehend mit der Freiheit vertauschen. Nur ist nicht jeder aus solchem Stoff gemacht.

Langsam überwinde ich die Erschütterungen, die Dmitrijs Verurteilung mit sich brachte. Ich finde zwei neue Freunde. Der eine ist Wanja, ein junger Vermessungsingenieur aus unserem Kollektiv. Ich erinnere mich, dass mir Dmitrij vor längerer Zeit gesagt hatte, was für ein anständiger netter Kerl er sei. Solange mich die Freundschaft mit Dmitrij ausfüllte, war es zu keiner näheren Begegnung mit ihm gekommen. Wanja ist klein von Wuchs, mit einfachen, nicht schönen, aber doch sympathischen Gesichtszügen, sehr schlicht und warmherzig. Bisher ist er allein im Lager herumgelaufen, hat sich an niemand angeschlossen, auch nicht an Frauen. Es erübrigt sich zu sagen, dass er 58er ist und zehn Jahre Lager abzusitzen hat.

Wanja entstammt einer armen Bauernfamilie aus Karelien, einer kargen Gegend mit hartem Klima. An Wanja fasziniert mich ein Zug, der mir wiederholt an Menschen auffiel, die aus ähnlichen Verhältnissen stammten wie er. Ich gehe dabei von mir selbst aus als Sohn einer wohlhabenden kultivierten Familie. Viel Mühe verwandten meine Eltern auf die Unterweisung in den Regeln des Anstands, auf die Erziehung zu Disziplin und Taktgefühl, auf die Herausbildung des Charakters. Nicht nur ihr Lebensstil auf dem Hintergrund eines geschmackvoll eingerichteten Hauses mit Kunstschätzen und einer bedeutenden Bibliothek beeinflusste meine humanistische Bildung, sondern auch der große Freundeskreis ähnlicher Gesinnung und Herkunft, in den ich von früher Jugend einbezogen war.

Wanja ist in einer Bauernhütte groß geworden. Was er von den Eltern mitbekam, war das Stück Schwarzbrot und die Kohlsuppe, harte Arbeit auf dem Felde und den Packen Sorgen armer Leute. Aus dieser Enge einer weltverlassenen Dorfgemeinde wuchs ein feiner charaktervoller Mensch. Und wie ich, das verfeinerte Weltkind, nun auf ihn stoße, auf den Bauernsohn aus ärmlichen Verhältnissen, mutet es mich wie ein Wunder an, dass wir uns vom ersten Augenblick an ganz nahe sind. Ausgestattet mit natürlichem Taktgefühl, sicherem Anstand und Einfühlungsvermögen, wirkt Wanjas Wesen wie eine zärtliche Hand, die sich auf mein bedrücktes Herz legt. Wanja besitzt zudem diesen gewissen aristokratischen Zug, dem ich im Lager wiederholt begegnet bin. Nie holt er selbst seine Abendgrütze von der Küche ab, sondern lässt sie sich vom Dnjewalnij, dem alten Wassilij, mitbringen. Sie steht auf dem Tisch, wenn er von der Arbeit kommt. Sobald er an der Reihe ist mit Zusatzkost, gibt er dem Alten die Hälfte davon ab. Sogar das graue Brötchen bricht er mitten durch und legt ihm den winzigen Teil neben seine Schüssel. Es ist nur ein Bissen, aber eine schöne Geste der Kameradschaft.

Der Alte liebt Wanja wie einen Sohn, und ich bin sicher, dass er nicht eine Messerspitze aus Wanjas Schüssel nimmt, mag ihn der Hunger auch plagen. Beide verbindet miteinander die gleiche Herkunft. Der alte Wassilij ist schweigsam und von brummiger Gutmütigkeit, der Typ des anhänglichen Domestiken auf den Gutshöfen der alten Zeit. Die bäuerlichen Züge, die groben Hände, die gebückte Haltung deuten auf ein arbeitsreiches Leben in Einfalt und Schlichtheit. Aufgewachsen in der Verehrung des Zaren und im Glauben an die orthodoxe Lehre der Kirche, hat der Alte sich wahrscheinlich in der neuen Zeit nicht mehr zurechtgefunden und verbüßt deshalb als politischer Gegner gemäß Paragraf 58 für zehn Jahre seinen Lebensabend hinter Stacheldraht. Wassilij trägt seinen kahlen Schädel sommers und winters in die Fellmütze eingepackt, an der zu beiden Seiten die Ohrenklappen herunterhängen. Auch nachts trennt er sich nicht von ihr. Ich erinnere mich nicht, außer wenn er sich am Hinterkopf kratzt, dass er je unbedeckt ginge.

Der andere Freund, den ich gewinne, ist das Schachspiel. Es gibt nichts, was einen im Lager so absorbiert und in Spannung hält wie Schach. Das Brett mit den selbst gefertigten Figuren, teils Kieselsteinen, teils Brotstückchen, steht auf meiner Pritsche. Am Fuß und Kopfende sitzen wir uns gegenüber und spielen oft ganze Sonntage, wenn die Lagerleitung nicht die verhassten Sonntagsschichten ansetzt. Sogar den Hunger vergisst man beim Schachspiel. Schach enthüllt den Charakter. Ich spiele zuweilen mit einem ehrgeizigen, mir überlegenen Spieler, der fast immer gewinnt. Einmal gelingt mir eine glückliche Kombination, wodurch sich das Spiel zu meinen Gunsten entscheidet. Mein Gegner verzieht das Gesicht zu einer bösen Grimasse und beginnt mich zu beschimpfen, wie schlecht ich gerade diese Partie gespielt hätte, weist mir ungeschickte Züge nach, die nicht einmal ein Anfänger gemacht hätte, und sucht den Erfolg in eine Niederlage umzumünzen.

Die Sommer und Winter vergehen. Über das große nackte Feld, wo abends der Appell stattfindet, fegt der eisige Steppenwind und lässt durch die Wattejacke deinen knochigen ausgemergelten Leib erschauern. Begegnen sich Häftlinge mit dem Kochgeschirr in der Hand oder ein Stück halbgefrorenes Brot zwischen den klammen Fingern, so bohrt sich in ihre hungrigen Blicke die Frage: wie lange noch? Ein Galgenstrick hat die Antwort gefunden, die in aller Munde ist: Sommer – Winter, Sommer – Winter, Sommer – Winter, Sommer – Winter, Sommer – was bedeutet viereinhalb Jahre. Drei Sommer und zwei Winter bin ich hier, über zweitausend Tage stehen mir bevor. Inzwischen ist ruchbar geworden, dass anstelle der nach dem siegreichen Ausgang des Krieges immer wieder erwarteten Generalamnestie in einzelnen Fällen politische Gefangene nach Ablauf ihrer Frist ohne Angabe des Grundes zurückbehalten werden, ihnen auch kein Entlassungstermin genannt wird. Nachts, wenn ich daran denke, dringt ein abscheuliches Reptil in meinen Traum, begeifert mich und legt seine Krallen um meine Brust. Verstört richte ich mich auf. Sicher sind es Ausländer, die man nicht entlässt. Sosehr ich mich auf der schmalen harten Pritsche hin und her wälze, kann ich mich von dem furchtbaren Druck nicht befreien.

Augenblicklich herrscht Ruhe in unserm Kollektiv. Es scheint, als ob das Leben harmlos dahin plätschere, wir alle gut Freund miteinander seien. Maria Alexejewna waltet mit Sanftmut ihres Amtes als fachlicher Leiter. Schließt sich die Tür hinter den Frauen, nachdem sie die Wattejacken angezogen und die Kopftücher sorgfältig umgelegt haben, um ihren ausgiebigen Vormittagsspaziergang zum entlegenen Holzhäuschen anzutreten, dann holen die Männer tief Luft und lassen den zurückgedrängten Gefühlen freien Lauf in die erotischen Gefilde. Lieblingsthema solcher Unterhaltungen bildet eine hübsche junge Frau mit prallen Schenkeln und aufreizendem Busen, die gegenüber in der Lagerapotheke Dienst versieht.

Der kecke junge Boris, ein großer, starker, etwas ungeschlachter Bursche Ende zwanzig, ist in seinem Element. Lüsternheit züngelt ihm aus den schmalen hellblauen Augen. Nina, ruft er und schnalzt mit der Zunge, ach, Ninotschka – ja, das ist ein anständiges Mädchen, Kumpels. Soweit mir bekannt ist, hat sie einem richtigen Manne noch niemals eine Absage erteilt. Ein prachtvolles Weibsbild, sage ich euch. Abends nach Dienstschluss – hereinmarschiert mein Süßer, zugemacht die Pillenbude, die Fenster verhängt, den Schlüssel rumgedreht – und los geht's, heidewitzka. Er streckt die

Hände hoch und illustriert den Vorgang mit dem bekannten Fingerspiel. »So … soo … Kameraden, herrlich ist das.« Er lacht kurz auf, wischt sich mit dem Handrücken den Speichel vom Munde ab, und die feuchten sinnlichen Lippen lassen dahinter ein wundervolles Raubtiergebiss erkennen, über das die Zunge langsam hin und her streicht.

Larissa, die in seiner Nähe sitzt, hat einen tollen Spaß an Boris' zotiger Art. Nie schließt sie sich den andern Frauen vormittags bei ihrem Ausgang an. Sie gehört zu uns Männern, und keiner fühlt sich in ihrer Gegenwart eingeengt. Sie wirft Boris einen aufreizenden Blick zu. »Mir scheint, dir steht ein glücklicher Abend bei Ninotschka bevor, Boris, mein Teurer.« Er grinst und bleibt die Antwort schuldig. Natürlich kann der große Junge immer Frauen haben. Doch sein Verlangen im Lagerstil zu befriedigen, in Eile und stets in Gefahr, entdeckt zu werden, wird auch ihn nicht glücklich machen. Irgendein vorlautes Gespräch hat Boris zehn Jahre seiner herrlichen Jugend hinter Stacheldraht eingetragen. Zehn Jahre seiner Jugend … wie lange dauert die Jugend? Inzwischen besinnt sich in seiner Ecke hinten Morosow darauf, dass er seinem Leiter Alexander Iwanowitsch für Zucht und Ordnung im Arbeitsraum verantwortlich ist. Er räuspert sich, blickt zu Boris herüber, und mit barscher Stimme erteilt er ihm eine Zurechtweisung. Boris schnellt von seinem Schemel hoch, dreht sich um, macht ein paar Schritte auf Morosow zu und stellt sich dicht vor ihm in Positur.

»Morosow«, ruft er und blickt ihn durchdringend an, »was redest du? Wir leben alle nur einmal. Ich bin noch jung, verstehst du, Morosow? Mir schäumt das Blut in den Adern. Ach, Morosow, hast du schon vergessen, wie das ist, du, Alter? … wenn man jung ist und leben will? Du meine Güte, wir gehen alle denselben Weg, ja, denselben Weg« – und nun stellt er sich noch dichter vor den Alten, dass sein Hauch ihn berührt. Er legt ihm die Hand auf die Schulter, »denselben Weg, wo am Ende eine Grube von zwei Kubikmetern auf uns wartet, auf mich genauso wie auf dich. Komm, sei friedlich, Morosow, und gib mir lieber eine Zigarette.«

Morosow hat seinem Blick standgehalten und geduldig zuge-hört. Nun brummt er ein paar schwer verständliche Worte, die sein Missvergnügen über die heutige Jugend auszudrücken scheinen, und reicht Boris ein ungewöhnlich großes Stück Zeitungspapier, auf das er eine reichlich bemessene Portion Machorka schüttet. Boris will seiner Dankbarkeit gerade geräuschvoll Ausdruck verleihen, als sich Alexander Iwanowitsch aus seinem Käfterchen vernehmen lässt:

»Nun aber Schluss, Boris, marsch auf deinen Platz und arbeite.«

»In Ordnung, Alexander Iwanowitsch, ich gehe an meinen Platz.«

Sein Vorhandensein war bei diesem Scharmützel völlig in Ver-gessenheit geraten, und eine mühsam unterdrückte Heiterkeit greift um sich.

»Bin schon da, Alexander Iwanowitsch«, ruft Boris militärisch, erhebt den Arm in Richtung des unsichtbaren Chefs wie zum sol-datischen Gruß und kichert hinter der vorgehaltenen Hand.

Larissa prustet in ihr Taschentuch. Draußen lassen sich die Stimmen der zurückkehrenden Frauen vernehmen, drinnen kün-den Boris' Rauchwolken von schönster Harmonie. Mir scheint, Alexander Iwanowitsch ist recht froh, dass dies Intermezzo vor Maria Alexejewnas Eintritt seinen Abschluss fand.

Das eben vorgeführte kleine Theaterspiel zwischen Boris und Morosow ist ein echt russisches Kabinettstück, das man als Auslän-der erst richtig versteht, wenn einem der Charakter des Volkes er-schlossen ist. Freudenszenen und Konflikte werden, wie auf der Bühne, temperamentvoll und kontrastreich ausgetragen, wobei die Beteiligten die richtige Mischung von echter Emotion und büh-nenwirksamem Sich-in-die-Szene-setzen erstaunlich sicher beherr-schen. Das diesem Volk eingeborene schauspielerische Talent, das das dramatische wie komödienhafte Genre gleich vollendet meis-tert, offenbart sich überall im täglichen Leben. So war es weder Morosow besonders ernst mit der Verwarnung, noch hat Boris sie ernst genommen. Boris' Einfall, sich zu entrüsten, entsprang ganz einfach dem Verlangen, eine Schau zu veranstalten. Er hatte Spaß daran, ein bisschen zu schauspielern, wobei das Gleichnis mit der

Grube als tragischer Endstation des Menschenlebens sowohl von Morosow als auch vom Publikum als effektvolle und zu Herzen gehende Gruselgeschichte empfunden wird – ein Motiv aus dem Arsenal der Moritaten- und Bänkelsänger. Morosow, erst den erzürnten Vorgesetzten spielend, um gleich danach beschwichtigend die Friedenspfeife anzubieten, ist in seiner Haltung ebenfalls charakteristisch für die Mentalität des Volkes.

Inzwischen steht die Freilassung eines unserer Vermessungsingenieure, eines Passierscheininhabers bevor, mit dem Wanja zusammenarbeitet. Jeder erlebt im Geiste das unaussprechliche Glücksgefühl mit, wenn sich einem Gefangenen nach zehn Jahren Lagerhaft das Tor in die Freiheit öffnet. Von dem Taschengeld, das jeder Häftling monatlich als Lohn für seine Arbeit erhält, und den von draußen ins Lager mitgebrachten Genussmitteln, wie Wassermelonen und Machorka, hat sich der Ingenieur im Laufe der Jahre einiges gespart. Davon hat er sich gut sitzende Lederstiefel anfertigen lassen, die ein Vermögen kosten. In seiner Tasche verwahrt er das Anstellungsschreiben eines Betriebes, an den ihn die GULAG vermittelt hat. Von Alexander Iwanowitsch hat er sich schon verabschiedet. Am Vorabend der Entlassung drückt ihm jeder mit schlecht verhohlenem Neid die Hand und wünscht ihm alles Gute. Wie lange noch, bis uns die Stunde schlägt.

Frühzeitig am nächsten Morgen erhält er vom Lagerkommandanten die Entlassungspapiere ausgehändigt, holt die neuen Stiefel aus der Aufbewahrungskammer und begibt sich zur Torwache, wo sich die engsten Freunde zum letzten Lebewohl eingefunden haben. Das Tor öffnet sich. Er geht hindurch. Das Tor schließt sich. Auf der andern Seite hält ihm die Miliz den neuen Haftbefehl entgegen. Nie mehr haben wir etwas über unsern Kameraden erfahren. Wieder bildet sich eine Decke undurchdringlichen Schweigens darüber. Völlig verstört sind wir über diese überraschende, in unserer Praxis noch nie aufgetretene Art des Zuschlagens, besser gesagt, des Zerschlagens eines Menschen als schreckliche Waffe, die sich jederzeit gegen uns selbst richten kann.

Die Vorwürfe, die ich mir vor Jahren bei der Verhaftung im Lager an der Wolga machte, nicht wachsam genug gewesen zu sein, erscheinen mir heute hinfällig. Die Netze sind so fein gesponnen, dass niemand ihnen entgeht, der zum Opfer bestimmt ist. Am Arbeitsplatz läuft alles wie zuvor. Maria Alexejewna säuselt ihre fachlichen Belanglosigkeiten ins Käfterchen zu Alexander Iwanowitsch herüber, der ein immer schmaleres Gesicht und immer trübere Augen bekommt in seinem freiwilligen Gefängnis, und drüben in der andern Hälfte der Baracke, in der Vermessungsgruppe, die vor paar Tagen der unglückliche Ingenieur verließ, um am Ende der Lagerhaft in die Untersuchungshaft überzusiedeln, sitzt Iritschka, die Zeichnerin, und zieht unverdrossen ihre sauberen Striche. Wanja zuckt schweigend die Achseln, als ich mit ihm nach dem Abendappell auf dem Weg zur Hütte den Fall des Ingenieurs anschneide. Mit Wanja sind der Vertraulichkeit Grenzen gesetzt, so sehr ich ihn schätze. Diese Freundschaft duldet nicht die Belastung gefahrvollen Austauschs, der mich mit Dmitrij über alle Tiefen des Lagersumpfs hinaus verband.

Mir fehlt Dmitrij. Er hätte nicht die Achseln gezuckt über die Verhaftung des Ingenieurs. Ich verarge es Wanja nicht. Er ist aus gröberem Stoff gemacht. In diesem Augenblick, wo man wieder einmal den Halt zu verlieren droht, brauchte ich Dmitrijs sachliches Nachdenken, die heisere Stimme, die festigt und beruhigt. Unruhe herrscht in meiner Arbeitsgruppe nicht nur aus Anlass der Verhaftung des Ingenieurs. Frisch eingelieferte Häftlinge berichten über schrankenlose Verhaftungswellen im Lande – jetzt, zu Beginn des dritten Jahres nach Kriegsende. Rückkehrer aus deutscher Gefangenschaft, freigelassene Zwangsarbeiter aus deutschen Betrieben, Männer, der Hölle der Konzentrationslager entronnen, sie sind der Kollaboration angeklagt oder verdächtigt.

In die Welt ist Frieden eingezogen, doch die Erschütterungen im Lande dauern an. Kein versöhnlicher Laut dringt hinter den Stacheldraht des Lagers zu uns 58ern. Der grausame Mechanismus des Strafvollzugs bewegt sich weiter. Wieder herrscht jenes unheimliche Schweigen, das nicht nur Verhaftungen wie die des Ingenieurs ins Dunkel hüllt, sondern uns auch von den Vorgängen der Außenwelt fast hermetisch abschließt. Der heroische Kampf und Sieg über den Faschismus, der opferreiche Aufbau des zerstörten Landes – die Ausgestoßenen haben keinen Anspruch darauf, stolz zu sein auf ihre Helden, sich zu freuen auf die Heimkehr ihrer Väter und Brüder. Die Helden sind nicht ihre Helden, Väter und Brüder nicht ihresgleichen, Deklassierte sind und bleiben wir.

Die Methode, Menschen nicht nur physisch zu isolieren, sondern auch geistig zu knebeln, ihren Lebenshunger, echte Teilnahme am Schicksal, am Aufbruch ihres Landes nach dem Krieg, aufrichtige Gefühle gewaltsam zu ersticken, erschreckt mich. Würde Dmitrij eine Erklärung dafür finden? Eine Erklärung dafür, dass Millionen Lagerhäftlinge – künftige Rückkehrer in die Freiheit – nicht in Unterweisungen und Aussprachen vorbereitet werden auf den komplizierten Übergang von der Isolierung des Lagers in eine fortgeschrittene sozialistische Gesellschaft, die klare Köpfe zur Bewältigung des Aufbaus braucht. Dass man das großartigste Propagandamaterial, den siegreichen Ausgang des Großen Vaterländischen Krieges überhaupt nicht auswertet, nicht Kriminellen den Heldenmut ihrer Altersgenossen ergreifend darstellt anhand von Bilddokumenten und anderen Medien, nicht Frontkämpfer zu uns sprechen, Zeugen der Verbrechen des Faschismus wie Partisanen auftreten lässt, deren Aussagen das Gewissen wachrütteln würden. Dass man politische Häftlinge nicht durch qualifizierte politische Aussprachen oder Kurse der Gefahr geistigen Verkommens entreißt und sie auf neue Aufgaben vorbereitet.

In den neuneinhalb Jahren meiner Haft in zahlreichen Lagern erlebte ich nirgends Erziehungsarbeit, hat niemand an unsere Vernunft, unseren Verstand, unseren guten Willen appelliert. Man hat nur gestraft. Dmitrij, ist es nicht der alte unmenschliche zaristische Strafvollzug? Abgesehen von veralteten Zeitungen in größeren Lagern, einer kleinen Handbücherei und einem mittelmäßigen Wanderensemble, das alle paar Monate sein sattsam bekanntes Programm herunterleiert, gibt es keine geistige Anregung. Massenmedien wie Radio sind verboten. Und werden nicht einmal propagandistisch eingesetzt, etwa zur Erläuterung bedeutender politischer Ereignisse wie der Fünf-Jahres-Pläne.

Es gibt keine Fachbücher, keine Weiterbildungsliteratur, schon gar nicht anregende Zirkel auf Gebieten der Technik, Naturwissenschaften, Kunst, die gebildete und qualifizierte Häftlinge leiten könnten. Erinnert man sich der Hinweise der Klassiker des Marxismus-Leninismus, dass die ästhetischen Qualitäten des Menschen den gesamten Lebensprozess bestimmen in seiner Einstellung zur Arbeit, zum Mitmenschen, zur Natur, nicht zuletzt zur Kultur, Wissenschaft und Technik und damit zu den täglichen Fragen des Klassenkampfes, so muss man schlussfolgern, dass die GULAG diese entscheidenden Lebensfragen in Bezug auf die Millionen »zeitweilig isolierter Bürger« unter ihrer Kontrolle überhaupt nicht ernst nimmt und vollkommen ignoriert. Den Verdammten der Lager wird jede Chance entzogen, um sich geistig lebenstüchtig zu erhalten, um später der Gesellschaft Nutzen zu bringen. Geistig und beruflich verkrüppelt, werden sie nur noch in den minderqualifizierten Berufskategorien eine Arbeit finden.

Der Platz nicht weit von Larissa ist häufig leer, und Larissa sieht traurig aus. Sie haben sich miteinander verbunden, sie und der ruhige zurückhaltende Arkadij, unser Ingenieur für Sanitärtechnik. Arkadij ist Mitte dreißig, mit schmalem Gesicht und totenbleich. Das rote Haar lässt die Blässe noch stärker hervortreten. Oft bleibt er morgens auf seiner Pritsche liegen, wenn wir zur Arbeit gehen. Er braucht nicht in aller Herrgottsfrühe aufzustehen, um mit anderen im Vorzimmer des Lagerarztes zu warten, dass ihm der Krankenschein ausgestellt wird. Arkadij hat Dauererlaubnis, zuhause zu bleiben, wenn er sich schlecht fühlt. Er hat die Lungenschwindsucht. Arkadij windet sich in qualvollen Hustenanfällen und hat Auswurf. Nachts werden wir aus dem Schlaf gerissen und müssen das Elend ansehen, ohne helfen zu können. Kein Facharzt kommt, um ihm seinen trostlosen Zustand zu erleichtern. Er siecht dahin.

Vom Tode gezeichnet, wird ihm nicht die Gnade zuteil, nach Hause entlassen oder in ein Krankenhaus überwiesen zu werden – sei es auch nur wegen der Ansteckungsgefahr für seine Mitbewohner. Für Arkadij, den Politischen, den 58er gibt es keine Gnade. Irgendwo, weit weg, leben zwei kleine Mädchen bei ihrer Großmutter, seine Töchter. Die Frau ist im Krieg bei einem Fliegerangriff umgekommen.

Larissa ist Arkadijs treue aufopferungsvolle Pflegerin. Ist er bettlägerig, besucht sie ihn täglich in unserer Hütte. Die Lageraufsicht zeigt Verständnis. Sie duldet Larissas Besuch im Männerquartier. Sie erspart ihr die Krankenpflegerin. Zur Frühstückspause eilt Larissa herüber, um nach ihrem Kranken zu sehen, und ihm Wassermelonen und andere Erfrischungen zu bringen. Es ist fast das einzige, was er an Nahrung noch zu sich nimmt. Larissa empfängt gelegentlich kleine Geldsendungen von zuhause. Sie opfert jede Kopeke für Arkadij. Die Beschaffung der äußerst raren Genussmittel erfordert ihren ganzen Einsatz an Geschicklichkeit und Lagerschläue: Es gilt, einen zuverlässigen Passierscheininhaber zu finden, der weder das Geld unterschlägt, noch übermäßig viel für die Gefälligkeit verlangt. Larissa ist diesen Leuten natürlich ausgeliefert. Mit einer Anzeige würde sie sich selbst schaden, denn solche Geschäfte sind nicht gestattet. Man kann die Geldsendungen an sie sperren und den Passierscheininhaber bestrafen.

Einer unserer Vermessungsingenieure ist schließlich bereit, ihr zu helfen. Er tut es aus Menschlichkeit gegen Arkadij. Der Ingenieur wohnt in unserer Hütte als Privilegierter im Zweibett-Kämmerchen neben der Stube und erlebt täglich Arkadijs Leiden. Larissa belohnt ihn mit fast ihren ganzen Barmitteln. Jetzt stehen öfters Wassermelonen, Gurke und Möhren neben Arkadijs Bett. Geht Larissa das Geld aus, dann verkauft sie ein Stück Brot und beschafft vom Erlös etwas, das den Kranken erfreut.

Im Lager leiden Frauen weniger unter Hunger als Männer und verkaufen Brot an sie, besonders im Sommer, wenn es ab und zu im Lagerkiosk das begehrte Frischgemüse und Wassermelonen zu kaufen gibt. Nach Brot ist ständig starke Nachfrage, und man muss die Gunst der Frauen besitzen, um welches zu bekommen. Mit dem großen Jungen, dem Boris, können wir Älteren nicht in Wettbewerb treten. Er wird von den Frauen verwöhnt, und ich habe sogar Verdacht auf Maria Alexejewna und Vera Wassiljewna, dass sie ihn beim Brotverkauf heimlich bevorzugen. Wenn Arkadij sich besser fühlt und zur Arbeit kommt, sind Larissas besorgte Augen unablässig auf sein schmales blasses Gesicht gerichtet. Es ist eine rührende Lagerliebe, die blüht in dem eiskalten Luftstrom dieser unbarmherzigen Gefängniswelt. Sie träumen von einer gemeinsamen glücklichen Zukunft in der Freiheit. Aus der Ferne liebt Larissa Arkadijs kleine Töchter, die sie wie die eigenen Kinder aufziehen und verwöhnen möchte. Arkadij gesund zu pflegen, dafür gäbe sie jeden Tropfen ihres Herzbluts.

Wieviele solche Hoffnungen flammen auf in den Herzen verzweifelter Menschen hinterm Stacheldraht, die sich lieben und später ein neues Leben aufbauen wollen – bis eines Morgens der eine zum Lagertor abkommandiert wird und eine halbe Stunde später mit einem Trupp hinausmarschiert ins Unbekannte. Nach dem Ural? Nach Sibirien? Niemand weiß. Mit einem Schlage sind Liebe und Hoffnung zertrümmert. In solchen Augenblicken empfindet der Mensch, was für ein armseliges, nichtiges Stück Dreck er im Lager ist, menschlicher Würde beraubt, von unsichtbarer Hand hin- und hergeschoben wie eine Schachfigur, um mal hier, mal dort gegen eine Schüssel Grütze und ein Stück Schwarzbrot zu schuften. Manche verfallen in vollkommenen Fatalismus. Alles scheißegal. Als einziger Lebenszweck bleibt die physische Selbsterhaltung.

Arkadij geht es zusehends schlechter. Er steht kaum noch auf. Ausgestreckt auf seine harte Pritsche, hustet er sich die Lunge aus dem Leib. Larissa ist wie ein verängstigtes Vögelchen. Zur Frühstückspause und nach der Arbeit fliegt sie zwischen dem Arbeitsplatz und unserer Hütte hin und her, um ihm eine Scheibe Melone, ein Glas Milch zu bringen, ihm Mut zu machen und zärtlich zu ihm zu sein. Als wir eines Tages von der Arbeit kommen, ist Arkadijs Pritsche leer. Der alte Wassilij braucht nicht viel zu sagen. Sie haben ihn mit einem Bauernwagen abgeholt. Er soll nicht in der Hütte sterben. Zwei Tage später finden wir morgens Larissa vor ihrem Reißbrett sitzen, in Tränen aufgelöst. Sie hat es als Erste erfahren. Wir drücken ihr die Hand und küssen sie. Für den Rest ihres Geldes findet sie jemand, der draußen nahe dem Dorf Arkadij in ein Grab legt. Er soll nicht verscharrt werden wie ein Tier. Pathetischer Gedanke – das einsame Grab in der Steppe von Kasachstan, das weder Larissa noch Arkadijs Mädchen je besuchen werden. Unsere Hütte wird desinfiziert. Ein anderer legt sich auf Arkadijs Pritsche. Das Leben geht weiter.

Auf dem baumlosen nackten Platz, wo Abend für Abend der Appell stattfindet, bin ich ihr oft begegnet, der Asiatin aus dem Nahen Osten. Iritschka, die Zeichnerin, kommt eines Tages Arm in Arm mit ihr entlanggewandert, und so lernen wir uns kennen. Ihre eigenartig geschnittenen dunklen Augen, die aus dem gequälten Gesicht hervorleuchten, und der tiefschwarze Haarknoten im Nacken erwecken wie aus einem langen Schlaf meine alte Sympathie für die asiatischen Menschen, mit denen ich für Jahre so glücklich zusammenlebte. Fatma ist Iranerin. Über ihre Vergangenheit erzählte sie mir bald zu Anfang unserer Freundschaft.

Auf der Suche nach günstigeren Lebensbedingungen gerieten ihre Vorfahren in einem Auswandererstrom von Handwerkern, Landarbeitern und Handelsleuten aus dem Norden ihrer iranischen Heimat, dem damaligen Persien, in die Täler des Kaukasus. Mit viel Fleiß und in freundlicher Nachbarschaft mit der eingesessenen Bevölkerung bauten sie sich ihr neues Leben auf. In den Städten und Dörfern bildeten sich persische Gemeinden, die als nationale Minderheit an den überlieferten Lebens- und Glaubensformen, die ihre Ahnen aus der Heimat mitgebracht hatten, mit zäher Leidenschaft festhielten. Voll Ehrfurcht hingen sie an der mohammedanischen Lehre. Indessen war es nicht überall gelungen, Andachtsstätten zu errichten. Kleineren Sprengeln fehlten die Mittel dazu, und dort führte sich der Brauch ein, dass sich die Gläubigen am Freitag, dem mohammedanischen Feiertag, in größeren Wohnungen zusammenfanden, wo bei Kerzenschein der Geistliche die Andacht abhielt, wie der Koran es vorschreibt.

Es kamen die dreißiger Jahre, die Schrecken der Massenverhaftungen setzten ein und erschütterten das Land bis in jene stillen Winkel des Kaukasus. Man überraschte eine Schar Gläubiger bei religiösen Übungen in Fatmas Haus. Alle Anwesenden wurden verhaftet. Die Anklage lautete auf »der Behörde nicht zur Kenntnis gebrachte Zusammenkunft, die geeignet ist, die Sicherheit der Staatsmacht zu gefährden«. Alle Verhafteten wurden gemäß Paragraf 58 zu zehn Jahren Lagerhaft verurteilt.

Fatma war Anfang dreißig, als sie dieses grausame Schicksal ereilte. Sie war zur Zeit der Verhaftung hochschwanger und brachte ein kleines Mädchen im Untersuchungsgefängnis zur Welt. Nach der Verurteilung wurde sie mit dem Säugling ins Lager überführt. Sobald sie aufhörte zu stillen, entrissen sie ihr das Kind. Von Verwandten wurde es abgeholt. Fatma hat seitdem ihr Töchterchen nicht mehr gesehen. Wer von den mittellosen Verwandten sollte auch das Kind vom Kaukasus nach Kasachstan bringen, um die Mutter zu besuchen.

Als ich Fatma kennenlernte, hatte sie fast neun Jahre ihrer Haft abgesessen. Ihr Mädchen wird bald sein achtes Lebensjahr vollenden. Die Jahre der Lagerhaft und die Sehnsucht nach dem Kind haben Fatma vorzeitig alt gemacht. Die Schläfen der Vierzigjährigen werden grau, Furchen durchziehen das Gesicht. Nur die Augen sind lebhaft und jung. Fatma ist als Köchin bei der Wachmannschaft des Lagers eingesetzt. Wenige Meter jenseits des Stacheldrahtzauns, in einer langgestreckten Baracke, haben die Büttel ihren Schlafsaal mit Speiseraum, wo sie ihre trostlose Freizeit verbringen. Fatma ist Iritschkas Bettnachbarin in einer unserer Frauenunterkünfte und Passierscheininhaberin. Jederzeit gelangt sie zum Tor hinaus und herüber zur Arbeitsstätte, der Soldatenküche.

In diesen Hungerjahren sind Gemeinschaftsküchen, gleich, ob diesseits oder jenseits des Lagerzauns, der Tummelplatz zudringlicher, oft gewaltsamer Elemente. In den Hof der Lagerküche eingebrochen, fordern sie: »Sei vernünftig, Koch, gib eine Schüssel Grütze – ein paar Löffel, Väterchen, nur ein paar Löffel. Du willst nicht?« Ihre Züge verzerren sich vor Wut. »Hast du Lust darauf?« Eine Klinge blitzt auf. Zwei Kumpane erscheinen im Hintergrund. Wo ist der Ausweg? Soll er standhaft bleiben, der Lagerkoch? Sich zur höheren Ehre der GULAG das Leben zur Hölle machen? Er gibt, wo man fordert, und er nimmt, wo es was zu nehmen gibt, die perfekte Korruption.

Zivilisierter verhält man sich vor Fatmas Küche. Sie hat es mit Freien zu tun und unter den Wachsoldaten herrscht Disziplin. Aber der Teufelstanz um die Grütze wird auch hier getanzt, versetzt Fatma ständig in Unruhe und Angst. Sie wird umworben mit Schmeicheleien, Geschenke werden ihr angetragen von den Lieferanten, den Fuhrleuten, den Handwerkern, denen aus dem Küchenfenster die Schwaden von Kohlsuppe um die Nase streichen. Wie soll eine Frau mit diesem Rudel hungriger Wölfe fertig werden, wenn sie zum »freundschaftlichen Besuch« ihre Schwelle überschreiten? »Gib, gib …«, steht in den hungrigen Augen geschrieben. Und gibst du nicht, wird der Fleischwolf nicht repariert, die dringende Kartoffellieferung bleibt aus, weil das Pferd lahmt, und keine Kohle kommt, weil die Wagenachse gebrochen ist.

Fatma bewältigt ihre Aufgabe mit der unendlichen Langmut des Orientalen und der entwaffnenden Freundschaftlichkeit ihrer grundehrlichen Natur. Niemand bringt es fertig, niederträchtig oder gar gewalttätig gegen sie zu werden. Ihr selbst genügt soviel, um satt zu werden. Sich zu bereichern, widerspricht ihrem Charakter. Wenn Fatma als verantwortlicher Küchenchef ihren muselmanischen Herrgott um Vergebung einer Sünde bitten müsste, dann für die gebackenen Mürbeteigplätzchen oder ein paar Scheiben gekochtes Suppenfleisch, die sie mir, in ein Tuch geschlagen, heimlich zusteckt. Allah verzeihe ihr!

Fatmas stilles Wesen breitet über meine innere Zerrissenheit einen Hauch von Frieden. Die seelischen Entbehrungen, die mich ganz und gar ausgelaugt haben, die brennende Sehnsucht nach dem Schönen, nach der Anmut frei sich bewegender Menschen, der Lieblichkeit eines spielenden Kindes, nach einem schönen Gedanken oder einer Landschaft – diese schmerzliche Sehnsucht lindert Fatma, indem sie schweigend mich begleitet, wenn abends nach dem Appell die Unruhe mich über den hässlichen kahlen Platz zwischen Baracken und Stacheldraht hin- und hertreibt.

»Terpenije, Axel«, flüstert sie nach einer Weile, und die schwarzen Augen flehen mich an, und noch einmal, wie beschwörend, klingt es: »Terpenije«, als dürfe dieses Wort »Geduld« niemand hören außer mir. »Geduld, Axel, wir kommen wieder heraus und werden leben.« Fatma ist mir ein lieber Gefährte. Könnte ich mit ihr in die Freiheit entfliehen, wir würden uns zuerst eine Weile in der Einsamkeit verbergen und in der tiefen Ruhe der Natur für unsere todwunden Herzen Linderung suchen. Fatmas Töchterchen müsste bei uns sein.

Ein Wunder, dass der Trieb noch lebendig ist. Ein lauter Mensch hätte ihn verdrängt, mich abgestoßen. Nach Fatma habe ich Verlangen. Hinter ihrer Zurückhaltung spüre ich die verborgene Glut. Vormittags, wenn ihre Küchengehilfen mit der Vorbereitung beschäftigt sind, kann sich Fatma für kurze Zeit von der Arbeit fortstehlen. Unser Treffpunkt ist der Platz vor unserer Hütte. Endlos langsam fließen am Zeichentisch die Stunden, bis es zehn Uhr wird. Aufgeregt spähe ich umher, um mich im rechten Augenblick unauffällig zu entfernen. Einen festen Schritt fassend, als begleite ihn ein gutes Gewissen, marschiere ich zwischen den Arbeitsplätzen entlang, wobei ich Boris an seinem blitzschnell herausgestreckten Ellbogen streife. Der Schuft blinzelt mir verschmitzt zu. Er weiß. Seine vom Trieb stets überwachten Sinne durchschauen mit tierisch sicherem Instinkt mein Vorhaben. Hol ihn der Teufel. Ich bin draußen in der frischen Luft. Fatma wartet schon. Ich beschleunige den Schritt. Sobald der alte Wassilij meiner ansichtig wird, lässt er sie herein, und in seine aufgehaltene Mütze sickert ein Wasserglas Machorka. Früh hatte ich ihn über den Besuch informiert. Ich eile hinterher. Dann schließt Wassilij die Tür von außen ab und setzt sich auf das Bänkchen davor, dreht sich eine Zigarette und blickt schläfrig vor sich hin.

Mit Fatma bin ich in der Zweibett-Kammer, die unser ältester Vermessungsingenieur und sein Kollege bewohnen. Auf meine Bitte hat er Wassilij den Schlüssel gelassen. Fatma legt auf das Tischchen ein paar Scheiben Fleisch, eingeschlagen in braunes Packpapier, und Machorka. In der Umarmung vergessen wir, dass die hastigen Liebesfreuden eine Polizeistreife stören kann, vergessen wir die Unmenschlichkeit unserer langen Verbannung, die uns nicht besser macht, sondern zwingt, das natürliche schöne Verlangen eilig wie die Tiere zu vollziehen. In die Baracke zurückgekehrt, finde ich Alexander Iwanowitsch sinnend in seinem Käfterchen sitzend. Boris schielt mich spitzbübisch von unten an. Kaum habe ich den Bleistift in der Hand, spüre ich seinen heißen Atem am Ohr.

»Niemand hat was gemerkt«, flüstern die begehrlichen Lippen, »und nicht nach dir gefragt, Axel. War's schön? Ach, herrlich ist so was, Bljad, ich sag ja, nichts ist herrlicher, als wenn du das Weib so richtig …« Seine Hände kneten die Luft.

»Schnauze«, fahre ich ihn an.

Er lächelt. »Gib Machorka, Bljad, Axel.«

Der Galgenstrick hat längst herausspioniert, dass ich seit der Bekanntschaft mit Fatma mit Machorka versehen bin. Inzwischen haben die Frauen ihren Vormittagsweg zum Örtchen angetreten. Für Boris die gute Gelegenheit, den Männern todsichere Tipps für ungestörte Liebesfreuden zu erteilen.

»Morgens um drei Uhr, Jungens, kurz vor der Wachablösung. Da ist keine Streife unterwegs, verlasst euch drauf. Da könnt ihr seelenruhig zu den Weibern gehen.«

Von zarten Empfindungen unbelastet, stört sich der Bursche nicht daran, seine Schäferstündchen umgeben von sechs Kameraden neben und über sich voll auszukosten. Er lebt in der Baracke und empfängt Frauen wie ein Pascha. Diesmal ist er vorsichtig und artikuliert seine lüsternen Reden mit zurückhaltender Stimme. Alexander Iwanowitsch nimmt keine Notiz davon, ob er sie nun hört oder nicht. Ihm entgehen auch nicht unsere Heimlichkeiten, wie vorhin mein Verschwinden. Wohlwollend hält er sich zurück. Er weiß, wie schwer die Haft auf uns lastet. Nebenan erfahren es Frau und Tochter. Doch im Lager ist es gefährlich, humanen Gefühlen nachzugeben. Es kann ihm Ärger und sogar die Ablösung eintragen. Er kann nun mal nichts dafür, dass er ein anständiger Kerl ist. Lebendig steht der kleine schmächtige Mann vor mir. Im Winter, bei 20 Grad Kälte, kommt er, die riesigen, viel zu großen Filzstiefel über die dürren Beine gestülpt, durch den Schnee gestapft wie der Storch durch den Klee. In seinem Käfterchen angelangt, zieht er den Schafspelz aus, schüttelt den Schnee ab, dass der Ofen zischt, nimmt die Mütze mit den Ohrenklappen vom Kopf, und die rotblau gefrorene Nase kommt zum Vorschein. Alexander Iwanowitsch macht einen Katzenbuckel und reibt sich vor dem Ofen lange die erfrorenen Hände. Schließlich besinnt er sich seiner Autorität als Leiter, strafft seine schmale Brust und fragt in militärischem Ton Maria Alexejewna, wie die Arbeit vorangehe.

Fatma trifft mich in der Abenddämmerung auf dem Felde und sagt mir, sie sei schwanger. Unter anderen Umständen hätten wir uns darüber gefreut. Aber was sollen zwei Häftlinge mit einem Kind, selbst wenn Fatma es in der Freiheit austragen könnte. Ihr Leben nach zehn Jahren Gefangenschaft neu aufzubauen, wird unter den wirtschaftlichen Schwierigkeiten für sie ohnehin eine komplizierte Aufgabe werden. Den heimlichen Eingriff unter wer weiß was für primitiven und lebensgefährlichen Umständen übersteht sie. Nie hat sie mir Einzelheiten davon erzählt. Teuer bezahlt sie die Minuten des Glücks. Und doch versichert mir Fatma auf meine besorgten Fragen, dass sie es nicht hätte anders haben mögen.

Genau vier Jahre bin ich hinter Stacheldraht in dieser trostlosen Steppe, dem hintersten Winkel der Welt, als zu ungewöhnlicher Stunde ein Ordner in unserer Baracke auftaucht, zu Alexander Iwanowitsch ins Käfterchen geht und mit ihm etwas im Flüsterton beredet. Maria Alexejewna dreht sich plötzlich nach mir um. Sie hat aus der Unterhaltung meinen Namen erhascht. Gleich danach tritt Alexander Iwanowitsch in den Raum und ruft mir zu: »Axel, zum Lagerkommandanten.«

Mir steht der kalte Schweiß auf der Stirn. Schon einmal, damals im Lager an der Wolga, wurde ich dorthin beordert, und dann wartete draußen der Gefängniswagen. Im Raum herrscht große Erregung. Solche Ereignisse wirken wie eine Bombe, die auf der Straße explodiert. Alles wird aus tiefer Lethargie gerissen, in die der stumpfsinnige und eintönige Alltag gerade solche Menschen wie die meines kleinen Kollektivs versetzt, die einst in Betrieben, Instituten und an Hochschulen wirkten und jetzt zum geistigen Tode verurteilt sind. Wie eingefangene Tiere bei jedem Geräusch, jedem Rütteln am Käfig eine Veränderung ihres jämmerlichen Daseins erhoffen, womöglich die Rückkehr in die freie Wildbahn, so herrscht auch in unserem Stacheldrahtkäfig aufgeregte Stimmung, als ich vom Lagerkommandanten mit der Nachricht zurückkkehre, eine Revision meiner zweiten Verurteilung sei beantragt, und ich werde in Kürze dorthin zurückgebracht zur neuen Gerichtsverhandlung. Die Mitteilung betrachte ich als Erfolg der vielen schriftlichen Anträge, die ich auch in diesem Lager nicht müde wurde, abzufassen und den Behörden zu übermitteln.

Die überhitzte Phantasie der Kameraden wittert den Sonnenaufgang einer neuen Ära, den endlichen Anbruch der ersehnten Amnestie für politische Gefangene nach dem siegreichen Krieg. Folgerichtig würden Ausländer als erste in den Genuss kommen, und man prophezeit mir Freispruch und Rückkehr in die Heimat.

»Axel, in vier Wochen bist du zuhause, nimmst dir dort ein Weib, Bljad, oder nimmst dir eine von unseren mit, und los geht's, heidewitzka«, begeistert sich Boris, wobei er nicht versäumt, sein geliebtes Fingerspiel vorzuführen. Der lüsterne Mund öffnet sich zu einem breiten Lächeln. Morosow sitzt in der Ecke und sagt kein Wort. Aus den Glückwünschen, die ich empfange, spricht die heimliche Erwartung, das nächste Mal selbst einer der großherzig begnadeten Heimkehrer zu sein, sodass die kasachische Steppe, bald aller Pilzlager entblößt, von der GULAG verlassen, in ihren tausendjährigen Schlaf zurücksinken wird. Welchem Gefangenen, der beinahe sechs Jahre hinter sich und vier Jahre vor sich hat, erklingen solche Töne nicht wie Schalmeien. Eine Woche später werde ich aufgerufen, es schlägt die Abschiedsstunde von den Kameraden. Von Wanja, dem lieben Kerl, fällt sie mir schwer. Ich umarme und küsse ihn wie einen jüngeren Bruder. In Alexander Iwanowitschs Blick fange ich die Spur einer Sehnsucht auf, eines unendlich traurigen Verzichts, als wolle er sagen: irgendwann kommst du mal wieder heraus, ich nie. Fatma ist traurig. Sie weint, und ihre schwarzen feuchten Augen begleiten mich, bis das Tor weit hinter mir liegt. Es ist der Abschied für immer.

Los, los – schnell, schnell, herrschen uns die Wachen an. Jeder Transport ist von Neuem furchtbar. Im Lager kann man vorübergehend den Stacheldraht vergessen. Doch wenn Waffen von allen Seiten aufblitzen, erinnern sie dich brutal daran, was du für ein elendes Stück Dreck bist auf dieser Welt. Von Ort zu Ort getrieben wie Herdenvieh, ins schmachvolle Joch der Fronarbeit gespannt – das ist dein Los. Gibt es noch irgendwo auf der Welt Glück, Frieden, Menschlichkeit? Trotz der persönlichen Hoffnungen, die ich hege, ich kann nicht anders fühlen als so – auch schon aus Solidarität für die Kameraden neben mir. Auf dem langen Marsch durch die Steppe in der abscheulichen Sträflingskleidung, müde, ausgehungert, erscheint mir Fatmas Bild. Geduld, Axel, Geduld, flüstern ihre Lippen.

Der Zufall will es, dass sich im Durchgangslager eine ähnliche Komödie abspielt wie damals mit dem Athleten, der den fünf Ganoven den Garaus machte. Die eisenbeschlagene Tür zu unserem mit hundert Gefangenen gefüllten Raum öffnet sich, und hereinstolziert eine noble Gesellschaft, sechs robuste Männer, die aussehen, als ob sie mit der Menschheit nicht viel Gutes im Sinne haben. Es ist eine Schieberbande, der die Not der Nachkriegszeit dazu diente, sich schamlos zu bereichern. Sie schreiten in die Mitte des Raumes, wo man ihnen ehrfürchtig Platz einräumt, und werfen

Rudolf Hamburger in Russland,
Kohlezeichnung eines unbekannten Künstlers

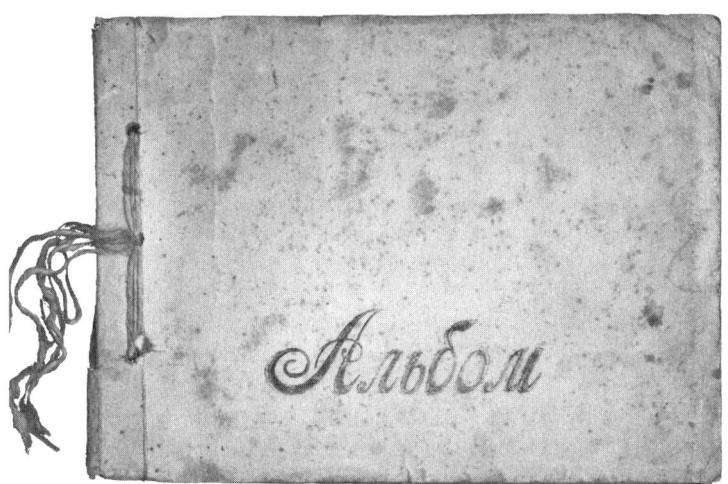

Deckel des »Albums«, dem die folgenden zwei Schriftseiten entstammen.

Die Schweiz als Vorbild/Erziehungsfragen

Ein Mensch, der geistig arbeitet, sich geistig entwickelt, findet darin eine so tiefe Befriedigung, dass er weniger vom Bösen versucht wird.

Früher, als ich einmal in der Schweiz lebte, dachte ich: Die Schweizer sind eine stumpfsinnige Gesellschaft, so satt, so zufrieden, ohne Phantasie und Schwung fliesst ihr Leben dahin. Aber ich habe meine Meinung geändert: Die Schweizer sind einen weiten Schritt voran vielen anderen Nationen. Man kann dort mit (…) mit viel schönen Reden (…) getrost seinen Kopf in den Schoss eines jeden Bürgers legen. Das ist für die Menschheit eine grosse Sache. Wie schön könnte das Leben sein, wenn schon alle so weit wären. –

Die Erziehung ihrer Söhne hat meine Mutter grossartig verstanden. Sie hat uns zu treuen zuverlässigen, gewissenhaften, bescheidenen Menschen erzogen. Sie hat uns (…) gute Waffen für den Lebenskampf mitgegeben. Alle Erfolge, die wir im Leben errungen haben, verdanken wir unserer Gewissenhaftigkeit in der Arbeit, der Treue Menschen gegenüber. Aber um sich im Leben durchzusetzen, braucht man schärfere Waffen. Sie sind Mut, Energie, die Kraft anzukämpfen gegen Gemeinheit, Betrug, Heuchelei, hart zu sein, wenn es sein muss, zu fordern. Diese Eigenschaften hat meine Mutter uns nicht anerzogen, die Faust zu zeigen. für die (...) um den Charakter ihrer Söhne zu entwickeln. Treue, Gewissenhaftigkeit, Zuverlässigkeit – haben Erfolg in einer Welt ohne Schlechtigkeit, in einer Welt, wo man mit ehrlichen Waffen kämpft.

Man darf meiner Mutter ihren Irrtum nicht übel nehmen, den Irrtum, dass die Welt gut sei. So zu denken, entsprach ihrem Charakter – so zu denken, entsprach ihren Lebensverhältnissen und ihrem Milieu. Sie selbst hat in ihrer Kindheit und Jugend keine Härten gespürt, sie war die Tochter eines wohlhabenden Mannes und hatte eine leichte, angenehme, fröhliche Jugend. Durch ihre Heirat geriet sie wiederum in wohlhabende, angenehme Verhältnisse. Die Welt lag im Frieden. Zur Zeit unserer Kindheit lebten die Eltern sorglos, niemand dachte an Krieg und (...) Für meine Mutter war die Welt in der Tat ohne Schlechtigkeit und ihre sichere Lage wiegte sie in dem Glauben, dass es für sie und ihre Kinder immer so sein würde. Unter dieser Voraussetzung hatte sie recht mit ihrem Erziehungsprinzip.

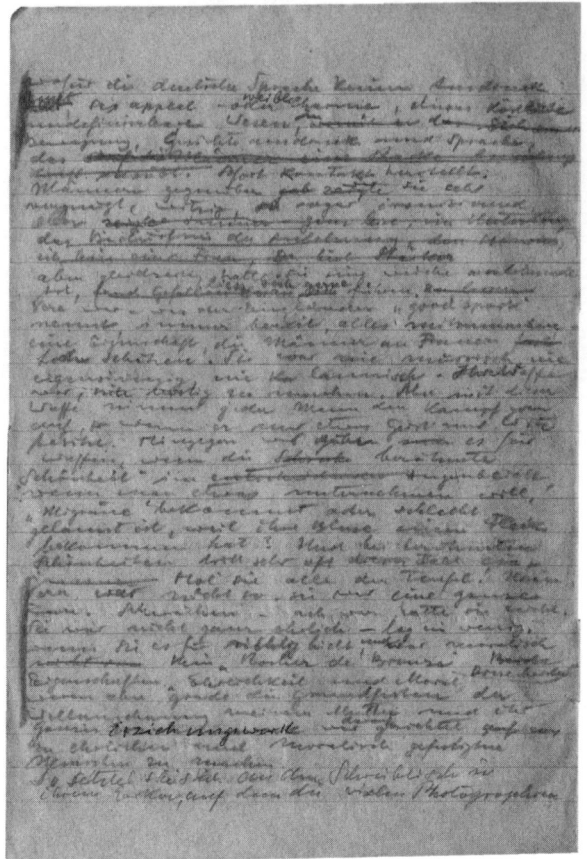

Eine (vermutlich autobiographische) Episode aus der Studentenzeit

wofür die deutsche Sprache keinen Ausdruck kennt, sex appeal – oder weibl. Charme, dieses köstliche undefinierbare Wesen in Bewegung (...) und Sprache, das sofort Kontakt herstellte. Männern gegenüber zeigte sie sich vergnügt, witzig, sogar ironisierend, aber gleichzeitig hatte sie eine solche anlehnende Art, liess sich gerne führen.

Vera war – was der Engländer »good sport« nennt, immer bereit, »alles« mitzunehmen, eine Eigenschaft, die Männer an Frauen zu lieben scheinen. Sie war nie mürrisch, nie eigensüchtig, nie launisch. Ihre Waffe war, sich lustig zu machen. Aber mit dieser Waffe nimmt jeder Mann den Kampf gern auf, wenn er nur etwas Geist und Witz besitzt. Hingegen (...) für Waffen, wenn die berühmte »Schönheit« im entscheidenden Augenblick, wenn man etwas unternehmen will, »Migräne« bekommt oder schlecht gelaunt ist, weil ihre Bluse einen Fleck bekommen hat? Und bei berühmten Schönheiten man sehr oft dieser List erliegt.

Hol sie alle der Teufel! Nein, sie war nicht so – sie war eine ganze Frau. (...) – ach, das hatte sie wohl. Sie war nicht ganz ehrlich – log ein wenig, wenn sie es für richtig hielt, und war moralisch kein „Rocher de Bronze"- Diese beiden Eigenschaften, Ehrlichkeit und Moral, waren aber grade die Eigenschaften der Weltanschauung meiner Mutter, und ihr ganzes Erziehungswerk nur darauf gerichtet, einen ehrlichen und moralisch gefestigten Menschen zu machen. So setzte sie sich an den Schreibtisch in ihrem Erker, auf dem die vielen Photographien

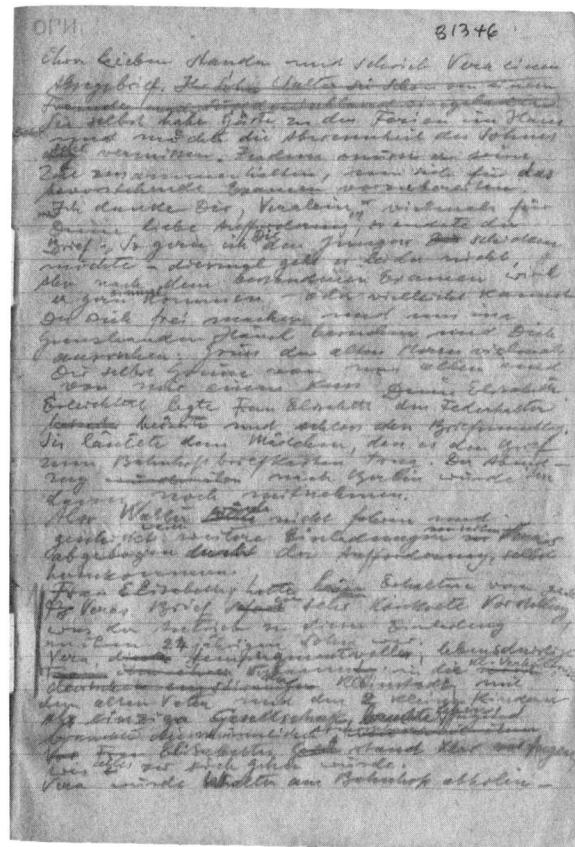

OGI (russ.)   B 1346

ihrer Lieben standen, und schrieb Vera einen Absagebrief. Sie selbst habe Gäste zu den Ferien im Haus und möchte die
Anwesenheit des Sohnes sehr vermissen. Zudem müsse er seine Zeit zusammenhalten, um sich für das bevorstehende
Examen vorzubereiten.»Ich danke Dir, Veralein, vielmals für deine liebe Aufforderung«, so endete der Brief. »So gern
ich Dir den Jungen schicken möchte – diesmal geht es leider nicht. Aber nach dem bestandenen Examen wird er gern
einmal kommen oder vielleicht kannst Du Dich frei machen und uns im Grenzbauden Häusl besuchen und Dich ausruhen. Grüss den alten Herrn vielmals. Dir selbst Grüsse von uns allen und von mir einen Kuss. Deine Elisabeth.« Erleichtert legte Frau Elisabeth den Federhalter beiseite und schloss den Briefumschlag. Sie läutete dem Mädchen, dass es
den Brief zum Bahnhofsbriefkasten trug. Der Abendzug nach Berlin würde ihn dann noch mitnehmen.

Aber Walter würde nicht fahren, und geschickt waren weitere Einladungen von vornherein abgebogen durch die
Aufforderung, selbst herzukommen.

Frau Elisabeth hatte beim Erhalten von Veras Brief sofort eine sehr konkrete Vorstellung, was der Antrieb zu dieser
Einladung an ihren 24-jährigen Sohn war. Vera, temperamentvoll, lebensdurstig, verbannt in die kl. Verhältnisse der
Kleinstadt mit dem alten Vater und den 2 kleinen Kindern als einziger Gesellschaft, brauchte Leben, Jugend, brauchte
die männlichen Aufmerksamkeiten. Frau Elisabeth stand klar vor Augen, wie alles vor sich gehen würde. Vera würde
Walter vom Bahnhof abholen –

Über den zukünftigen Menschen

Bisher habe ich geglaubt, dass unsere Zeit einen grossen Mangel besitzt: die stürmische Entwicklung der Technik, die noch stürmischere Entwicklung der Wirtschaft unter dem Sozialismus beanspruchen die Menschen so stark, dass ihr Gemüt verkümmert, sie lernen und schaffen und schaffen und lernen – das Gebäude wächst – aber sie selbst? Sein Herz – seine Seele..? Sie verkümmern. Was hülfe es dem Menschen, so er die ganze Welt gewönne... Möglich, dass ich irre...

Aber vielleicht entwickeln wir uns zu einem zukünftigen ganz neuen, nie dagewesenen Typ Mensch, einem Menschen, der durch die neue Wirtschaftsordnung, durch neue Erfindungen ganz oder fast ganz unabhängig von jeglicher Not und irdischer Plage, dann genug wachsen wird (...), dessen Wohnungen durch ein Zentralkraftwerk Europas oder Asiens beleuchtet und geheizt werden – der aus den Speichern Kleider und Stiefel nimmt, den Maschinen von körperlich schwerer Arbeit befreien. Dieser Mensch wird seelisch mehr und mehr erkalten. Die Unabhängigkeit wird ihn stolz (und?) selbstbewusst machen – er wird überzeugt sein, dass der alleinige Gott er selbst ist. (. . .) Menschlicher Gewinn. Wärme, Herzensgüte ist da entwickelt, wo Hilfe nötig ist. Armut erwartet Mitleid und Mitleid Hilfsbereitschaft. Dem Armen gibt der Reiche immer weniger als sein armer Nachbar. Der arme *weil ihm*

Nachbar teilt mit ihm sein letztes Stück Brot, das Herz
des Reichen ist verhärtet, er gibt grade soviel
als *soviel* ihm nicht weh tut. Und so wird der neue Mensch *beschaffen sein*
intelligent fleissig, der Herr über seine
Schöpfung — herzlos, weil er kein Herz
braucht, mitleidlos, weil es niemanden
zu bemitleiden geben wird

Nachbar teilt mit ihm sein letztes Stück Brot, das Herz des Reichen ist verhärtet, er gibt grade soviel als ihm nicht weh tut. Und so wird der neue Mensch beschaffen sein: intelligent fleissig, der Herr über seine Schöpfung - mitleidslos, weil es niemanden zu bemitleiden geben wird.

Notizen zu russischen Autoren. Diese werden in kyrillischer Schrift benannt,
das Übrige ist auf Deutsch geschrieben.

Мамин-Сибиряк [Mamin-Sibirjak] – beschreibt das Leben der kapitalist. Gesellschaft im Ural. Sehr guter Psychologe. Gewandter, ausgezeichneter Stil.

B.B. Вересаев [W.W.Weressajew] – Arzt – Schriftsteller – Grossartiger Psychologe, entblösst mit Feingefühl, Schärfe und viel Humor die menschliche Schwäche. Sein Hauptthema ist das Medizinische, aber – wie oft Ärzte - besitzt er die sympathische Vielseitigkeit. Reizende Kindergeschichten erzählt er, oft ohne Pointe, aber mit tiefem Blick in die kindliche Seele, reizende Tiergeschichten, und immer wieder Schlaglichter auf das Allzumenschliche – eine Persönlichkeit, die kennen zu lernen ich viel gegeben hätte.

Postkarte einer ehemaligen Mitgefangenen an Rudolfs Bruder Viktor in Amerika, abgeschickt im polnischen Sopot, 1947. Die Absenderin berichtet, dass Rudolf am Leben sei und als Ingenieur arbeite; das Lager wird nicht erwähnt. Durch diese Karte geriet Viktor Hamburger ins Visier des FBI und wurde mehrmals als Verdächtiger vernommen.

Zeichnung aus der Verbannung, 1952. Auf der Rückseite (unten) eine
Erläuterung aus dem Jahr 1973

prallvolle Säcke auf die Erde, auf denen sie sich rittlings niederlassen. Finster und verächtlich mustern sie die Menge, als wollen sie zu verstehen geben, dass sie mit uns armem Lumpenpack zu ihren Füßen nichts gemein haben.

Dienstfertiges Volk schart sich rasch um die Männer auf den Säcken. Aus der großen Tonne neben der Tür wird abgekochtes Trinkwasser für sie geschöpft. Ein Zündholz, ein äußerst rarer Artikel, hält jemand abstrichbereit in der Hand, als sich dieses Wohlstandspack gemächlich Zigaretten dreht. Diese Kriecher hätten den Dicken für einen Brotkanten auch den Arsch abgewischt. Die Männer halten ringsum Ausschau nach einer schlagkräftigen Schutztruppe, der sie sich und ihre Säcke gegen Überfälle anvertrauen können. Die Gauner fürchten die Diebe. Bald lagern sich ihnen zu Füßen muskulöse Schläger mit tätowierten Armen und Brüsten.

Es ist soweit. Das Mahl kann beginnen. Die sechs Männer lassen ihre fetten Hintern auf die Erde gleiten und hocken zusammen mit der geheuerten Schutzmannschaft im Kreis um die Säcke herum, aus denen zum Vorschein kommt: gekochtes Fleisch, ein Beutel voll getrockneter Schwarzbrotscheiben, der Suchari, Gebäck, Äpfel, Würfelzucker, Tee und ein fast fußballgroßer Beutel Machorka. Der appetitliche Geruch der Lebensmittel strömt in unsere Nüstern. Nach der vor Stunden eingenommenen dünnen Mittagsplempe beginnen die Magennerven sich qualvoll zu winden und zu krümmen, als wollten sie zerreißen.

Die Wut gegen die Spekulanten und ihre Fresserei steigert sich. Manche wenden sich mit dem Gesicht gegen die Wand oder werfen sich flach auf den Bauch, weil sie den Anblick und die Gerüche nicht ertragen können. Andere heften gierige Blicke auf die Schmatzenden, denen die Begehrlichkeit des Lumpenpacks die Freuden am Mahl noch steigert. Schließlich wird abgeräumt, und die Männer klettern gesättigt auf die wieder zugeschnürten Säcke, um im Sitzen ihr Schläfchen zu machen. Zuvor wird zwecks besserer Verdauung ein Päckchen Tee geöffnet, Stückzucker für jeden abgezählt, verteilt und der Beutel Machorka aufgeschnürt. Dienstbeflissene schaffen heißes Wasser heran für den Tee und spülen das Geschirr ab.

Der Abend bricht über den düsteren Raum herein, hoch oben an der Decke glimmen nackte schmutzige Glühbirnen. Wir erwarten die Abendmahlzeit. Alles klappert, übermannt von brüllendem Hunger, mit dem Holzlöffel auf dem Boden seiner Tonschüssel herum. Endlich rollt im Korridor der Wagen mit dem Kessel Grütze heran und macht an der Nachbarzelle halt. Das rhythmische Aufschlagen der kleinen, ach, so winzig kleinen Blechkelle voll zäher Grütze auf den Rand der Tonschüsseln reizt die Gaumendrüsen so gewaltig, dass der Speichel im Munde zusammenläuft. Wie ein Tier, das winselt, wenn es aus der Ferne den Futternapf bringen hört, verfolgst du in höchster Erregung, wie sich der rollende Kessel in Richtung unserer Tür bewegt. Mit dem Tongefäß in der einen Hand und dem Restchen Brot – wer noch eins hat – in der andern, den Holzlöffel im Stiefelschaft, blicken wir gebannt auf das Öffnen der Holzklappe.

Die Männer auf ihren Säcken, grunzend vor Sättigung, betrachten kalt und verächtlich die hungrige Schlange der Habenichtse. Sie brauchen sich nicht zu erniedrigen, um den Balander zu betteln. Ihre Portion treten sie großzügig ihren Lakaien ab, die mit uns in der Schlange stehen. Verdammte Scheißer – vom Mahle der Reichen gesättigt, kommen sie obendrein in den Genuss doppelter Ration. Sollen sie daran ersticken. Die Abspeisung ist beendet, das Durchreichfenster geschlossen, der Grützekessel zur benachbarten Zelle gerollt. Jeder kratzt die letzte Krume der zähen grauen Masse aus der viel zu großen Schüssel, leckt den Holzlöffel von allen Seiten ab, stellt ihn in den Stiefelschaft und bereitet sich auf die Nachtruhe vor. Noch einmal schweift dein Blick über die schmutzige Decke, atmest du den sauren Essensgeruch der hundert Portionen Grütze und Brot ein, Ausdünstungen von alten verschwitzten Kleidungsstücken über den unterernährten, wanzenzerbissenen Leibern, von mageren Füßen in stinkende Fußlappen gewickelt, die in heruntergetretene Schuhe und Stiefel eingesargt sind.

Ungestillter Hunger und Ungeziefer sind deine unzertrennlichen Begleiter, wenn du dir auf den Fußbodenplanken die Wattejacke zum Lager bereitest und die Mütze unter dem kahlgeschorenen Schädel zurechtrückst, um Schlaf zu suchen. Doch unruhige Gedanken verscheuchen ihn. Schon morgen früh kann sich die Tür öffnen, dein Name aufgerufen werden, im Gefängnishof in grauendem Dämmer unter dem Schreien und Schimpfen der Begleitmannschaft das Antreten befohlen, eine Kolonne gebildet und rechts und links, vorn und hinten von Waffen umgeben, der Marsch zum entfernten Bahnhof angetreten werden. Vor Grauen wirfst du dich hin und her. Doch du darfst dich nicht viel rühren, nicht zur Seite drehen, sonst störst du den Nachbarn, der dicht neben dir atmet und lästerlich flucht, wenn du ihn aus dem Schlummer reißt.

Da plötzlich entsteht Bewegung im Saal. Die Dielen knarren von Luftsprüngen, Gegenstände wirbeln durch den Raum, Beine und Arme strampeln, erregte Rufe, Schreie, Flüche – irgendetwas vollzieht sich so blitzschnell, dass Sinne und Augen nicht folgen können, weil, ehe man sich vom Lager aufrichtet, schon wieder Ruhe herrscht, und nur ein paar herumliegende Fetzen, die eben noch die Säcke der Schieber waren, Zeugen eines unwahrscheinlich kühnen und geglückten Handstreichs sind. Die Schieber sind ohne Säcke bis auf einen und sitzen unter dem gemeinen Volk auf der Erde.

Der Kampf zwischen ihnen und einem hochqualifizierten Ganoventeam ist zugunsten des letzteren entschieden. Ob die Schutztruppe überrumpelt wurde oder zwischen ihr und den Ganoven abgekartetes Spiel war, wer kann das als Uneingeweihter durchschauen. Genug, die geraubten Säcke sind in einer dunklen Ecke verschwunden und blicken ihrer völligen Liquidierung entgegen. Das Ereignis hat viele aus der Ruhe geschreckt und auf die Beine gebracht. Sie laufen hin und her und nähern sich schließlich neugierig dem Winkel, wo die Beute lagert.

Aber schon zischt ihnen ein muskulöser Aufpasser ins Ohr: »Was willst du hier, Hundesohn, mach, dass du weiterkommst, sonst, Bljad …« Und unter seiner Nase fuchtelt eine geballte Faust. In höchster Eile verschwinden die Leckerbissen in Beuteln, Hosentaschen, Stiefelschäften – und natürlich, soviel sich nur hineinstopfen lässt – in den Mägen der Räuber. Die Schieber treffen hämische Blicke. Niemand verschwendet Mitleid an sie.

In der Meinung, das Schauspiel sei nun beendet, sucht jeder seinen Schlafplatz auf. Doch Ruhe ist uns noch nicht beschieden. Aus ihrem Schlupfwinkel treten drei der Ganoven in die Mitte des Raumes, stoßen ein paar der Schläfer, die der Tumult noch nicht geweckt hat, beiseite, säubern eine kreisrunde Arena und fordern die aufgestörte Menge zur Ruhe auf. Gespannt vernimmt sie die Worte. Sitzend oder stehend, doch immer noch schwatzend und gestikulierend, umgrenzen die Männer jetzt das weite Rund. Ein schöner muskulöser Junge, gewachsen wie eine Tanne, tritt in die Mitte und bezaubert die Zuschauer augenblicklich durch seinen ungewöhnlichen Charme, sodass momentan vollkommene Stille eintritt.

In gemessenem Schritt, als folge er dem Rhythmus einer fernen tänzerischen Melodie, die seinen Körper, sein ganzes Wesen, beseelt, schwingt er entlang der Peripherie des Kreises in vollendeter Grazie. Als seine schlanken Füße einmal das Rund durchmessen haben, erscheinen zwei seiner Kameraden, folgen ihm in kurzem Abstand und beginnen gemeinsam die zweite Runde. Jeder hält in seiner Hand voll natürlicher Anmut einen groben Beutel, als sei es Fortunas Füllhorn. Die Szene versetzt die unrasierten grobschlächtigen erschöpften Menschen aus der hässlichen stinkenden Gefängniszelle in eine Märchenwelt, wo liebenswürdige Kobolde sie mit Tanz und Possenspiel zerstreuen und ihre Plagen vergessen lassen.

Jetzt wendet sich der Vortänzer nach seinen Kameraden und ihre Blicke treffen sich, und aus seinen Augen leuchtet ein spitzbübisches Lächeln. Mit graziöser Geste erhebt er den linken Arm, und seine beiden Mittänzer greifen kräftig in Fortunas Füllhorn hinein. Im Gleichschritt nebeneinander herschreitend, verteilen sie an die Zuschauer getrocknete Brotstückchen, Backwerk, Dörrobst und Machorka.

Der Jubel ist unbeschreiblich. Vor Glück treten den Männern Tränen in die Augen. Ungläubig betrachten sie ihre groben Hände, in denen die Gaben liegen, die sie schließlich aufessen oder in die Tasche gleiten lassen, um die Schritte der Tänzer mit rhythmischem Händeklatschen zu begleiten. Immer noch finden die Jungens auf dem Grunde ihrer Beutel Brotstückchen, zerbrochene Brezeln, die sie in die ausgestreckten Hände legen. Zwischendurch haben sie den Schiebern, die finster brütend dem Schauspiel aus der Ferne zusehen, verschmitzt lächelnd Restchen aus ihrem ehemaligen Leckerbissensortiment zugeworfen, und nun schleudern sie ihnen die leeren Beutel hinterdrein. Diese Geste wird von der Menge mit wildem Johlen und drastischen Schmähungen begleitet. Man bedroht sie mit Fäusten. Von hinten drängen jetzt noch einige Verspätete an den Kreis vor, um ein Restchen zu erhaschen, dann löst sich alles auf. Männer springen impulsiv auf, umarmen die Jungens und küssen sie.

»Mordskerle seid ihr, Söhnchen, ech, hol's der Teufel, jeder ein wahres Goldstück. Habt's den Schweinen gegeben.«

»Ha, ha … könnt mich totlachen«, schreit ein anderer erregt dazwischen.

»Richtig, aber richtig in den Arsch gefickt habt ihr sie, die Lumpen, Bljad, gut gemacht, ihr stolzen Falken, unser Fleisch und Blut seid ihr«, und er streichelt liebevoll ihre Wangen, »wie meinen leiblichen Sohn lieb ich euch, gebt noch ein wenig Machorka, Brüderchen, bin ein armer Hund, hab keine Krume mehr.« Die Ganoven sind die Helden des Abends. Das sind Kerle, hört man rufen. Banditen – wirft einer ein. Auf den Schwanz mit deinen Banditen, Menschen sind es, die dem Volk Gerechtigkeit verschaffen. Tüchtige Jungens, prächtige Jungens – haben ein Herz für unsereinen. Was gibst du uns denn, du Stück Scheiße?

Diese gelungene Inszenierung ist von den Ganoven klug berechnet. Indem sie sich von einem Teil ihrer Beute freiwillig trennen, besitzen sie die Sympathie aller und schieben einer Beschwerde den Riegel vor. Schon beim Versuch, sich der Tür zu nähern, würde die Menge die Schieber kreuz und klein schlagen. Doch nicht nur aus Berechnung sind die Ganoven freigiebig. Sobald bei dieser großen Gemeinschaft der Bljadnije Überfluss herrscht, schenken sie stets Hungrigen und Armen ihre Brotration, Suppe und Grütze und sind nicht kleinlich, wenn man sie um Machorka bittet. Die Ganoven sind deshalb in den Augen der meisten Häftlinge keine Aussätzigen, die man meiden muss. Es ist hinter Gittern wie draußen. Das Volk schließt in sein großes Herz auch den Geringsten ein, und in seinem Innern verbirgt sich echte Verbundenheit mit seinen Söhnen, mögen sie auch gestrauchelt, mit Schuld beladen sein.

In den langen Jahren der Gefangenschaft habe ich hautnah mit ihnen zusammengelebt, den Verbrechern und Mördern, mit ihnen aus einem Topf Suppe gelöffelt, nebeneinander auf dem Strohsack gelegen und Machorka geraucht, hab unter ihrer Rohheit gelitten und bin von ihnen ausgeplündert worden. Sehr wenig kann man auf diese harten Burschen einwirken, aber vereinzelt mag es gelingen, die feste Kruste von Menschenverachtung aufzubrechen. Der ›graue Wolf‹, der Prototyp des Berufsverbrechers, bildet sich in einer bestimmten gesellschaftlichen Umwelt heraus. Instinktiv erfasst das Volk diese Zusammenhänge und hat wenig Verständnis für das pharisäerhafte Bessersein und Höherstehen der herrschenden Klasse, die von den Positionen des Dogmas ihre unfehlbaren Urteile fällt.

Wenige Tage nach dem ereignisreichen Abend sitze ich wieder im Stolypin'schen Waggon mit etwa zehn Gefährten zusammen auf dem Wege zur Wolga. Im Etappengefängnis waren wir mit Schwarzbrot und getrocknetem Fisch für drei Tage versorgt worden. Unter meinen Kumpels genieße ich Ansehen, weil ich mit Sicherheit die Reiseroute voraussagen kann. Außerdem bin ich ein Habenichts geworden, mein Gepäck ist auf einen Koffer zusammengeschrumpft. Die Masse der Habenichtse übt untereinander Solidarität. Schließlich fluche ich so vielseitig und ausdrucksvoll, dass meine Nachbarn zufrieden schmunzelnd mir bestätigen, ich könne auf einer Hochschule zuhause einen Lehrstuhl einnehmen, wo man lernt, auf Russisch richtig zu fluchen.

Auf einer Bahnstation mit langem Aufenthalt vertreten sich die Wachen auf einer Plattform die Füße, andere sind mit Wassereimern unterwegs nach der entfernten Pumpe. Plötzlich entsteht Lärm. Die Büttel rennen, schreien und gestikulieren. Ein Bandit aus dem Nachbarabteil ist ausgebrochen. Durchs vergitterte Fenster sehen wir ihn über den Gleiskörper laufen und hinter einem Güterzug verschwinden. Sofort verhaftet draußen auf dem Gang der von der Bahnpolizei herbeigeholte Unterleutnant einen hübschen hochgewachsenen Bauernjungen, den diensthabenden Sergeanten unseres Waggons. »Hände auf den Rücken, marsch ab!« Er läuft Spießruten durch den engen Korridor an den Häftlingen vorüber, die, schadenfroh aus den vergitterten Abteilen grinsend, ihm nachblicken. Eben noch Vorgesetzter, jetzt unseresgleichen.

Der neue Aufenthaltsort an der Wolga ist wenige Kilometer von meinem ersten Lager entfernt. Gleich nach der Ankunft erlischt jede Hoffnung auf Freilassung, die mir die Kameraden in Kasachstan, die ich mir selbst gemacht hatte ... Ich erfahre, die Wiederaufnahme des Verfahrens sei nicht eingeleitet, um einen ungerechten Urteilsspruch zu revidieren, nicht, um nach dem siegreichen Ausgang des Vaterländischen Krieges dem Ausländer mildernde Umstände oder gar Amnestie zu gewähren; der nüchterne Tatbestand, der mich fast zur Verzweiflung bringt, ist der, dass irgendeine Revisionskommission nun, Jahre nach der Verurteilung damals in jenem kleinen Dorfgefängnis, einen Verfahrensfehler aufgedeckt hat, der der Ordnung halber durch ein neues Verfahren beseitigt werden müsse.

Nie erfuhr ich, welcher Art dieser Fehler sei. Die Anklage wird in vollem Umfang aufrechterhalten, die Zeugen von damals in mein Lager gebracht. Es bleibt mir nicht erspart, sie nach vier Jahren wiederzusehen: die blasse Tamara Nikolajewna, wie damals die traurigen Augen auf den Boden geheftet, Nikolai mit seinen prallen roten Wangen und dem satten Lächeln, den breiten Lederriemen um den Bauch geschnallt, und einige andere. Lieber hätte ich zusätzlich ein Jahr Lagerhaft auf mich genommen, als diesem Lumpen noch einmal zu begegnen. Kurz vor dem Prozess erfahre ich, dass man einen Verteidiger privat gegen Bezahlung anfordern könne, der sich meiner Sache gewissenhaft annehmen würde.

So sieht es also aus hierzulande mit der Justiz. Wer bezahlen kann, hat die Chance einer erfolgreichen Verteidigung. Mich deucht, solch ein Lied schon mal gehört zu haben – drüben bei den Kapitalisten. Ich habe kein Geld, kann auch keins aufbringen. Also werde ich sitzen, sitzen bis zum letzten Tag. Der staatlich bestellte Verteidiger steht im Vorzimmer. Seine zwar kostenlosen Bemühungen sind überflüssig. Der Form halber ist er im Verhandlungsraum anwesend. Alles spielt sich ab wie vor vier Jahren. Das Hohe Gericht vorn am tintenbekleckstem Tisch des Lagerchefs, wir andern auf Holzbänken davor. Umständliche Feststellung der Personalien, Verlesen der verstaubten Anklage. So erlebt diese Tragödie der Anklage und Verurteilung eines Unschuldigen ihre gespenstische Wiederauferstehung. Die acht Jahre Lagerhaft bleiben bestehen. Das kleine Provinzgericht hat pflichtschuldig seinen Auftrag erfüllt und den Verfahrensfehler der ersten Verhandlung – welchen, weiß ich nicht – ausgemerzt, damit in der Gerichtsakte alles in Ordnung ist.

Begleitet von Nikolais vergnügtem Lachen verlasse ich zermürbtes Stück Mensch in Gefangenentracht verbittert den Raum, erniedrigt und nochmals in den Staub gezerrt. Verflucht sei dieser Verfahrensfehler. Er hat mich aus erträglicher Umgebung in Kasachstan herausgerissen, von meinen Kameraden getrennt und von Fatma, die still und voll Liebe in mir die Hoffnung wachhielt. Gut, dass einem keine Stunde zum Ausruhen und Nachdenken bleibt. Antreten – gleich, wie elend du dich fühlst – antreten und marsch zur Arbeit »durch die 5 Tore«, wie die Männer hier sagen. Tor 1 führt vom Männer- ins Frauenlager. Tor 2 und Tor 3 öffnen sich vom Frauenlager, vorbei am Gürtel der Todeszone, auf eine öffentliche Verkehrsstraße. Über sie hinweg geht's im Eilschritt durch Tor 4 und 5 ins Gelände des Arbeitslagers.

Wieder, wie einst, im Morgengrauen antreten in Fünferreihen, schreiende Kommandostimmen, Abzählen, Trittfassen und Ausmarschieren, vorbei am Lagerkommandanten, der Clique von Ordnern und dem Arzt im weißen Kittel. Ein böser Dämon, beschworen von der GULAG, stößt mich zurück in unglückliche Zeiten. Das fünfte Tor schließt sich hinter uns, der Zug löst sich auf. Die Männer und Frauen eilen in große Fabrikhallen, wo Wohnungsmöbel hergestellt werden. Im benachbarten Zeichenbüro erwartet mich meine Arbeit. Es ist, wie in Kasachstan, in einer Baracke untergebracht. Das Kollektiv ist viel kleiner, und es gibt keinen Freien als Leiter wie unsern Alexander Iwanowitsch.

Ein Häftling ist mit dieser Funktion beauftragt. Afanassian ist ein baumlanger Armenier von Mitte fünfzig, der sich mit gebeugten Knien und überlangen herabhängenden Armen wie ein Menschenaffe vorwärtsbewegt und mit seiner dunkelbraunen gegerbten Haut auch so ähnlich aussieht. Er hat keine Ahnung von der Projektierung. Seine Autorität erwirbt er durch unberechenbares Wesen, das zwischen brutaler Grobheit und zuckersüßer Freundlichkeit wechselt, und durch seine imponierenden Körperkräfte. Er ist beschränkt, besitzt aber eine Portion Bauernschläue, womit er das kleine Kollektiv zu leiten versteht. Dem Natschalnik, dem Chef, der einmal wöchentlich die Produktion in der Fabrik und unsere Entwurfsarbeit kontrollieren kommt, schmeichelt Afanassian so unverhüllt speichelleckerisch, dass man nicht weiß, meint er es wirklich oder ist es Ironie.

Um diesen Gorilla herum spielt wie ein Rhesusäffchen der kleine Benja, ein schlaues und charmantes, mit allen Lagerwassern gewaschenes Jungchen von knapp zwanzig Jahren, und macht ihn zur komischen Figur. Benja, jüdischer Herkunft, von hoher Intelligenz und brillanter Zeichner, kann sich wegen seiner Unentbehrlichkeit alles herausnehmen. Er malt nämlich nebenher die dringend benötigten Plakate und Losungen fürs Lager und die Fabrik, wo der Stand der Produktion, Ansporn zu höheren Leistungen und die andere übliche Litanei zu lesen sind. Vor den Staatsfeiertagen ist er die gefragteste Person. Die Fabrikleitung umwirbt ihn. Die größten und buntesten Transparente weit und breit prangen an unseren Zäunen und Wänden.

Afanassian bewundert im Stillen mehr noch als Benjas Talent seine Schläue, die seine eigne übertrifft. Benja wettet mit dem Gorilla, dass er mitten in der Arbeitszeit herüber ins Wohnlager – durch fünf Tore – gelangen könne. Ein solcher Fall ist nur bei plötzlich eintretender Krankheit oder einem Betriebsunfall möglich. Eine Sondereskorte wird abkommandiert, um den Betroffenen ins Wohnlager zum Arzt zu bringen. Benja eignet hohe Meisterschaft im Simulieren, ein Felix Krull par excellence.

Lachend verlässt er seinen Platz. »Du kommst nicht durch, Hurensohn«, brüllt ihm Afanassian nach.

»Du wirst es sehen«, schallt es zurück. Benja läuft den Fabrikhof entlang dem Ausgang zu, wo das Schilderhaus steht. Dann hält er an, wartet einen Moment und verwandelt sich. Bleich und völlig gebrochen schleppt er sich weiter. In Sichtweite der Wache angelangt, macht er ihr stumme Zeichen, als stehe sein Ende bevor. Von einem Hustenanfall geschüttelt, nach Luft ringend, das Taschentuch vor dem Gesicht, sinkt er in die Knie und windet sich wie im Krampf. Der Posten ist erschrocken über dieses Bündel in seinen letzten Zuckungen. Sein Pflichtbewusstsein erwacht, die Eskorte wird angefordert. Benja landet im Wohnlager. Der Lagerarzt, ebenfalls wie Benja ein 58er, hat sein Sprechzimmer im Frauenlager. Die beiden kennen sich gut. Belustigt verschreibt der Doktor seinem Patienten Bettruhe. Benja befolgt die Arztvorschrift gewissenhaft, indem er bei einer Streife durch die Frauenbaracken einem einsamen Mädchen einen Besuch abstattet. Afanassians wülstige Lippen erbeben in heiserem Auflachen: Hat's geschafft, der Teufelsknochen, Ehrenwort, ein Mordskerl, der Benja, hat's faustdick hinter den Ohren.

Abgesehen von solchen Dummenjungenstreichen ist Benja ein vielseitig interessierter Junge, mit dem ich anregende Unterhaltungen führe. Ihm verdanke ich aufschlussreiche Informationen über das Leben jenseits des Stacheldrahts. Mit eingestreuten jiddischdeutschen Idiomen gelingt ihm eine plastische gedankenreiche Ausdrucksform. Beide sind wir froh, in dieser geistigen Wüste einen Partner zu finden, bei dem man auf Verständnis stößt. Der große Altersunterschied erlaubt zwar nur eine lose Bindung. Unruhig, nach einem Inhalt suchend, streunt Benja umher. Wohin sein lebhafter Geist vordringt, stößt er auf die Schalheit des Lagerlebens, den kleinlichen, zermürbenden materiellen Kampf, banalen Klatsch und die unerschöpflichen Prahlereien der Männer, die ihre erfolgreichen Abenteuer im benachbarten Frauenlager einander genüsslich schildern und sich ihrer männlichen Potenz brüsten.

Benja gerät zwangsläufig in den Sog dieses Lagersumpfes. Seine guten Anlagen deformieren sich in Verachtung und Zynismus, und, beeinflusst vom täglichen Vorbild, bedeutet dem Neunzehnjährigen die Frau schon nichts anderes als ein Gegenstand der Befriedigung. Jetzt, in seinen entscheidenden Entwicklungsjahren, müsste er sich inmitten gleichgesinnter Jugend qualifizieren können. Was wird nach zehn Jahren hinter Stacheldraht aus dem begabten Jungen geworden sein. Er selbst gibt sich keinen Illusionen hin, der 58er, der politische »Verbrecher«. Ich vergesse seinen Ausspruch nicht, als es in einem Gespräch um seine Zukunft geht. »Ach«, sagt er, »weißt du, Axel, nach der Freilassung, wenn sie mir Sibirien oder sonst eine ferne Gegend zum Aufenthalt anweisen, was macht's? Überall leben russische Menschen.« Mich berührt die grenzenlose Loyalität und Heimatliebe.

Außer Benja und mir sind noch acht Baufachleute und Zeichner in der kleinen Baracke beschäftigt. Typenmöbel stehen auf dem Programm, und auf meinem Zeichentisch entsteht die Nullserie einer Wohn-Schlafzimmer-Kombination. Diese Arbeit ist anregender als in Kasachstan, weil ich die Projekte Wirklichkeit werden sehe. Praktisch alle Häftlinge – Männer und Frauen – sind in der benachbarten Möbelfabrik beschäftigt, wo ich fast täglich hingehe. Im ersten Entstehungsprozess beim Zuschneiden der Hölzer wird probiert, verändert und verbessert. Schon immer bin ich gern bei den Praktikern in die Lehre gegangen. Ihre Erfahrungen konnte mir keine Hochschule vermitteln. Sie sind gute, handfeste Meister, Menschen, wie sie sich in der ganzen Welt ähnlich sind.

Der hochgewachsene sympathische Wolodja an der Hobelbank, der seinen dicken Tischlerbleistift an der scharfen Kante des Stemmeisen spitzt, den Zollstock aus dem Stiefelschaft holt und bedächtig-kritisch meine Möbelzeichnung prüft, erinnert mich an den Tischler in meines Vaters Fabrik, dem ich als Student meinen ersten Stuhlentwurf anvertraute, erinnert an den waschechten Berliner Handwerker in seiner Werkstatt in einem Hinterhaus am Görlitzer Bahnhof, der Ende der zwanziger Jahre Regale für die ›Rote Bücherstube‹ zimmerte, an die unwahrscheinlich geschickten chinesischen Meister, die mit ihren feinen schlanken Händen Kunstwerke vollbrachten. Wolodja, Anfang der dreißig, und mehrere seiner Kameraden sind nach dem politischen Paragrafen 58, Absatz 10, zu zehn Jahren verurteilt. Auch hier interessiert sich niemand für das Weshalb. Man kennt sich aus. Sogar den Ausländer fragt man nicht.

Wo Männer- und Frauenarbeit in der Produktion zweckdienlich ist, duldet die GULAG das Nebeneinanderleben der Geschlechter. Das handtuchförmige Wohnlager ist so angeordnet, dass den hinteren Teil die Männer, den vorderen an der Straße die Frauen bewohnen, sodass die Männer zwangsläufig zweimal täglich an den Frauenbaracken vorbeigehen – und nicht nur vorbei. Ein Pförtchen verbindet beide Lager, das tagsüber geöffnet und nachts geschlossen ist. Lächerlich wirkt ein sechs Meter hoher Palisadenzaun als Trennwand. Die jungen Männer klettern mit der Gewandtheit von Affen den Zaun nachts hoch und riskieren nach der anderen Seite hin einen kühnen Sprung in die offenen Arme ihrer Mädchen.

Frauen, die es ins Männerlager zieht, finden in der Dunkelheit heimlich Einlass durchs Pförtchen, nachdem ein Glas Machorka in die Mütze des Pförtners gerieselt ist. So befriedigen Wolodja und seine Liebste hastig ihr Verlangen hinter aufgespanntem Bettlaken, ehe eine Polizeistreife sie überrascht. Gegen solche Sünden zeigt sich die Lagerleitung milde. Meist belässt sie es bei einer Zurechtweisung.

In der Fabrik führen die Frauen das Spachteln, Schleifen und Polieren der Möbelteile aus. Im Speicher, hinter übereinandergestapelten Kleiderschränken, spielen sich in der Mittagspause ungenierte Liebesszenen ab. Die Tischler stoßen die Mütze in den Nacken, spucken kräftig auf den Fußboden – und die Spucke huscht wie ein Mäuschen durch die Hobelspäne – und meinen verächtlich: »Weiber halten's nicht lange aus. Wenn sie's juckt, muss gleich einer her …« – »… ziehen den Burschen glattweg die Hosen runter«, meint der untersetzte Wassilij.

»Habt recht, Jungens, so ist's«, lässt sich eine Jungenstimme hinter uns vernehmen, »mir auch schon passiert, ihr kennt doch die Schura, den blonden Fratz, die in der Lackiererei, ha, ha, das ist eine Biene …«

»Benja, du Schelm«, Wolodja dreht sich um und lacht, »… hol's der Teufel, du hast auch schon alles durchprobiert.«

Die vielfachen Liebesfreuden tragen Früchte. In einer für uns Häftlinge versöhnenden und höchst ergötzlichen Einrichtung sprudelt es von jungem Leben. Die Kinderkrippe, ein massives zweistöckiges Gebäude, liegt, von Baracken umgeben, im Frauenlager. Dort arbeiten weibliche Häftlinge als Pflegerinnen, junge Mütter machen die Hausarbeit.

Babys werden auch aus anderen Pilzlagern der GULAG-Administration an der Wolga hierhergebracht. Solange die Mutter stillt, bleibt sie beim Kind, dann muss sie zurück in ihr Lager. Täglich gehen wir bei der Krippe vorbei. Drinnen und draußen brodelt und kreischt es von Kindern, in Körbe gebettet, auf Holzpferdchen, auf der Rutschbahn, die Wolodja im freiwilligen Einsatz gefertigt hat, und beim Ballspiel. Man vergisst für Sekunden den Hunger, das Herz wird froh. Das ist Wanjas Junge, sagt jemand neben mir, Teufel nochmal, wie aus dem Gesicht geschnitten. Und dort, die Zwillinge sind der Marussja ihre, du weißt schon, die aus der Küche mit dem vollen Busen, ein Mordsmädel. Gleich ein Doppeltreffer, sieht ihr ähnlich, ha, ha. Die Männer zwinkern sich belustigt zu. Dann schlendern wir durchs Pförtchen in den traurigen Männerteil. Er hat keinen Auslauf und sieht aus wie ein Gefängnishof, auf zwei Seiten begrenzt von einem zweistöckigen Gebäude und einer Wohnbaracke. Die dritte Seite bildet den Palisadenzaun, die vierte gegenüber ein Stacheldrahtverhau mit Wachtürmen.

Jetzt erst lerne ich ihn näher kennen, den zurückgezogenen stillen blassen Mann aus meinem Kollektiv mit dem schmalen Gesicht – Fürst Galizyn aus dem berühmten russischen Adelsgeschlecht, das über Jahrhunderte, vornehmlich zur Zeit Peters des Großen, in der Geschichte Russlands eine Rolle gespielt hat. Als Günstling und Erster Minister Sofia Alexejewnas, die die Staatsgeschäfte für den minderjährigen Peter führte, wurde Galizyn später nach dem Sturz Sofias Ende des 17. Jahrhunderts durch den jungen Zaren Peter verbannt. Im ersten Viertel des 18. Jahrhunderts wurde ein Galizyn erfolgreichster Heerführer in den Schlachten des Nordischen Kriegs unter Peter dem Großen. Dieser Lagerhäftling Galizyn ist als junger Mann nach der Revolution bei seinem Vater geblieben.* Der alte Fürst war der letzte Sprecher des Parlaments vor seiner Auflösung und weigerte sich, die Heimat zu verlassen, während die übrige Familie emigrierte. Vater und Sohn waren in den dreißiger Jahren lange Zeit eingesperrt – ihrer Herkunft und des berühmten Namens wegen. Der Vater starb. Der Sohn sitzt nun zum zweiten Mal.

Überflüssig zu sagen: Paragraf 58, Zehn Jahre. Zwei oder drei hat er abgesessen. Der eigentliche Grund seiner Verhaftung sei ihm unbekannt, meint Galizyn gelassen, periodische Verhaftungen von Leuten seiner Herkunft seien sozusagen legitim. Er habe schon 1941 bei Kriegsausbruch darauf gewartet, nun sei das Ereignis ein paar Jahre später erfolgt. Galizyn hat seinen Willen so diszipliniert und den Körper abgehärtet, dass das Lagerleben ihn an keiner Stelle mehr angreifen kann. Hunger, Wanzen, angeschrien werden, in großer Kälte eine dreiviertel Stunde am Tor stehen, weil das Abzählen

---

* Gemeint ist offenbar Kirill Nikolajevich Golizyn (1903–1990), dessen Vater Nikolaj Fjodorovich Golizyn (1874–1942) war, Historiker und Direktor des historischen Archivs des Außenministeriums in Sankt Petersburg.

nicht stimmt, nächtliches Filzen der Pritschen und Spinde, die Ganoven – alles gleitet an ihm ab. Galizyn besitzt einen großen Stolz.

So freundschaftlich er mir und Benja begegnet, so hasst er aus
tiefstem Herzen unsern Brigadier Afanassian, dieses kriecherische,
charakterlose Subjekt. Er ist Luft für ihn. Nie wird er ihn ansprechen noch eines Blickes würdigen. Mit mir spricht er in fließendem
Englisch. Galizyn steht allein. Niemand schreibt ihm, niemand
schickt ihm ein Paket. Er ließe sich auch keins schicken. Ihm verdanke ich, wie zuvor Benja, eine Menge Informationen über das
Leben im Lande. Nie gebraucht er einen bösen oder beleidigenden
Ausdruck gegen diejenigen, welche ihn das zweite Mal unschuldig
hinter Stacheldraht brachten und ihm aus blindem Hass seine kost-
baren Lebensjahre zerstören.

Die Verständigung auf Englisch ist eine bedeutende Erleichte-
rung für mich, weil das Denken in dieser Sprache mir wesentlich
leichter fällt. Aber ich habe den Eindruck, am liebsten ist Galizyn
für sich, baut um sich einen Wall, liest Bücher oder sitzt in sich
gekehrt wie ein Eremit auf der Kante seiner Pritsche. Frauenge-
schichten und die billigen Freuden der Lagerliebe sind unter seiner
Würde. Nie käme ihm in den Sinn, sich mit einer Frau einzulassen.
Sehr gelassen, aber voll Verachtung blickt er auf die Häftlinge neben sich, welche die Zeit der Schmach nicht mit erhabenem Stolz
tragen, sondern mit würdelosen Tändeleien vertun. Nur einen Tag
im Monat gibt es, wo Galizyn außer Fassung gerät, an dem Tage,
wenn der Lohn ausbezahlt wird. Das Geld brennt ihm in der Tasche, und nicht eher findet er Ruhe, bis es in Machorka oder was
sonst der Kiosk anbietet, umgesetzt ist.

Ein Jahr in diesem Lager ist vergangen. Da erscheint ein Beauf-
tragter der Lagerleitung in unserem Arbeitsraum. Breitbeinig stellt
er sich auf und liest mit wichtiger Stimme meinen Namen. »Ist so
einer hier anwesend?«

»Ja.«

»Dann fertigmachen zum Abtransport. In einer halben Stunde
am Tor 5!«

Das Herz schlägt mir bis zum Halse. Wieder Abschied vom Gewohnten, wieder Aufbruch ins Unbekannte. Wie ein Lauffeuer eilt die Nachricht durch das Arbeitslager. Die Frau steht draußen, mit der ich kurz zuvor Freundschaft geschlossen habe, eine von den prächtigen russischen Frauen, die auch ein hartes Leben meistern. Ich will mit ihr noch einen Augenblick allein sein und begleite sie zum Arbeitsplatz zurück. Dann die paar Habseligkeiten zusammengepackt. Ein paar Kameraden aus meiner Brigade und die Tischler bringen mich zum Tor 5. Benja zieht Grimassen, um mich zu erheitern, Wolodja ist nachdenklich. Galizyn blieb zurück. Eine Umarmung.

Der Begleitposten wartet schon. Es geht herüber ins Wohnlager bis zum Abtransport. Meine paar Kleider sind schnell gepackt. Angezogen werfe ich mich auf die Pritsche, bis sie mich holen werden. Schlimm ist die Wartezeit. Es kann eine halbe Stunde werden oder drei oder sechs, auch der nächste Morgen kann herankommen. Man kann nicht denken, nicht schlafen. Der Hunger martert dich – und in alle Beklemmungen des Herzens bohrt sich die Frage: werde ich noch meine Abendgrütze fassen oder vorher abtransportiert?

Im vergitterten Abteil sind wir diesmal nur zu zweit. Wachen patrouillieren im Gang des fahrenden Zuges ständig auf und ab. Ein ungewöhnlicher Vorgang. Sonst sitzen sie in ihrem Sonderabteil und führen von Zeit zu Zeit Kontrollgänge durch. Weshalb diese besondere Fürsorge? Gilt sie meinem Gegenüber? Während der Stolypinwaggon durch unbekannte Gegenden rattert, habe ich Zeit, ihn zu beobachten. Er ist ein kräftiger Bursche von Mitte zwanzig. Die offene Brust und die bloßen Arme, die aus einem zerrissenen Hemd schauen, sind reich tätowiert: ein Schiffsanker mit gewundener Kette, eine grüne Schlange mit roten Schuppen, ein Adler in stolzem Gefieder zum Fluge rüstend, die Vornamen Wanja und Tamara, ein hintereinanderschreitendes Tänzerpaar, das den Geschlechtsakt vollzieht, die Kraftstellen in rot und grün, schließlich noch verschiedene Embleme.

Mein Gegenüber gibt sich jünglingshaft und scheint etwas unsicher. Jetzt bemerke ich auch tätowierte Buchstaben zwischen den Fingerwurzeln, an jeder einen. Was sie zusammengesetzt bedeuten, kann ich nicht erkennen, ohne neugierig zu werden, und in diesem Punkt muss man bei einem Bljadnoi vorsichtig sein, denn als ein solcher erscheint er mir ohne Zweifel. Wir verhalten uns wie gewöhnliche Reisende. Zu zweit braucht man voreinander nicht auf der Hut zu sein, keinen Diebstahl zu befürchten. Man kann den Brotbeutel in Ruhe öffnen und ein Stück abbrechen, ohne dass zwanzig Augen ihre gierigen Blicke darauf heften. Dem Jungen erscheint meine Person gleichgültig. Nicht einmal meine fremdländische Herkunft, sonst ein Gegenstand lebhaften Interesses, reizt seine Neugier. Er scheint nur mit sich selbst beschäftigt. Seine Reserviertheit hält mich zurück, ihm die Frage zu stellen, die alle Häftlinge, sobald sie auf einem Transport zusammengeraten, aneinander richten: Aus welchem Lager kommst du, wie lange sitzt du schon und wie lange hast du noch zu brummen und wohin geht die Fahrt? Früher haben mich solche Fragen belästigt, aber dieses stumme Nebeneinander ödet mich allmählich an.

Die Bahnstationen verraten die Richtung nach Osten, aber das Land ist groß. Scheint abends das Ziel gewiss, so kann über Nacht der Stolypinwaggon an einem Knotenpunkt abgehängt, umrangiert und an einen anderen Zug angekoppelt werden. Morgens stehen wir, hin- und hergeschobene Schachfiguren, erneut vor der Frage: nach dem Ural, den Polargebieten, nach Kasachstan, nach Sibirien? Weiß der Teufel, welches Loch sie diesmal für uns ausgesucht haben. Schweigend haben wir unser Mahl verzehrt, mein Gegenüber und ich, trockenes Schwarzbrot und Dörrfisch. Es gibt keine Schlacht um Wasser, wir können uns satt trinken.

Gegen Ende des zweiten Reisetages übermannt ihn die Langeweile und er wird aufgeschlossener. Auf ein paar hingeworfene Redensarten geht er ein, wenn auch kurz angebunden und mürrisch. Schließlich pirsche ich mich an die Frage des Reiseziels heran. Er zögert keine Sekunde. Nach dem Ural. Er nennt einen kleinen Ort.

Seine sichere Auskunft überrascht mich. »Du weißt das so genau?«

»Teufel nochmal, warum soll ich nicht?«

»Und in welches Lager?«

»In gar keins, Bljad.« Ich muss nicht sehr geistreich und recht komisch ausschauen. Belustigt blickt er mir ins Gesicht, lacht und wird auf einmal aufgekratzt.

»Was, in kein Lager, du Strolch?«, fahre ich hoch. »Willst du mich verarschen?«

»Brauchst's doch nicht zu glauben, du Hammel. Kannst mir auf den Schwanz kriechen.« Er schnipst ein Stäubchen von der verschmierten Hose, als sei es ein Abendanzug, und streckt sich auf seiner Bank aus. Jetzt hab ich's bei ihm verschüttet, sein Ehrgefühl verletzt. Oder sollte er die Wahrheit gesagt haben? Inzwischen hat er sich wieder beruhigt. Die böse Falte zwischen den Augenbrauen glättet sich. Langsam richtet er sich auf und verharrt in halb liegender Stellung, den Arm als Kopfstütze gebrauchend. In Erwartung, was nun kommen wird, spiele ich Gelassenheit. Er richtet sich in Sitzstellung auf und wirft mir in überlegenem Ton den lapidaren Satz vor die Füße:

»Ich fahre nämlich zur Gerichtsverhandlung.« Triump liegt in der Stimme, und die Augen leuchten auf, als sei er unterwegs zum Empfang einer staatlichen Auszeichnung. Ich bemühe mich, diese unerwartete Neuigkeit ungerührt entgegenzunehmen.

»Zur Gerichtsverhandlung fährst du also!« Mit geschlossenen Lippen macht er: hm, hm. Dabei blickt er mich wieder belustigt und etwas hämisch an. Seine unruhigen Augen indessen verraten das Verlangen, mir mehr anzuvertrauen, das bisher gehütete Geheimnis zu lüften, weshalb ihm eine Verurteilung bevorstehe. Offenbar hat unser herzlich-rauer Wortwechsel nach Ganovenart den Knoten gelöst. Er akzeptiert mich jetzt als Kumpel, hat seine Hemmungen überwunden und fasst Vertrauen zu mir. Die Situation wird prickelnd. Ich kratze mir den Hinterkopf, ziehe eine Grimasse und schlage wieder den gleichen Ton von vorhin an.

»Zur Gerichtsverhandlung bringen sie dich, Bljad, ach, du Scheiße, da kannst du ja erst mal für längere Zeit mit dem Knast Freundschaft schließen. Einzelzimmer mit Toilette, 300g Brot, Wassersuppe, und um Mitternacht, Bljad, im schönsten Schnarchen rasselt der Schlüssel im Schloss: fertigmachen und marsch, ab zum Verhör. Am andern Morgen bist du geschafft. Aber versuch' nicht etwa zu schlafen.« Mich unterbricht das wieder mit geschlossenen Lippen ausgestoßene: hm, hm. »... sonst dreschen sie den Schlüsselbund gegen die Tür und toben ...«, versuche ich meine Schilderung zu steigern und ihn endlich aus seiner blöden Ruhe zu reißen.

Er kramt in den Taschen nach übriggebliebenen Krümeln Machorka herum – als hätte ich eine überflüssige Bemerkung über das Wetter gemacht, die man ignoriert. Saurer Geruch von seiner alten verschwitzten Hose und Jacke dringt mir in die Nase. Nach einer Weile räkelt er sich und lässt sich in gedehnten Worten vernehmen: »Weiß ich alles, was du mir da vorquasselst, Bljad.«

»Weißt du? Wieso? Warst etwa schon mal eingebuchtet?«, fahre ich hoch.

»Na klar, Väterchen, fall nicht vom Stengel. Bin doch'n altes Lagerschwein«, stößt er heiser lachend aus und schlägt mir auf den Schenkel. Also doch. Gerade will ich laut werden, da hört man auf dem Gang die Wachen geräuschvoll auf- und abgehen. Unser lebhaftes Gespräch, das erste seit der Abreise, hat sie aufgescheucht. Allmählich beruhigen sie sich und verschwinden in ihr Abteil.

Leise frage ich: »Wie lange warst du denn schon drin?« Er hebt die Finger seiner linken Hand. »Fünf? Was für Kinder«, sage ich in Erinnerung an jene erste Verurteilung vor sieben Jahren, als ich ein Papierchen mit der Mitteilung in der Hand hielt: »Fünf Jahre« und gehänselt wurde, es sei ein Strafmaß für Kinder. »Was für Kinder«, wiederhole ich.

»War ja auch noch ein halbes Kind.«

»Na ja, bist ja noch ein junges Kerlchen. Wie alt warst du damals?«

»Gerade siebzehn.«

Es sind nur noch ein paar Stationen bis zu seinem Bestimmungsort, und den knappen Bericht des jungen Verbrechers gebe ich getreu seinen Angaben wieder: Siebzehn war er, als er einen Mord beging. Das Gericht verurteilte ihn nach dem Jugendgesetz zu einer verhältnismäßig milden Strafe. Danach sollte er unter Aufsicht gestellt werden. Es gelang ihm indessen unterzutauchen kurz nach erfolgter Freilassung und sich einer jugendlichen Verbrecherbande anzuschließen. Ihr tägliches Handwerk waren Diebstahl und Einbrüche auf dem Lande und in kleinen Städten. Geflügel und Kleinvieh aus den Höfen und vom Felde würgten die jungen Wölfe und stillten ihren Hunger. In den landwirtschaftlichen Genossenschaften knackten sie Geldschränke, auf den Straßen überfielen sie Transporte.

Das unstete gefahrvolle Räuberdasein, der rohe Umgang haben ihn in den ausweglosen Morast tiefer Menschenverachtung getrieben, sein Herz hart wie Stein, seine Sinne tollkühn und gierig gemacht. Berauscht vom Erfolg eines wagemutigen Raubzuges packte ihn vermutlich unter dem Einfluss von Alkohol die animalische Begierde nach einem Weib. Der junge Bandit entfernt sich aus dem Räuberversteck, streunt im Dunkel umher und spürt nahe einem Dorf am Rande des Waldes eine junge Frau auf, die unterwegs nachhause ist.

Zwei Wachleute haben sich vor dem Gitter unseres Abteils postiert und betrachten uns argwöhnisch. Mein Gegenüber streckt sich der längelang auf seiner Bank aus, die Hände unterm Kopf verschränkt, den Blick auf die schmutzige Decke gerichtet. Die Posten verziehen sich langsam.

»Sie versuchte wegzulaufen, ich ihr nach, hole sie ein, fasse nach ihr, und das dämliche Weibsstück, Bljad, wehrt sich auch noch. Natürlich schlage ich zu, wohin es trifft.« Er entschränkt die Hände, richtet sich auf und hält die geballten Fäuste vor die Brust. »Eine Kraft spürte ich, Bljad, wie ein Bulle, sag ich dir.«

Der Schlag raubte der Frau die Besinnung, sie stürzte zu Boden, und das Tier fiel über sein Opfer her. Sie kam wieder zu sich, versuchte sich aus der Umklammerung zu befreien und um Hilfe zu rufen. In der Ekstase seiner aufgepeitschten Triebe und aus Furcht vor Entdeckung drosselte er ihr die Kehle, bis sie verstummte und leblos am Boden liegen blieb. Er stahl sich davon in sein Gaunerversteck. Der Mord wurde ruchbar, die Verfolgungen setzten ein.

»Sie rückten uns ganz schön hart auf den Pelz, Bljad. Der Chef tobte vor Wut. Wegen so einem Blödsinn die ganze Bande in Gefahr bringen. Ich hielt auch nicht die Schnauze. Schließlich braucht man ja mal was. Wozu musste die Ziege gleich losbrüllen wie am Spieß. Der Chef warf mich raus. Zu Tode prügeln würden sie mich, wenn ich mich noch mal blicken ließe oder sie verpfeife.«

»Warst verteufelt in der Klemme«, werfe ich ein, »hättest dich stellen sollen.«

Verächtlich spuckt er aus. »Hast 'ne Macke, du Idiot«, er tippt den Finger an die Stirn, »nichts wie türmen. Das Einzige, was ich machen konnte. Hatte ja 'ne ganze Menge Scheinchen in der Tasche.« Paar Tage versteckte er sich in den Wäldern, dann verduftete er per Anhalter nach Westen, an die Wolga. »Sind prima Kumpels, die Kerle auf den Lastern. Fragen dich nicht woher noch wohin. Steig ein, Brüderchen, zehn Rubelchen aufs Schaltbrett gelegt, dann reib deinen Hintern und lass dich schütteln, solange du lustig bist. Wo du aussteigst – deine Hochzeit. Gottes Welt ist groß. Irgendwo springst du ab, Bljad. Der Kumpel drückt aufs Gaspedal, und fort ist dein Laster. Soll mal die Miliz kommen und fragen, wer die letzten dreihundert Kilometer neben ihm gesessen hat, hach, gibt's ja gar nicht, so was. Die schickt der seiner Großmutter in die … Bljad. Wanderst ein Stück zu Fuß und dann nimmt dich ein anderer mit.« Wieder schleudert er mir eine Ladung Spucke vor die Füße. »Hatte mich an der Wolga im Dorfe G. ganz gemütlich eingerichtet und den Bauern bei der Ernte geholfen. Arbeit gab's genug und Weiber auch. Hätte 's noch eine Weile ausgehalten. Eine war ganz verrückt auf mich, wollte mich heiraten. Eines Nachts holten sie mich ab. Hätte nicht passieren brauchen. Na, scheiß drauf.« Schon wieder zieht er die Spucke aus der großen Zehe hoch, »jetzt bringen sie mich zum Tatort.«

»Hier ist das gewesen?«

»Klar, Väterchen, da hinter den Wäldern«, er zeigt durchs Fenster, »dort wird das hohe Gericht einen Lokaltermin machen, mit dem Staatsanwalt«, er zählt sie an den Fingern auf, »dem Richter, den Leuten aus der Ortschaft, wo das Hühnchen herstammt, und einem Haufen Polente mit entsichertem Revolver um mich rum. Ein ganzes Aufgebot, Bljad, ja, glaub's nur, alles für mich.« Er lacht mich an, streicht sich durch's Haar und führt den Zeigefinger auf die linke Brust. »Alles meinetwegen, du verstehen, Deutscher, du Fritze?« Kräftig reibt er sich die Handflächen aneinander. Dann schnalzt er geräuschvoll mit Daumen und Mittelfinger. »Das wird 'ne Show, darauf kannst du dich verlassen, f..k deine Mutter.«

Ein krankhaftes Geltungsbedürfnis beherrscht diesen Jungen und scheint die Triebfeder seiner Verbrechen zu sein. Schlüssel und Fußtritte rasseln gegen das Gitter.

»He, du, fertigmachen, los, schnell, schnell.« Drei Wachleute in langen Mänteln mit Karabinern stehen im Gang.

»Gib noch was zu rauchen, Bljad, bin total abgebrannt.« Ich teile meinen Rest Machorka in zwei Häufchen. Eins schütte ich ihm in die aufgehaltene Hand. Es wandert in seine Hosentasche. »Mach's gut«, sagt er aufgekratzt, »vielleicht treffen wir uns nochmal irgendwo.«

Sie holen ihn heraus. Kaum, dass der Zug anhält. Nur seinetwegen, scheint's. Im Abfahren gleitet eine unscheinbare Bahnstation vorüber, daneben steht die grüne – oder ist's die graue, die schwarze – Minna, die den Jungen erwartet. Daher also die besondere Besorgnis der Wachen unterwegs. Ein Schwerverbrecher der höchsten Kategorie war über Tausende von Kilometern zu befördern. Sie hatten dafür einzustehen, dass er sicher abgeliefert wurde. Isoliert ging dieser Transport. Ich schätze, weil ich die gleiche Richtung hatte, sperrten sie mich dazu, vielleicht auch, dass er sich nichts antat unterwegs. Im Abteil zurückgeblieben, kann ich die Gedanken von ihm nicht lösen. Sie begleiten ihn in das Martyrium der Aufnahme ins Gefängnis, der Verhöre, des Gerichtsverfahrens und schließlich der Verurteilung. Wird er zwanzig Jahre kriegen? Ich kenne solche Zwanzigjährigen. Für den Jungen ist es kein Martyrium. Es ist sein Leben, in das er hineingewachsen ist, und das ihn fest umschlungen hält. Wird die Lagerhaft, wird der Stacheldrahtzaun, die ihn als Vierziger entlassen werden, aus ihm einen Menschen machen? Nicht lange lassen sie mir Zeit für solche Gedanken. Sie stehen an der Gittertür. He, du, fertigmachen, los, schnell, schnell. Der Schlüssel rasselt im Schloss. Draußen wartet die Minna.

*

Ein kleines Lager im Ural nimmt mich auf. Mir scheint, es liegt im letzten Winkel der Welt. Es liegt nicht weit vom Fluss Kama, erzählen die Häftlinge, neben denen ich meine Pritsche beziehe. Die wievielte ist es? Dieser große Pilzlagerkomplex, genau nach dem Muster der Pilzlager an der Wolga und in Kasachstan aufgebaut, mit dem Mutterpilz Solikamsk als Leitzentrale, um die sich viele Pilze und Pilzchen scharen, ist eigens hier angesiedelt zum Roden der Wälder. Tausende Häftlinge marschieren bei Morgengrauen hinein in die Taiga, ins urwaldartige Dickicht, und verrichten sommers, wenn die Mücken ihre schweißigen Körper quälen, und im Winter bei 30 Grad Kälte schwere Arbeit. Mittags lodert unter einem Kessel das Holzfeuer. Auf Baumstümpfen sitzend, verzehren die Männer die dünne Suppe und den Kanten Brot, die ihnen Kraft geben sollen, um bis zum Abend durchzuhalten. Tagsüber ist unser kleines Lager völlig verödet und ich einer seiner wenigen Insassen.

Für die Baumfällerarbeit bin ich zu schwach. Keine Brigade würde mich aufnehmen. Ein wohlwollender Häftling, dem die Unterhaltung der Gebäude untersteht, überträgt mir die Anfertigung von ein paar Zeichnungen und statistischen Berechnungen. Im winzigen Raum einer Baracke mit einem Fenster, so groß wie ein Schuhkarton, sitze ich allein und komme mir doppelt eingekerkert vor. Ein Lahmer leistet mir zuweilen Gesellschaft. Beide physisch untauglich für den Wald, werden wir von der Lagerleitung verachtet, ein Verlustposten in der Bilanz der Planerfüllung, lästiges Kruppzeug, das durchgeschleppt werden muss.

Vielleicht aus Solidaritätsgefühl schließen wir Freundschaft – und Witja, der Barackenwärter, stiehlt sich immer öfter zu mir, wenn ihm vormittags ein wenig Freizeit bleibt. In seinem Leben hat es wenig Wärme gegeben und Liebe gar nicht. Den Vater hat er nicht gekannt. Die Mutter, voll Sorge um die Kinder und im ewigen Kampf, sie satt zu kriegen, konnte sich nicht den Luxus leisten, Gefühle zu verschwenden. Witja suchte sich seinen eigenen Weg, der ihn zu einer Diebesbande und mit ihr ins Lager führte. Er empfindet wie viele andere seine Lage nicht als schlecht. Das tägliche Stück Brot, der Teller Suppe und die Grütze sind ihm sicher. Draußen hat er nicht besser gelebt. Der Stacheldraht stört ihn nicht.

Wenn Witja mir gegenüber sitzt, das schmale blasse reizlose Gesicht auf die Hand gestützt, den schmächtigen Körper eingepackt in den unförmigen Wulst des abgetragenen Watteanzugs, ist er mir ein unendlich trauriger und rührender Anblick. Mit den derben Worten der Lagersprache pirsche ich mich behutsam an sein verkümmertes Ich. Wie schwer es ist, die Sinne dafür zu wecken, dass es Freude, Glück auf der Welt geben kann … Dass Arbeit nicht nur ein verfluchtes Joch ist, das dem Manne im Nacken sitzt, sondern ihm Mut und Selbstvertrauen schenkt, wenn er etwas geschaffen hat.

»Und das Weib ist nicht nur zum Beschlafen da, Bljad, kommst du hier heraus, dann suchst dir eine, der du gut bist und ihr werdet miteinander leben.« Das Widersprüchliche zwischen seiner eigenen freudlosen Welt und den Bildern menschlicher Wärme und Lebensfreude, die ihm dieser Fremde vorgaukelt, stiftet Verwirrung in Witjas Kopf. In seiner Miene sind Unverständnis und Zweifel zu lesen. Den Kopf seitlich geneigt, blickt mich das Menschlein ungläubig von unten an.

»Ech, Bljad, Axel, was du da spinnst und für Mist redest …« Doch der Ton klingt gar nicht so sicher. »Puh, hol's der Teufel, ich

muss rennen,« fährt er hoch, »für die Baracke heißes Wasser holen.«
Die Tür knallt zu, und Witjas humpelnder Gang verliert sich draußen im Hof.

Alleingelassen, überfällt mich tiefe Verzweiflung. Nach sechseinhalb Lagerjahren spüre ich, dass ich die bevorstehenden dreieinhalb nicht mehr durchhalten werde. Alles ekelt mich an. Die unbedeutenden Aufgaben, die ich erledigen muss, der rohe Tisch, die zwei zerkratzten Hocker, die Decke, die Wände, die mich in ödem Stumpfsinn anglotzen, das Loch von Fenster, dessen Ausschnitt auf Hof, Baracken und Stacheldraht mich nicht vergessen lässt, wo ich bin, und der Hunger … der Hunger und die Wanzen. Was erwartet mich, falls ich die Freiheit erlebe, mich ausgehungerte, von Wanzen zerbissene, ergraute, Leben und Beruf entfremdete Kreatur? Terpenije – Geduld, Axel, Geduld, nicht aufgeben. Zum Teufel, ja, Fatma hat recht, nicht aufgeben. Aufgeben, das ist der Tod. Hat das Volk in höchster Gefahr gegen den Erzfeind der Menschheit, den Faschismus, aufgegeben? Aus der Asche des schrecklichsten aller Kriege wird ein neuer Geist entstehen, der Härten und Unrecht von heute austilgen und auch uns Unterdrückten einen Platz im Leben zuweisen wird.

Als seien solche Gedanken von einer Ahnung getragen, erreicht mich in diesen Tagen die erste Antwort auf meine mehr als sechs Jahre lang hartnäckig gestellten Anträge auf Revision des Urteils und Freilassung. Keine Aufhebung des Urteils bringt die Nachricht, doch die Anordnung, mich in ein Vorzugslager zu überweisen. Vorzugslager sind der Wunschtraum Tausender Gefangener, das Mannah vom Himmel, auf das sie warten, wie das Volk Israel auf den Messias. In Vorzugslagern werden dem Häftling für einen Tag zwei, in manchen Fällen sogar drei angerechnet. »Sa tschoty« heißt das Zauberwort. Sa tschoty – auf Abrechnung. Diese Einrichtung ist besonders für den Aufbau wichtiger Staatsvorhaben wie Kraftwerke, Talsperren, Stauseen geschaffen, die nach dem Krieg in unwahrscheinlich kurzer Zeit errichtet werden müssen, um die erschütterte Wirtschaft in Gang zu bringen. Tausende Strafgefangene werden von überallher zusammengezogen und auf diesen Großbaustellen des Kommunismus eingesetzt. Es ist eine Art Amnestie für eine Auslese, die sich bisher gut geführt hat und dort mit noch höheren Leistungen bewähren soll. Der Abschied vom Lager fällt mir nicht schwer bis auf Witja, den blassen lahmen Witja. Sogar im Lager habe ich mehr Glück als er. Saumäßig ungerecht ist das Leben.

*

Diesmal fürchte ich sogar den Transport nicht, nicht den Stolypin'schen vergitterten Waggon, überfüllt mit groben lärmenden Kumpanen, die sich die Zeit mit Spielen, Stehlen und Fluchen vertreiben. Auf den unteren Bänken hat sich, wie es Brauch ist, die Elite der Banditen, die Bljadnije, eingerichtet. Noch in ihrem alten Lager oder vielleicht unterwegs zur Bahnstation ist ihnen ein Raubzug gelungen, und das gestohlene Gut muss schnell abgestoßen werden, ehe die Kontrollen im zukünftigen Lager es entdecken. Ein paar Zeichen und geflüsterte Worte in den Gang hinaus und die Wachen werden zu Verbündeten der Ganoven. Kleidungsstücke, Strümpfe, Gürtel, Handschuhe wandern durchs Gitter und werden an einer größeren Station gegen Landbrot, Eier, Butter und Hühnerkeulen eingetauscht, welche die Bauern den Reisenden am Bahnsteig anbieten. Was die Wachen von diesem Geschäft nicht als »Handelsspanne« für sich abzweigen, wird, in schmutziges Zeitungspapier eingewickelt, den Ganoven ausgehändigt und in wenigen Minuten verschlungen. Die Gedärme brennen einem wie Feuer beim Schmatzen der Fresser. Doch für 24 Stunden sind von den Satten keine Drangsalierungen und Diebstähle zu befürchten. Nun schlafen sie meistens. Südwärts stampft der Zug. Wohin – niemand weiß es. Am nächsten Morgen verlassen alle mein Abteil. Allein bleibe ich zurück, aber nur für einige Stunden.

Das Auffanglager irgendwo im Herzen des Landes ist freundlicher als die früheren. Kein Gefängnis, sondern ein ziemlich großes Gelände, auf dem Baracken zwischen Baumgruppen und Rasenflächen stehen. Nahe dem Eingang erfährt man auf einer weißen

Holztafel, beschrieben mit grünen Buchstaben, die Bedingungen für die verkürzte Haft im Vorzugslager. Vor Aufregung lese ich nur die Überschrift, um mich zu überzeugen: tatsächlich, ich bin auf dieser Glücksinsel gelandet. Rasch suche ich mir einen Schlafplatz in der Baracke und kehre zur Tafel zurück. Gute Führung, hohe Arbeitsproduktivität und alles Mögliche mehr wird vom Häftling erwartet, um sich einer Bevorzugung würdig zu erweisen. Es ist nicht der übliche Lagerton, keine Anordnung und Befehle wie bisher. Die Tafel könnte auch in der Montagehalle einer Fabrik hängen und an freie Menschen appellieren. Im Überschwang der Freude fühle ich mich im Vorhof der Freiheit. Was sind anderthalb Jahre Haft, die mir verbleiben. Eben waren es noch fast drei.

In diesem Auffanglager herrscht große Bewegung. Die Errichtung provisorischer Unterkünfte hält nicht Schritt mit dem täglichen Zustrom von Häftlingen aus allen Teilen des Landes. In den Baracken wimmelt es. Gar nicht daran zu denken, Pritschen aufzustellen oder auch nur Matratzen zu legen. Findest du doch ein freies Fleckchen, leg deinen Buschlat, die Wattejacke, hin und dich drauf. Die Türen schlagen unablässig. Kommen und Gehen, Niederlegen und Aufstehen. Es bricht nicht ab. Gegen Mitternacht wird es ruhiger. Den Raum füllt der geräuschvolle Atem der Schläfer, Seufzer und Schnarchtöne, die Ausdünstung der hundert oder mehr zusammengedrängten Leiber, der aufsteigende Zigarettenqualm der schlaflosen Nachtvögel und ihr Geflüster. Die Toiletten sind im Hof. Wie ein Seiltänzer musst du über den Schlafenden balancieren, den Fuß behutsam zwischen Arme, Beine und Köpfe setzend, und geschickt zum nächsten Schritt ausholen, ohne jemand Schaden zu tun. Ein ebensolcher Seiltänzer kommt dir aus der anderen Richtung entgegen. Man hält sich an den Händen fest und schwebt aneinander vorbei.

Das erste Morgengrauen und der Hunger treibt viele hinaus ins Freie. Gegen Mittag wird das Gewimmel in den Baracken und auf den Rasenflächen, die längst für die ungeduldigen Wanderer nicht mehr ausreichen, durch einen Trupp braunhäutiger Asiaten verstärkt. Auf die schwarzen Locken schwarze, silberbestickte Käppis gedrückt, und uns Bleichgesichter mit feurigen Augen musternd, stehen sie in Gruppen gestikulierend umher und sprechen lebhaft und laut in ihren fremdländischen gutturalen Lauten. Bis jetzt haben sie noch kein Dach überm Kopf, aber die Lagerleitung weiß Rat. Mit Hacke und Spaten werden im Rechteck Gräben gezogen und ein geräumiges Zelt für sechzig bis achtzig Männer errichtet. Noch ehe es Abend wird, ziehen die Usbeken, Tadschiken und ihnen verwandte Volksstämme, deren Heimat man nicht kennt, in die Unterkunft ein.

Die folgende Nacht ist es noch lebendiger als die vergangene. Aus ihrer Bleibe schleichen sich geschmeidige schwarzäugige Burschen in unsere Baracke auf der Suche nach kräftigen blonden Jungens, die ihnen gegen ein Glas Machorka zu Willen sein sollen. Ein kurzes Geflüster, und gemeinsam klettern sie durchs offene Fenster, um gegenüber im Dunkel des Zeltes zu verschwinden, an dessen Eingang die Kameraden Wache halten und keinen Fremden zulassen. Im Verlauf meiner langen Haft hatte ich solche Vorgänge noch nicht beobachtet. Doch bei den Orientalen ist Männerliebe keine Ausnahme. Der Islam verbietet dem Jüngling den Verkehr mit dem Mädchen vor der Ehe. Es wird von den Eltern streng bewacht und muss unberührt die Hochzeitskammer betreten, sonst kann der Bräutigam es zurückschicken – eine Schande für ihre Familie. Da diese vom Glauben vorgeschriebenen Bräuche im Nahen und Mittleren Osten bis in die Gegenwart noch längst nicht überwunden sind, ist der Geschlechtsverkehr zwischen Männern eine übliche Erscheinung. Sie reicht zurück in die Antike und die biblische Vorzeit.

Die Geschlechtsnot in den Männer- und Frauenlagern ist ein Problem, das staatliche Organe, wie die GULAG, oder Verantwortliche des Gesundheitswesens, etwa die Neurologen, scheinbar nicht im Geringsten berührt. In dieser wie in anderen Gesellschaftsordnungen setzt man sich darüber hinweg. Die letzten Jahre seit der Abreise vom Wolgalager bis zur Entlassung bin ich keiner Frau mehr begegnet, und es gibt viele Tausende Häftlinge, die diesen widernatürlichen Zustand zehn Jahre und länger ertragen müssen. Ich habe die hohe Disziplin vieler Männer aller Altersstufen bewundert und mich oft gefragt, wie sie mit sich fertig werden. Viel weniger diszipliniert soll es in Frauenlagern zugehen, und gelegentlich erfahren wir, welche Scheußlichkeiten Frauen in ihrer Sexualnot begehen. Der Abschnitt über die Möbelfabrik an der Wolga, wo Frauen erheblich in der Überzahl waren, streift diese Zustände.

Nach einer Woche werden wir in großen Trupps vom Auffanglager in die nahegelegenen Arbeitslager transportiert, und unterwegs rechne ich mir den Tag aus, der mein letzter sein wird hinter Stacheldraht. Am Rande einer kleinen Mittelstadt sind wir am Ziel. Die Stadt ist leblos, ausgestorben. Sie liegt in einer tiefen Talsenke. Das Glas ist aus den Fenstern gebrochen, und schwarze Löcher starren dich gespenstisch an. Die offenen Türen schaukeln in den Angeln. Kein Rauch steigt aus den Schornsteinen, kein menschlicher Laut, kein Hundegebell ist zu vernehmen. Die Bewohner wurden vor Monaten evakuiert. Bald wird das Tal, das eine lebendige Stadt beschützte, ein riesiger Stausee überfluten, der Energiespender für ein Wasserkraftwerk, das der jungen Industrie und Tausenden Neubauwohnungen Strom liefern wird. Ein gewaltiges und kühnes Vorhaben. So stehen eingereiht in ein Heer von Bauarbeitern, Technikern, Ingenieuren wir Häftlinge, denen, wenn wir das Schrittmaß dieses Aufbaus einhalten werden, baldige Befreiung winkt.

Diesmal spült mich der Zufall direkt neben den Arbeitstisch des Generals. Diesem ausgedienten Krieger hat man den Oberbefehl über den gesamten Lagerkomplex mit mehreren tausend Sträflingen übertragen. Dem General steht für seine Amtsräume und Wohnung ein verlassenes zweistöckiges Haus am Ortsrand zur Verfügung, das später ebenfalls unter den Fluten des Stausees begraben wird. Doch bis dahin ist noch gute Weile, und im Augenblick gilt es, dieses nackte unfreundliche Gemäuer in ein ansehnliches Hauptquartier des obersten Chefs zu verwandeln. Pläne entstehen für Raumgestaltung, Möbel, Beleuchtung, wenn auch im bescheidenen Maßstab.

Ein geschäftstüchtiger Häftling aus meiner Baracke, verurteilt als Spekulant und Schieber von Gold, wozu er sich nicht ohne Stolz offen bekennt, hat sich als Manager an meine Fersen geheftet. Er hat eine versoffene Bassstimme, flucht lästerlich und singt unfeine Chansons. Sein Name ist Lachs. Er ist zu kurzer Haft verurteilt, empfängt nahrhafte Pakete (Gold gab ich für Schmalz) und betrachtet seine Lage als amüsante Zwischenstation seines Lebens. Um sich vor Arbeit zu drücken, die er wahrscheinlich nie geschätzt hat, hat er sich selbst zu meinem »Teilhaber« ernannt, und befleißigt sich, dem General meine Entwürfe als das Vorzüglichste anzupreisen, was es in der Welt gibt, erdacht von einem renommierten Kunstprofessor der Berliner Akademie. Der alte Haudegen, bewährt in der Strategie des Schlachtfeldes, findet keine rechten Kontakte zur Ästhetik. Ihm erscheint manches aufwendig, anderes überflüssig.

»Bürger General« – mit Genosse dürfen wir ja einen Freien nicht anreden – »Bürger General«, erdröhnt das Bierorgan des Managers, »Ihr Zimmer darf nicht aussehen wie irgendein gewöhnliches Kabinett, es muss ein G e n e r a l s kabinett werden.« Der bewährte Soldat fühlt sich nun doch geschmeichelt und brummt:

»Hol's der Teufel, nu macht's schon so, wie ihr wollt, aber in sechs Wochen muss alles fertig sein, sonst brat ich euch am Spieß.«

»Zu Befehl, in sechs Wochen«, schnarrt die Stimme meines Managers Lachs, der ebenso gut wie ich weiß, dass es in sechs Wochen unmöglich zu schaffen ist. Woher auch so schnell Farbe nehmen, trockenes Holz und Textilien! Dem General ist's wahrscheinlich völlig egal, ob der Putz in seinem Generalskabinett von den Wänden abblättert und die Besucher auf Holzkisten sitzen oder die Kultur einzieht. Das Feldlager ist sein Milieu, und vor diesem Manne steht nichts als die eiserne Pflichterfüllung.

Nach drei Monaten liefern wir die Kultur, die erst befremdet, aber dann mit einem Brummen der Zufriedenheit quittiert wird. Es erfolgen ein paar andere Aufträge, teils dank der Reklametrommel meines Managers Lachs, der auch weiterhin mit der Geschicklichkeit eines Seiltänzers an der Arbeit vorbeibalanciert. Trotzdem ist er unter den Häftlingen beliebt. Schmalzpakete aus der Heimat tauscht er gegen Sprit ein, den man ins Lager schmuggelt. In besoffenem Zustand gibt er abends in der Baracke in kratzigem Bierbass Chansons zum Besten, dem Kuddeldaddeldu verwandt, natürlich unserem Milieu angepasst, gespickt mit Obszönitäten. Zuweilen entfährt ihm eine Verunglimpfung der Partei- und Staatsführung. Alles lacht. Niemand kommt es in den Sinn, dem spaßigen Spekulanten etwas nachzutragen. Dieselben Worte aus einem Munde eines 58ers – und am nächsten Morgen hätte ein Stukatsch ihn verpfiffen.

Nicht lange genieße ich das Glück des Vorzugslagers. Beamtete Wühlmäuse der GULAG haben beim Durchschnüffeln der Häftlingsakten einen Verstoß aufgedeckt, nämlich dergestalt, dass der ausländische Häftling Axel W. sich unberechtigterweise im Vorzugslager aufhält. Vom Aufenthalt im Vorzugslager sind Fremde ausgeschlossen. Also muss dieser Lagerinsasse zurück, wo er hergekommen ist. Die hier verbrachten sechs Monate werden mir als zwölf angerechnet. Hätte diese Wühlmaus doch meinen Fall paar Monate später aufgestöbert. Sie wird befördert werden für gewissenhafte Arbeit.

Schöne Hoffnungen sind zerstört, und anstatt der Freiheit in greifbarer Nähe verladen sie mich wieder mal auf einen Transport, den sechsten meiner Lagerzeit, und wieder zurück in den kalten Norden, in den gefürchteten Ural. Denke ich an die vergangenen Jahre meines Gefangenendaseins zurück, so zeichnen sich periodische Stürze in die Tiefe ab, denen ich willenlos ausgeliefert war. Sie begannen mit der zweiten Verurteilung, die mir zusätzlich fünf Jahre eintrug, dann die Rückkehr aus Kasachstan um der sinnlosen Wiederaufnahme des Gerichtsverfahrens willen, der dritte Sturz die Vertreibung aus dem Vorzugslager. Sie bringen mir zum Bewusstsein, wie hart und unversöhnlich das Regime verfährt, wie erbarmungslos es dem Gedemütigten immer wieder die Faust in den Nacken drückt. Sie bringen mir zum Bewusstsein, dass ich auch in Zukunft auf das Schlimmste gefasst sein muss, Verweigerung der Freilassung unter fadenscheinigen Gründen oder fortgesetzte Isolierung von der Außenwelt, von meiner Heimat und allem, was mir teuer ist. Den letzten Ganoven beneide ich, dass sein Zuhause in diesem Lande ist, dass er dort ein Dach überm Kopf und den Teller Kohlsuppe auf dem Tisch finden wird, sobald er frei ist.

Meine Zukunft als Ausländer schwebt im luftleeren Raum. Die einzige Sicherheit sind ein paar Ersparnisse, damit ich einmal irgendwo für eine Weile unterschlüpfen kann und Kräfte sammeln, ob in der Verbannung oder sonstwo. Von dem kärglichen Gefangenensold lasse ich jeden Monat einen Teil bei der Buchhaltung einzahlen. Der Befehl ist ausgeführt, der Ausländer ist zurück in den Ural gebracht, zurück in den Pilzlagerkomplex »Usollag«. Hinter Stacheldraht in einem Auffanglager unweit dem Mutterpilz Solikamsk sitzt er und wartet auf seine weitere Bestimmung. Ins alte Lager käme ich nicht mehr zurück, heißt es, sondern zu »meinen deutschen Kameraden«. Diese Mitteilung löst sehr gemischte Gefühle bei mir aus. Was für »Kameraden« werden es sein! Sturmbannführer und SS-Leute? Im dichten Urwald bahnt sich ein schwerer Lastwagen mit etwa dreißig Gefangenen, bewacht von Soldaten, Karabiner in der Faust, den Weg durch einen Hohlweg herauf in einen weltabgeschiedenen Platz. Wie ein Segelboot im Sturm schwankt und schaukelt das Fahrzeug über Steingeröll, Wurzeln, Erdhügel und tiefe Schlaglöcher. Nach zwei bis drei Stunden hält es an einer Lichtung vor einem Holzfällerlager.

Ein hoher Stacheldrahtzaun im Geviert, Wachtürme an den Ecken, drinnen Baracken, Baracken. Vielleicht hundert Kilometer im Umkreis oder mehr keine Siedlung, kein menschliches Lebewesen, nur Wald – die Taiga des Ural. Drei oder vier Blockhäuschen, die Unterkünfte der Wachen und ein winziges Elektrizitätswerk liegen ein paar hundert Schritt vom Lager entfernt. An diesem Ort gibt es nur eine einzige Beschäftigung, das Roden des Waldes. Die glorreiche Zeit, als ich ein Generalskabinett entwerfen durfte, entschwindet als Traum in die Vergangenheit.

»Rangeklotzt, hier bist du Holzfäller, mein Freund«, grüßt mich krächzend das Stacheldrahtgespenst gleich am ersten Abend.

Überall ist es da. In allen Lagern lauert es dir auf, in Kasachstan, an der Wolga, im Dickicht des Ural. »Knochenarbeit, mein Lieber. Hast noch so deine anderthalb Jahre abzubüßen? Ach, herrjeh. Der Wald macht dich in drei Monaten fertig. Na, auf gute Nachbarschaft, mein Lieber. Frühzeitig antreten zum Ausmarsch. Und abends kriechst du auf allen Vieren auf deine Pritsche«, krächzt das Ungeheuer mir hinterher, als ich in der Baracke verschwinde.

Der Ausmarsch erfolgt um sechs Uhr. Im Watteanzug, die schweren Filzstiefel über die abgemagerten Füße gestülpt, die heruntergeklappte Pelzmütze auf dem kurzgeschorenen Schädel, sind in Frost und Dunkelheit die Brigaden am hölzernen Lagertor angetreten. Neben dem Lagerchef und den Ordnern steht im weißen Kittel über dem Schafspelz der stämmige Iwan Fomitsch, der Lagerarzt, ein Häftling, von dem gesagt wird, er sei im Krieg Feldscher gewesen. Sollte sich beim Ausmarsch noch jemand krank melden, der um fünf Uhr nicht in der Sprechstunde war, so muss Iwan Fomitsch jetzt entscheiden, ob er ein Simulant ist, der – gottverdammich – Beine machen und sich mit seiner Brigade durchs Tor scheren soll oder zur Behandlung zurückbleibt. Die ersten hundert Meter hinter dem Lagertor marschiere ich in Reih und Glied mit den fremden Männern, zu deren Brigade ich seit heute früh gehöre.

Dann ist der Weg zu Ende. Die Kolonnen lösen sich auf, und alles strömt auf das Gleis der Schmalspurbahn zu, die einzige Gasse, durch die man sich im Gestrüpp des Urwalds fortbewegen kann. Vergiss den Bergsteigerschritt, mit dem du früher deine Heimatberge erklommst. Seiltänzer musst du werden, springen, schaukeln, balancieren von Schwelle zu Schwelle, zwischendurch auf dem schmalen Gleis entlanggleiten, seitlich über die Böschung ausweichen, wenn du einen Schritt verfehlst, und wieder zurück auf die Schwellen – eine mörderische Strapaze für den Unerfahrenen und Schwachen, der das forsche Tempo der mit allen Tücken dieser Teufelspiste vertrauten Truppe mithalten soll. Der Atem versagt, die Beine wanken, die Wachen bleiben deinetwegen zurück. Der

Zug zieht sich unübersichtlich in die Länge. Lange dauert's, bis die brüllenden Zurufe von hinten, stehen zu bleiben, die Vordersten erreichen. Fluchend und mit emporgestrecktem Karabiner treiben die Wachen zur Eile an. Schneller als zuvor setzt sich die Zugspitze erneut in Bewegung, um die verlorenen Minuten aufzuholen, die sonst vor Arbeitsbeginn von einer kurzen Verschnaufpause abgezogen werden, wenn das Ziel erreicht ist. Mechanisch bewegen sich die Füße, du stierst auf Bäume und Felsen, ohne sie wahrzunehmen, betäubt von der Hetze und Antreiberei. Erschöpft gelange ich an, aber die Arbeit beginnt ja erst. Ein runder Platz im Waldesdickicht ist kahlgeschlagen. Zehn Minuten Ruhepause sind uns zugemessen. Dann rufen die Brigadiere ihre Leute zur Arbeit …

Die einen rücken mit elektrischen Sägen den gewaltigen Baumriesen zu Leibe, andere schlagen mit scharfen Beilen den gefällten Bäumen die Äste ab. Zersägte Stämme werden schließlich verkettet und von kleinen kräftigen Pferdchen, die hier oben ihre Stallungen haben, über Strauchwerk, Geröll und Schnee bis zu den Waggons der Schmalspurbahn am unteren Ende der Lichtung geschleift. Die Last, die man ihnen zumutet, übersteigt ihre Kraft. Unter Schreien und Flüchen werden die vor Anstrengung zitternden schweißtriefenden Tiere mit Peitsche und Holzknüppel erbarmungslos gegen die Flanken geschlagen. Im Umkreis stehen die Wachen mit geschultertem Karabiner, gleichmütig das täglich gewohnte Schauspiel des schuftenden Menschen und Tiers betrachtend, dabei ein wachsames Auge auf potentielle Ausreißer gerichtet. Reiner Selbstmord erscheint es zwar, dass ein Mann sich ohne Kompass, ohne Lebensmittel, ohne Buschmesser in das undurchdringliche Dickicht wagen könnte. Doch immer wieder finden sich Tollköpfe, besonders unter den »Zwanzigjährigen«, den zu zwanzig Jahren Verurteilten, die alles aufs Spiel setzen. Werden sie eingefangen, was tut's! Die paar Jahre für Fluchtversuch gehen in die lange Frist mit ein, die ihnen ohnehin bevorsteht. Und paar Wochen im Untersuchungsgefängnis ohne Arbeit sind auch nicht zu verachten.

Mit schmerzenden Knochen erhebe ich mich von einem Baumstumpf, als einer aus der Brigade mir ein Beil in die Hand drückt, sicher ein altes stumpfes, das niemand sonst haben will. »Komm mit, Bljad, dort drüben, wo die Stämme liegen, ist unser Arbeitsplatz. Haust die Äste am unteren Stammende ab, die Krone machen w i r fertig. Beeil dich, was stehst du rum, Viper?« Über Berge von Astwerk stolpere ich dorthin. Ein Beil führen lernt man auf keiner Hochschule, und Lehrgänge gibt es bei der GULAG nicht. Und gäbe es sie, so fehlte mir die Voraussetzung dazu: straffe Muskulatur, die Bärenkräfte eines russischen Bauern, sein geübter Blick und die mehrhundertjährige Erfahrung der berühmten Zimmerleute und Holzfäller, die von kleinauf mit dem Beil umgehen wie unsereiner mit Zirkel und Zeichenstift.

Mitleidig betrachten die Männer der Brigade mein stümperhaftes Bemühen, sehen nochmal hin, spucken sich verächtlich in die Hände, ergreifen das Beil, und der Hieb sitzt. Schon holt der kräftige Arm zum nächsten aus. Bald streifen mich böse Blicke. Der Schwächling drückt uns die Norm herunter. Für diesen Parasiten sollen wir mitschuften? Der soll seinen Arsch auf Stühlen rumwetzen und Berichte schreiben, f..k deine Mutter. Auch die Lagerleitung blickt nicht liebevoll auf den untauglichen Holzfäller. Noch dazu ein Ausländer, ein Fritze – gottverdammich. Verfluchte Bürofatzken in der Zentrale unten, die lausige Schlappschwänze in ein Holzfällerlager schicken anstatt richtige Männer. Ich wechsle in die Brigade des Elektrizitätswerks über. Es erzeugt Strom fürs Lager und Energie für die elektrischen Sägen oben im Walde.

Tatsächlich, man hatte mir im Umschlagslager richtig vorausgesagt, ich werde »zu deutschen Kameraden« kommen. Jetzt treffe ich sie. In meiner Baracke liegen fünf, in den andern etwa fünfzehn Mann. Sie sind nach Paragraf 58 verurteilt und haben alle zehn Jahre bekommen. So groß das Verlangen ist, deutsch zu sprechen und etwas über die Heimat zu erfahren, bin ich am Anfang reserviert.

Mein Nachbar auf der Nebenpritsche ist Alexander, zweieinhalb Jahre im Lager und der Erste, mit dem ich ein Gespräch führe und erfahre, was sich während des Krieges und in den Jahren danach in der Heimat abgespielt hat. Er ist zurückhaltend, sachlich, und sein Wesen und Verhalten lassen vermuten, dass er kein Anhänger des Hitlerregimes war, eine Einschätzung, die sich Jahre später beim Wiedersehen zuhause bestätigte.* Ein paar ruhige Minuten eines Abends bringen uns näher.

»Wie hast du den Krieg überstanden, Alexander, warst du Soldat und wie waren die Jahre danach?« Alexander schweigt.

Waren die Fragen zu direkt, haben sie Persönliches berührt oder misstraut er mir? Mit anderen sah ich ihn auch nicht reden, fällt mir ein. Er wirft den untauglichen Rest einer Machorkazigarette fort, und ich kratze aus meinem Beutel noch gerade genug Tabak für zwei Zigaretten zusammen. Alexander findet in der Tasche einen Fetzen Zeitungspapier und nach der schwierigen Prozedur des Drehens und den ersten ausgestoßenen Rauchwolken löst sich die Spannung. Alexander sucht nach Worten, und seine schmalen Hände führen die Gebärde des Unvermögens aus.

»Wo soll man anfangen. Kann man über diesen Irrsinn reden, diese Hölle, in die ich hineingerissen wurde? Für immer wollte ich darüber schweigen. Weiß man, was einem n o c h zustoßen wird?« Ein misstrauischer Blick trifft mich durch den Machorkaqualm. »Alexander, du kannst offen zu mir sein, nach acht Jahren Haft ...«

»Acht Jahren ...?«

Erstarrt blickt er mich an, » ... ja, nach acht Jahren Haft ist mir nichts mehr fremd. Und ein Stukatsch, Alexander ... der bin ich nicht, das wird dir dein Gefühl sagen.« Er betrachtet den verglühenden Machorkastummel.

* Heinrich Alexander Stoll (*8. Dezember 1910 in Parchim;† 4. März 1977 in Potsdam) wurde im Januar 1950 ohne Gerichtsverfahren zu zehn Jahren Zwangsarbeit in Sibirien verurteilt. 1953, nach seiner vorzeitigen Entlassung aus der Haft, kehrte er wie Rudolf Hamburger in die DDR zurück und veröffentlichte zahlreiche populärwissenschaftliche Arbeiten zu Geschichte und Archäologie. Große Bekanntheit erlangte er mit seinen historisch-biographischen Romanen über das Leben von Heinrich Schliemann und Johann Joachim Winckelmann.

»Schwer, wo anzufangen, Axel, dir ist alles fremd, warst in diesen Jahren nicht zuhause. Gut, ich will's versuchen, muss aber weit ausholen. Die Zeit des dutzendjährigen Reiches«, so nannte er immer die Hitlerzeit unter Anspielung auf den anmaßenden Anspruch der Nazis auf ihr tausendjähriges Reich, »war auch für mich schwer. Als Altphilologe mit dem Studium der lateinischen, griechischen und hebräischen Sprache und als Archäologe mit einem Fimmel für alte Steinbrocken und Scherben stellte ich keine interessante Figur dar für die Nazis und als militärisch dienstuntauglich wegen Sehschwäche«, Alexander trägt eine scharfe Brille, »und allgemeiner Körperschwäche war ich erst recht überflüssig in diesem ›Volksstaat‹ der Supermänner. Ich überwarf mich mit einigen Nazikollegen und -vorgesetzten, fand keine Anstellung im Lehrberuf und ging in die freiwillige Emigration nach Italien, wo ich an Ausgrabungen teilnahm.«

»Wie mich das interessiert, Alexander.«

»Ja, dafür habe ich eine seltsam gute Spürnase. Doch darüber ein andermal. Später lebte ich unter den denkbar bescheidensten Umständen auf Capri von der Veröffentlichung kleiner Fachartikel und Nachdichtungen aus der Antike. Der Krieg zwang mich zur Rückkehr nach Deutschland zu meiner alten Mutter, die sonst niemand auf der Welt hatte außer mir.«

»Lebt sie noch?«

»Als ich Deutschland verließ, ja – aber sie weiß nichts über mein Schicksal … «, er hält einen Augenblick inne, um seine Bewegung zu unterdrücken, » … ich wollte mit ihr die schlimmen Jahre überstehen, fand etwas Arbeit, sie lebte von ihrer Rente. Endlich kam das Ende. Sowjetische Truppen befreiten unsere kleine Stadt, und die Besatzungsmacht ging daran, der Bevölkerung aus dem Chaos der Zerstörung, dem Hunger, der völligen Kopflosigkeit zu verhelfen, indem sie die Produktion ankurbelte und für Arbeit sorgte. Hand in Hand damit gingen die Kämpfe an der ideologischen Front. Konterrevolutionäre Elemente und Organisationen versuchten enttäuschte, verzweifelte und aus der Bahn geworfene

Menschen, denen der Faschismus zwölf Jahre lang seine Ideologie eingehämmert hatte, für eine gewaltsame Wiederherstellung früherer Machtverhältnisse zu gewinnen.« Alexander hält inne. »Muss noch eine Machorka rauchen.« Unglücklich blickt er sich in der Baracke um. Ich habe auch nichts mehr.

»Sascha« (Kosenamen für Alexander), grölt eine Stimme von der Pritsche über ihm, »wie lebst du, was? Wohl wie die Polen? Die mit dem längsten sind die Herren, haha.«

»Lass mich zufrieden, Boris«, fleht Alexander, »gib lieber Machorka.«

Von oben streckt sich ein Arm nach unten. In der großen ausgearbeiteten Hand liegt ein Papierchen mit Tabak drauf. Alexander sucht nach dem Faden.

»Du sprichst von den Konterrevolutionären … «

»Ja, es war ein höllisches Durcheinander von Zusammenbruch und Neuem – du kannst dir nicht vorstellen, was sich abspielte … Flucht aus panischer Angst vor der Besatzungsmacht, Selbstmorde, ein Schwarm von Wanderpredigern aller Spielarten, die noch mehr Verwirrung stifteten …«

»Und wie hast du dich zurechtgefunden, Alexander?«

»Ich war kein Nazi und atmete auf, als der Spuk zu Ende war. Kommunist bin ich auch nicht. Doch die Maßnahmen zur Herstellung der Ordnung fand ich gut. Ich sehne mich danach, zu arbeiten. Ein Stoff über die Antike, der mich seit den Ausgrabungen in Süditalien beschäftigte, war in meinem Kopf fertig und die Niederschrift in Form einer epischen Erzählung sollte beginnen. Da besuchte mich aus meinem Bekanntenkreis ein junger Mensch, den ich noch nicht allzulange kannte. Er gefiel mir gut wegen seines aufgeschlossenen Wesens. Im Laufe der Unterhaltung erwähnte er, er wolle die Zusammenkunft eines dieser zweifelhaften politischen Verbände besuchen. Ich warnte ihn dringend davor. Der junge Mann verabschiedete sich. Die Versammlung flog auf, zahlreiche Teilnehmer wurden verhaftet. Er war einer davon. Beim Verhör musste er alle Personen nennen, die er kannte. Um die Untersuchung milde zu stimmen, gab er sich offenbar reuevoll, redete, er weiß, was für ungereimtes Zeug und nannte mich seinen guten Freund, dessen Warnung er törichterweise in den Wind geschlagen habe. Wenige Tage später wurde ich abgeholt.« Über seine Züge legt sich ein schmerzlicher Ausdruck, als erlebe er noch einmal die Erschütterung jener Stunden.

»Abgeholt wurdest du, Alexander?« Ich bin über mich selbst erstaunt, mit welcher gelassenen Ruhe ich die Frage stelle. Nicht empört, nicht entrüstet – ganz natürlich erscheint es mir. Tatsächlich, nach acht Jahren Haft ist mir nichts mehr fremd.

»Was warf man dir vor?«

»Sabotage.« Nun bin ich doch nahe dran, die Fassung zu verlieren. »Du – Sabotage?«

»Ja … ich hätte sofort die Polizei von dem Vorhaben des jungen Mannes verständigen müssen, die Zusammenkunft zu besuchen.« Er hält inne. Lange Zeit schweigen wir. Seine Machorkazigarette ist ausgegangen, das Papier hat sich gelöst.

»Musst dir Lagerspucke anschaffen.« Er lächelt. Das Restchen übrige Machorka schüttet er sorgsam zurück in den Tabaksbeutel. »Und wie ging's weiter, Alexander?«

»Für die Unterlassung wurde ich, wie gesagt, ganz schlicht der Sabotage beschuldigt.«

»Paragraf 58?« Die hundertmal gestellte Frage gleitet mir mechanisch von den Lippen.

»Ja, Paragraf 58.«

»Zehn Jahre?«

»Ja, zehn Jahre Lager.« Bewegung in der Baracke macht dem Gespräch ein Ende.

»Axel, Zeit zum Suppe holen.« Alexander erhebt sich von seiner Pritsche. Die Häftlingskleidung schlottert ihm um seine dürren Knochen, als er mit dem Essgeschirr im Halbdunkel zum Ausgang läuft.

Mit Alexander und einigen Deutschen, die aus ähnlichem Anlass wie er zu zehn Jahren verurteilt und ins Holzfällerlager des Ural verschickt sind, einem kleinen Japaner, einem jungen Chinesen aus dem Fernen Osten und anderen marschiere ich jeden Morgen zum Elektrizitätswerk. Als Letzte stapft unsere Brigade im Gleichschritt durchs Lagertor, vorbei am Lagerkommandanten, den Ordnern, die auf Holzbrettchen mit der Glasscherbe die Brigaden ankreuzen, und Iwan Fomitsch, dem Lagerarzt in seinem weißen Kittel. Die Holzfällerbrigaden sind schon im Dunkel des Waldes verschwunden. Man hört ihr Stampfen, das Knacken der Zweige und zwischendurch barsche Kommandorufe der Wachen. Stumm legen wir die kurze Strecke zur Station zurück.

Unsere Arbeitszeit beginnt erst, wenn die Holzfäller am Rodeplatz angelangt sind. Köstliche vierzig oder gar fünfzig Minuten, bis die Sirene das Signal geben wird. Aus der Kälte eilen wir in die warme Station. Irgendwo möchten wir unseren todmüden Leibern noch einen Fetzen Schlaf gönnen. Auf Holzbänkchen, auf dem Betonsockel der Maschinen und auf mitgebrachten Klötzern und einem Brett darübergelegt, schlummern die Männer sitzend und liegend ein, andere stürmen eine enge Holztreppe hinauf und strecken sich auf der im Dachstuhl über dem Maschinenraum eingezogenen Holzdecke aus. Durch breite Ritzen und Astlöcher strömt die Wärme von unten angenehm herauf.

Eine graue Masse, liegen wir in Filzstiefeln und Watteanzug, die Mütze mit den heruntergelassenen Ohrenklappen auf dem Kopf, dicht aneinandergedrängt und verfallen in tiefen Schlaf. Als Letzter schleicht sich der kleine Japaner herzu. Er hat noch unten den Maschinisten der Nachtschicht begrüßt, der sich gleich zum Weg ins Wohnlager anschicken wird. Der kleine Japaner tastet sich trotz seiner Kurzsichtigkeit mit schlafwandlerischer Sicherheit über die Liegenden hinweg, ohne auf Hände und Füße zu treten. Mit der Witterung eines treuen Hundes spürt er in tiefer Dunkelheit in dem Menschenhaufen meinen Platz auf und zwängt seinen kleinen Leib neben meinen.

Im Halbschlaf flüstere ich »Tejo« und fahre mit der Hand über seinen Kopf.

Seit meiner Ankunft im Lager ist Tejo mein Freund. Er ist Mitte zwanzig. Vorher war er einsam und ist froh, dass jemand für sein Verlangen nach Wärme Verständnis hat. Die Holzfäller haben für den schlitzäugigen Zwerg nichts übrig. Sie nennen ihn Wanja, weil ihnen der fremde Name nicht gefällt. Der Junge stammt von der Sachalin-Insel. Wegen eines unbedeutenden kriminellen Vergehens hat er zwei oder drei Jahre bekommen. Von ihm ist wenig zu erfahren. Wie so viele durchs Land gestreunt und in eine Falle geraten. Was wird das Schicksal diesem flinken temperamentvollen Jungen noch bereiten, sobald er wieder draußen ist. Er kann hilfreiche Menschen finden, er kann in der Not auch zum Verbrecher werden. Zuerst müsste er seine schwachen Augen behandeln lassen, er ist sehr kurzsichtig, dann etwas lernen und eine Hand spüren, die ihn lenkt und betreut. Welches Mädchen wird ihn haben wollen, so einen mit der flachen Nase, der gelben Haut, dem Kurzsichtigenblick, der kleinen schmächtigen Figur. Sich noch mit ihm lächerlich machen. Ich wünschte, ich könnte mich um Tejo draußen in der Freiheit noch eine Weile kümmern. Wir werden etwa zur gleichen Zeit frei werden. Ach, verteufelt diese nutzlosen Träumereien von Freundschaft und Wärme.

Die Sirene heult auf. Die Arbeit beginnt. Von unserm warmen Lager stürzen wir herunter auf den Platz vor der Elektrostation, wo Berge von Holz darauf warten, zerkleinert zu werden. Die Brigade hat die Aufgabe, Stämme zu zersägen und sie in Kloben zu spalten. Große Mengen verschlingen die Kessel in 24 Stunden. Kein Stück Kohle kriegen sie zu fressen. Holz ist der einzige Brennstoff zur Stromerzeugung. Versucht mal, ihr Heizer und Maschinisten, mit Holz – und nassem oft noch dazu – die Glut im Kessel zu halten, damit genug Saft rauf zu den Sägen und ins Wohnlager gelangt. Heut früh hat mich das Stacheldrahtgespenst wieder angeödet: Grüß dich, mein lieber Sträflingsfreund, hast bei den Holzfällern versagt? Haha, hab ich mir gedacht. Dein Köpfchen, deine Gefühlchen sind hier nicht gefragt, mein Schätzchen. Muskeln, Muskeln. Nun geben sie dir eine Säge in die Hand. Sägen macht Freude, haha.

Säge bei Sonne, säge bei Regen,
Säge bei Schnee der GULAG zum Segen.

Und lassen sie dich vielleicht mal heraus, und du kannst dann noch das Kreuz bewegen, mein Herzchen, sägst du draußen weiter, haha. Und für die nächsten Wochen und Monate auf gute Nachbarschaft, mein Freund.

Dieser Schwall aus seinem Schandmaul dringt mir ins Ohr, als ich in der dreckigen Pissbude durch die Fensteröffnung blicke gerade auf den Stacheldrahtzaun gegenüber, der vom Scheinwerfer grell angeleuchtet wird. Wie spät es Tag wird in diesen Breiten. Der Sägebock wartet schon. Ich bin ein schlechter Mann am Sägebock. Hätte man mich in der Schule doch gelehrt, verdammt noch mal, eine Säge richtig zu halten, anstatt die Regierungszeiten der Karolinger und Sachsenkaiser auswendig zu lernen. Mein Partner jenseits des Sägebocks flucht auf mich lästerlich. Im ausgewogenen Rhythmus führt er das Sägeblatt stundenlang, ohne zu ermüden, mit gleichmäßiger Armbewegung hin und her, wenn … ja, wenn der Kumpel gegenüber seine Muskeln ebenso elastisch anspannt und entspannt, wie er es tut. Dann schwingt und tanzt das Blatt, während es tiefer in den Stamm dringt, und das helle Singen des Metalls macht die Musik dazu.

Sind zwei, drei Stämme zersägt, wird eine Machorkapause eingelegt. Wer in diesem Lande könnte keine Säge führen! Schon als Junge hat er der Mutter das Holz für den Küchenofen zersägt. Alexander, ich und paar andere sind verachtete Stümper. Bald stehst du herum, niemand will dich zum Sägen haben. Der Brigadier ist wütend. Hundsfott, beschimpft er dich über den ganzen Platz. Was stehst du rum! Bald Mittagspause, und die Stapel für die Nachtschicht noch nicht angefangen.

»Schluss mit dem säuischen Krach«, brüllt der Soldat vom Wachturm herunter. »Marsch an die Arbeit und Ruhe da unten.«

»Komm«, sagt Tejo, »wir sägen zusammen.« Er fängt meine Mängel so geschickt ab, dass wir schließlich vorankommen, bis die

Mittagssuppe gebracht wird. »Dummes Mistschwein da oben«, sagt Tejo, seine Suppe löffelnd, und den Kopf zum Wachturm rüberwerfend, »soll nicht schimpfen auf dich und Brigadier auch nicht.« Der ausgediente Soldat da oben tut uns leid. Uns macht die Arbeit warm. Er steht stundenlang in grimmiger Kälte mit einem alten Karabiner im Arm auf dem luftigen Holzgestell. Zwickt ihn der Frost durch die Filzstiefel, steigt er die Leiter herunter, vertritt sich im Schnee die Füße und steigt wieder herauf. Lange darf er seinen Auslug nicht verlassen. Sonst verstößt er gegen die Dienstvorschrift. In einem winzigen Holzhäuschen am Hang wohnt er mit seiner Familie. Wache stehen, Essen, Schlafen, Wache stehen. Ein Leben in Gefangenschaft wie unseres.

Mein System, Geld für die Freiheit zurückzulegen, baue ich intensiver aus, je näher der erhoffte Tag der Freilassung heranrückt. Noch neun Monate stehen vor mir. Fast den ganzen Gefangenensold spare ich mir vom Munde ab und lasse ihn an die Lohnabteilung der Zentrale in Solikamsk überweisen. Dabei krallt sich der Hunger immer tiefer in den ausgemergelten Leib. Er zerrt und reißt an meinen Nerven, gibt keine Ruhe bei Tag und Nacht. Im Traume sehe ich volle Schüsseln Grütze, die ich nicht erreiche – keinen Braten oder Süßspeise, immer nur Grütze. Abends schleiche ich mit Tejo zu den Abfallhaufen der Küche hinter den Kloaken. Wir klauben gefrorene Mohrrübenschalen heraus und verschlingen sie.

Schon in früheren Lagern hatte ich Ansichtskarten gezeichnet, um Geld zu verdienen. Ein paar Bogen verstaubter weißer Karton und ein kleiner Tuschkasten mit Wasserfarben fallen mir bei einem unauffälligen Streifzug durch das Versammlungszimmer in die Hände. Schnell alles unters Kopfkissen, bis ich mir von Iwan Fomitschs Sanitätsgehilfen gegen Zusage von Ansichtskarten eine Verbandschere erbettle, und der Karton in Postkartenformate zerschnitten ist. Bis mir die Augen nachts zufallen, zeichne ich Rosenbuketts, lodernde Herzen und Anker, Glücksfeen mit üppigen Busen und immer wieder das bärtige Väterchen Frost, eine Abwandlung des Weihnachtsmannes, im scharlachroten Mantel mit weißem Fellbesatz und der Unterschrift »S nowym godom« – Frohes Neujahr. Die Karten finden Absatz. Das bisschen bunter Kitsch ist Schönheit im armseligen Dasein der Häftlinge. Jeder möchte den Seinen zum Jahreswechsel einen farbigen Gruß senden.

Des Nachts Väterchen Frost malen, lastet bald auf mir ebenso wie das Holzsägen bei Tage. Aber die Karten sind gefragt. Alle sind nett zu mir. Mein Konto wächst. Bald muss es 200 Rubel betragen. Manche bezahlen mit Machorka, die meisten in bar. Ich erinnere mich nicht mehr, wieviele Kopeken es waren. Die Ärmsten, die gar nichts haben, umlagern meine Pritsche, hocken auf der Erde oder sitzen neben mir auf der Bettkante, um zuzuschauen, wie Väterchen Frosts Purpurmantel entsteht. Dabei überhäufen sie mich mit Schmeicheleien über mein künstlerisches Talent, um mir eine Gratispostkarte oder etwas Machorka abzuluchsen. Jeder im Lager weiß, dass ich jetzt reich an Machorka bin.

Tejo kommt nur für einen Augenblick vorbeigesprungen. Nirgends hält es den unruhigen Geist, als müsse der kleine gelenkige Körper unaufhörlich in Bewegung sein. Von mir läuft er zu den Abfallhaufen, blickt in die Baracke der Bljadnije herein, wo Karten gespielt wird, oder prügelt sich auf dem Hof mit dem gleichaltrigen Chinesen, einem frechen Patron, der ihn provoziert. Er zeigt auf sein Geschlecht und ruft: »Na, du, hier, kannst mich … komm doch her.« Und dann geht's los.

Alexander nebenan ist nicht erbaut über meine geräuschvollen Besucher. Er sagt nie etwas. Unbeweglich auf dem Rücken liegend, verbringt er den Abend, den Blick nachdenklich nach oben gerichtet, und schweigt. Alexander kann den Hunger noch schlechter ertragen als ich. Er quält ihn entsetzlich. Mit hastiger Gier löffelt er die Suppe, verschlingt er den Brotkanten und blickt verzweifelt um sich. Ich gebe ihm Machorka, eine Betäubung gegen den Hunger, wenn auch nur für eine kurze Weile. Er findet schließlich Schlummer, und auch meine Besucher überfällt die Müdigkeit, und sie verziehen sich. Dann packe ich, selbst todmüde, den Tuschkasten weg und atme die Stille der Nacht.

Noch eine Machorkazigarette möchte ich ganz für mich in langsamen Zügen genießen. Auf den Zehenspitzen schleiche ich vor die Barackentür und zünde sie an. Zurückgekehrt blase ich den Rauch halb liegend, einen Arm aufs Kissen gestützt, unter die Bettdecke. In einer nahegelegenen Pritsche bewegt es sich. Das Geruchsorgan des Machorkasüchtigen wittert den feinsten Tabakdunst im Schlafe.

Schon sitzt Kolja neben mir, seinen gierigen Blick auf den glühenden Punkt geheftet. Über mir beugt sich ein langer Hals herunter, und links hat sich Wassili eingefunden, einer aus meiner Brigade. Zum Teufel ist der Genuss der friedlichen Abendzigarette. Du sitzt da, unbeweglich, spürst die schlafwarmen Körper neben dir, an jeden Zug heften sich verzehrende Blicke. Mehr als eine halbe Zigarette darfst du nicht aufrauchen. Es wäre ein Verstoß gegen die Regel der Kameradschaft. Kolja darf als erster weiterrauchen, weiter geht's so, wie sie gekommen sind. Eifersüchtig wacht der Nächste und streckt die Hand aus. Der Letzte hält einen Fetzen qualmendes Papier zwischen den Fingern. Wütend schleudert er es zu Boden und schickt ihm eine Ladung Spucke mit einem saftigen Mutterfluch nach. Lautlos sind sie fort.

Gerade will ich die Decke über die Ohren ziehen, da raschelt es von der Ofenbank her, wo der Hinkende schläft. Der Hinkende ist unser Barackenwärter. Alle nennen ihn Hinkefuß. Früher fand ich es roh, jemand einen Spitznamen zu geben, der ihn an seine Gebrechen erinnert. Hierzulande ist es üblich. Man ruft: Du – Buckliger, oder Einäugiger oder Hinkefuß. Sie fühlen sich nicht verletzt. Klein von Wuchs, aber stämmig, mit einer Faust, die manchen widerspenstigen Randalierer zur Vernunft gebracht hat, verschafft er sich Autorität in der Baracke. In Hinkefuß' Gesicht sitzt eine breite flache Nase, boshaft verzogene fleischige Lippen und kleine grünliche misstrauische Augen. Ein hässlicher bösartiger Zwerg, sagen alle Häftlinge. In Armut aufgewachsen, ist er in seiner Jugend sicher von den Altersgenossen gehänselt worden. Vielleicht erging es ihm von den Eltern und Geschwistern nicht besser. Über den Grund seiner Lagerhaft weiß ich nichts. Hat er gestohlen, eingebrochen, vergewaltigt – wie gleichgültig erscheint alles in diesem Massenasyl der Schuldigen und Unschuldigen. Dicht sitzt er jetzt neben mir im derben grauen Hemd und die Unterhosen unten mit Bändern zugebunden, aus denen der gedrungene stramme nackte Fuß und der andere verkümmerte herausschauen. Sein blondes Borstenhaar streift meine Wange. Seine dicken Finger halten mir einen Zeitungsfetzen hin. Gib – sagt er kurz und fordernd. Ich schütte das Papier voll Machorka. Langsam dreht er die Zigarette, und wie ich ihn verstohlen von der Seite mustere, erwacht Sympathie für das boshafte Menschlein, das vielleicht ebenso alleingelassen ist in der Welt wie Tejo und nie einen Hauch Liebe erfuhr. Schlaf gut, sage ich, versetze ihm einen Schlag auf den Schenkel und rutsche unter die Decke. Ohne Erwiderung ist er von der Bettkante geglitten und im Dunkel verschwunden. Ein paar Tage später zeigt er mir seine Dankbarkeit. Von einem Extraschlag Grütze aus der Küche bringt er mir nachts die Hälfte ans Bett, zusammen mit seinem Holzlöffel, den er vorher ringsum ableckt, damit er sauber ist.

Vor ein paar Tagen haben sie frühmorgens einen Mann aus der Baracke getragen. Von zuhause hatte man ihm vier Kilogramm Zucker geschickt, die er in seiner Gier nachts im Dunkeln auf der Pritsche sitzend bis auf einen Rest verschlang. Magen und Därme hielten die ungewohnte Belastung nicht aus, und als Iwan Fomitsch mit dem Auspumpen des Magens begann, ist er unter schrecklichen Qualen gestorben. In der Doppelstockpritsche über Alexander schläft ein Wüstling, der selten eine Nacht anwesend ist. Alles weicht ihm aus, und auch der Hinkefuß würde sich nicht mit ihm anlegen. Es ist Boris, derselbe, der damals Alexander mitten aus unserem vertraulichen Gespräch herausriss, ihm den gemeinen Vers zugrölte und ihm eine Prise Machorka spendierte. Boris ist mehr zufällig in unsere Baracke verschlagen worden. Seinen Platz müsste er unter seinen Freunden, den Schwerverbrechern, haben, die in unserer Stacheldrahtkolonie zahlreich vertreten sind und den Ton angeben.

Nirgends habe ich so viele »Zwanzigjährige« – Kriminelle, die zu zwanzig Jahren verurteilt sind – angetroffen, wie in diesem zah-

lenmäßig kleinsten Lager meiner achtjährigen Haftzeit. Diese
»schweren Jungens« findet man gewöhnlich in Lagern mit harten
Arbeitsbedingungen als Holzfäller, beim Straßenbau und in sicheren
Gegenden, wo Ausreißen so gut wie keine Chance hat. Zwanzig
Jahre seines Lebens als Gefangener vor sich zu haben, ist unvorstellbar – eine Ewigkeit, und kein von diesem Schicksal Betroffener
wird – auch wenn er schon sechs oder acht Jahre abgesessen hat –
über seine Zukunft nach der Freilassung nachdenken. Es wäre sinnlos. Für ihn zählt das Heute – und nur das Heute. Das Heute, das
ist die verhasste Zwangsarbeit, fünf Uhr aufstehen, die harte Disziplin unter einem Klotz von Brigadier, Normerfüllung. Davon gibt
es kein Entrinnen. Das Heute ist der volle Bauch. Dafür sorgt der
Brigadier. Die Zwanzigjährigen leben zusammen in einer Baracke,
in die du besser nicht hineingehst, wenn du nicht musst. Keiner von
ihnen holt sich aus der Küche sein Essen selbst. Der Koch weiß, was
er ihnen schuldig ist. Der Brigadier hat es ihm gesagt: Reichlich
Fressen für die Jungens, Bljad, mit viel Fett dran, Bljad, keine
Plempe, sonst … Kommen sie von der Arbeit, warten in der Baracke
die vollen Schüsseln, sonst … Sonst ist der Koch nicht lange Koch.
Woher er die doppelten Portionen nimmt – seine Sache.

Nach der Sättigung erwacht der Trieb nach anderen Genüssen.
Frauen sind nicht zu haben. Bleibt das Glücksspiel. Nachts wird die
Baracke der Ganoven zur Spielhölle. Auf Decken und Kissen im
Kreise auf der Erde sitzend, bekleidet mit Hemd und Unterhose,
liefern sich vom Spielteufel Besessene leidenschaftliche und erbit-
terte Schlachten. In diese Gesellschaft begibt sich gegen 21 Uhr,
wenn wir andern uns schlafen legen, der Bewohner über Alexanders
Pritsche, Boris. Als Stammgast von seinen Freunden begrüßt, nimmt
er seinen gewohnten Platz in ihrer Runde ein. Der Einsatz ist Geld,
Kleidung, Machorka, Lebensmittel. Eifersüchtig wird darüber ge-
wacht, dass jeder Spieler seine verfügbare Habe komplett zum Einsatz bringt. Das Spiel beginnt geräuschlos. Erst wenn jemand am
Verlieren ist und das Risiko eingeht, weiterzuspielen ohne Einsatz,
gibt es Bewegung. Er ist verpflichtet, seine Verluste durch Diebstahl

zu begleichen. Irgendwo in dieser oder einer anderen Baracke hängen die Mäntel, Hemden, Hosen.

»Morgen Abend ist der Mantel aus der Baracke 3 da«, wird ihm drohend zugerufen. Doch die Hasardeure sind wie im Fieber. Sie dulden keine Ablenkung und schreien: »Weiter, los … los.« Die Karten werden gemischt und verteilt. Hysterisches Lachen, Aufschreie und wutschnaubende Flüche begleiten das Aufschmettern der abgegriffenen schmutzigen Karten auf den Fussboden. Ein Ganove springt auf, beschuldigt den andern des Falschspiels. Sie packen sich an der Kehle, zerreißen sich das Hemd, zerren sich an den Haaren, Rauferei und wüste Reden bringen das Spiel zum Stillstand … Die andern blicken gelassen zu, bis jemand die Kampfhähne zur Raison bringt. »Weiter … los … weiter …«, schreit es erneut durcheinander, und weiter geht's bis tief in die Nacht. Wer mit Schulden aufsteht, erhält sie bis zum nächsten Abend gestundet. Will er seinen Ruf retten, dann heißt's: »Auf, zum Raubzug rüsten.«

Wie die Schakale schleichen diese Hurensöhne durch die Baracken. Tag und Nacht bist du vor ihnen keinen Augenblick sicher. Kommst du todmüde von der Arbeit, wirfst du den Buschlat auf deine Pritsche, drehst dich um – weg ist er. Die nächste Nacht, wenn das Spiel beginnt, müssen diese Bastarde die Spielschuld einlösen. Oder sie werden zusammengeschlagen und vom Kartenspiel ausgeschlossen.

Boris kehrt in den Morgenstunden aus dieser Hölle zurück. Entweder erscheint er mit nichts außer dem Unterhemd am Leibe oder er bringt einen Sack voll Beute mit, den er schleunigst unter der Matratze verstaut. Er schlurft noch paarmal hin und her, brummelt mit seiner versoffenen Bassstimme Unverständliches vor sich hin, guckt auf die Ofenbank zu Hinkefuß herüber und zieht sich dann mühselig zu seiner Pritsche herauf. Am Morgen ist der Platz unter seiner Matratze sauber. Der Sack ist verschwunden. Ganoven sind mit Hehlern im Bunde, die das Diebesgut noch vor dem Frühappell verstecken oder verkaufen, ehe eine Überraschungsstreife es entdeckt. Natürlich gehört Hinkefuß in den Ring. Er sieht zu viel und er weiß zu viel, als dass so ein gerissener Schuft wie Boris ihn sich nicht durch Bestechung oder Erpressung gefügig machte. Hinkefuß macht mit. Oder soll er sich zu Ehren der GULAG eines Nachts zum Krüppel schlagen lassen!

Boris ist gefährlicher als die Durchschnittsganoven, die brutale Gewalt anwenden. Boris ist intelligent. Ich schätze ihn ein als einen Mann mit qualifizierter Ausbildung. Nach seinem Paragrafen würde ich nicht fragen. Er verriete ihn nicht, ebenso wenig wie seinen Abstieg in die Verkommenheit. Seine Züge verraten genug. Er scheint für jedes Laster empfänglich. Davon zeugen die wulstigen formlosen herunterhängenden Lippen, die abstoßend wirken. Zudem ist Boris außerordentlich schlau, mit einem sicheren Gespür für die Schwächen anderer, die er ausnützt, um ihnen zu schaden oder für sich daraus Vorteil zu ziehen. Unter den Häftlingen in diesem Lager besteht keine Animosität gegen die Deutschen. Boris schürt sie, indem er sie als Nazis verunglimpft. Wäre es echter Hass gegen den Faschismus! Aber solcher Gesinnung ist dieser Lump gar nicht fähig. Er würde morgen mit jedem Nazi gemeinsame Sache machen, hätte er seinen Vorteil dabei. Es ist einfach die Lust am Anheizen von Zwietracht. Ebenso betreibt er Rassenhetze. In den neuneinhalb Lagerjahren ist sie mir nicht begegnet, trotzdem Antisemitismus noch weit verbreitet ist. Die einzige Ausnahme bildet die Bemerkung eines Häftlings, dem ich irgendwo in einem Umschlaglager begegnete. Lehrer von Beruf, bekundete dieser Mann seinen Hass gegen den Faschismus mit der Einschränkung, etwas Gutes sei Hitler dennoch zu verdanken: die Ausrottung der Juden.

Boris agitiert einige junge Kerle aus meiner Brigade, denen von ihrer bäuerlichen Umwelt her Begriffe wie Rassendiskriminierung fremd sind. Boris erzählt ihnen, Juden seien schlimmer als geschwänzte Teufel und der Abschaum aller Lebewesen schlechthin, kurz, druckreife Enthüllungen aus den Spalten des seligen ›Stürmer‹. Unter den hiesigen Deutschen befänden sich solche Exemplare. Nachdem der alte Schuft dieses Geschäft erledigt hat, kehrt er zu seinem Liebling zurück, zu Alexander, den er beim Kosenamen Sascha nennt. Während Alexander reglos auf der Pritsche liegt und ihn keines Blickes würdigt, beugt er seinen nach Schweiß und Schnaps stinkenden Körper von oben zu ihm herab, und das ausgefranste zahnlose Maul grölt auf ihn ein. Alexander liegt da wie eine Mumie, mit angespannten Nerven die widerwärtige Flut von Provokationen, Schmeicheleien und Obszönitäten über sich ergehen lassend. Unwillkürlich erinnert mich diese Szene an den Fürsten Galizyn. Er wie Alexander bewahren hohe Disziplin in Situationen, wo ihnen Verachtung und Ekel bis an die Kehle stehen.

Dem Ringverein der Bljadnije und Gewohnheitsspieler gehören die Passierscheininhaber an. Ihre Dienste als Verbindungsleute mit der Welt jenseits des Stacheldrahtes sind unentbehrlich. Heiße Ware, frisch erbeutet, muss eilig aus dem Lager verschwinden, ehe die Tat ruchbar wird. Diese verwegenen Burschen schaffen sie an den Wachen vorbei hinaus und setzen das Diebesgut unter der Landbevölkerung ab, die infolge spärlicher Versorgung durch den staatlichen Handel vorbehaltlos zugreift. Wer brauchte nicht Jacke, Hemd oder gar Filzstiefel. Der Erlös wird sofort umgesetzt. Mit Bargeld ist dem Lagerganoven nicht gedient. Sein Verlangen steht nach Wodka oder jeder Art Fusel oder Sprit. Das strenge Einfuhrverbot von Alkohol ins Lager versetzt die Schmuggler in eine gefährliche Lage. Nur mit Hilfe eingeweihter Ordner und Posten kommen sie durch. Wie überall im Leben – jeder kriegt seinen Bissen ab.

Die Lagerleitung steht vor dem Rätsel, wie unversehens der Alkoholgenuss zunimmt. Verschärfte Kontrollen führen zu keinem Ergebnis. Das Rätsel löst sich, als an einem schwülen Sommertag ein alter Gaul, der fast täglich Lebensmittel und Kohle für die Küche aus dem Tal heraufzieht, am Lagertor lästige Fliegen mit dem Schwanz fortwedelt. Eine darunter festgebundene Schnapsflasche kommt zum Vorschein. Dieser bauernschlaue Trick löst Stürme von Heiterkeit aus und kürt den Kutscher zum Helden des Tages.

Die Lagerleitung ist durch ihre Zuträger über alle Vorgänge im Lager informiert. Trotzdem hält sie sich sehr zurück, ehe sie eingreift. Die Wachen schlagen bei ihrem nächtlichen Patrouillengang einen Bogen um die Spielhölle und lassen die Ganoven gewähren. Solange sie morgens zur Arbeit antreten, und der Plan erfüllt wird, drückt man vor Kartenspiel, Diebstahl, Alkohol und sonstigen Verstößen beide Augen zu. In diesem abgeschiedenen Holzfällerlager, weit entfernt von der Hilfe der Obrigkeit und angewiesen auf das kleine Wachkommando, muss der Lagerkommandant jede Maßnahme vermeiden, die zu Unruhe oder gar Aufruhr führt. Sonst schadet er sich nur selbst. Er gerät in den Ruf eines untauglichen Leiters.

Den Ganoven kann nichts passieren. Höchstens Versetzung in ein anderes Lager. Und was tut ihnen das! Dort finden sie gleich wieder Anschluss. Das ist die Wahrheit: Die Ganoven sind die eigentlichen Herren und tyrannisieren das Lager. Führst du als schlichter Häftling bei der Lagerleitung Klage über den Diebstahl deiner Wattejacke, ohne die du bei der Kälte nicht ausmarschieren kannst, gibt's kein Pardon. Musst besser aufpassen, und damit bist du entlassen. Lange musst du laufen, betteln und schmieren, ehe dir aus der Kleiderkammer ein altes schmutziges Stück hingeworfen wird. Am besten, du fängst selber an zu stehlen.

Tejo wird zum Abtransport aufgerufen. Mit fünfzehn anderen verlässt er eine Stunde später das Lager. Ein kurzes Winken, ein Abschied für immer. Neun Jahre Zeit hatte ich, mich auf solche Härtetests zu trainieren. Scheinbar lässt sich manches Herz nicht in Stahlklammern zwängen. Schwer wird mir's, als sich die Tore hinter Tejo schließen, und die Gedanken suchen ihn noch oft in einer ungewissen Ferne.

Im Büro wird mir mitgeteilt, aus der Hauptverwaltung der Usollag in Solikamsk ist mein Geld überwiesen worden. Fast 200 Rubel. Was soll das bedeuten? Angefordert habe ich es nicht. Es hier behalten, heißt sicherer Verlust. Von den schwatzhaften Ordnern, die sich im Büro herumdrücken, um alles herauszuschnüffeln, erfahren es abends die Ganoven, mit denen sie auf vertrautem Fuß stehen. Und dann, ade, meine mühseligen Ersparnisse für den Tag der Freiheit. Das Geld lasse ich zurückschicken. Der Alltag geht weiter. Sägen, Sägen, Sägen. Die Gedanken aber schweifen weit weg, denn der Tag der Entlassung rückt nahe. Wie werde ich mich zurechtfinden in diesem Land, wo Arbeit finden ohne Zeugnisse meiner Fachausbildung und in schlechtem Gesundheitszustand! Und wohin werde ich verschlagen werden.

Ein kräftiger Fluch meines Sägepartners reißt mich in die Gegenwart zurück. Schon wieder zerre ich das Sägeblatt auf mich zu, anstatt es schwingen zu lassen … und werde ich die Staatsbürgerschaft des Landes annehmen müssen? … Vor der Elektrostation steht der baumlange Maschinist Kolja und flucht mit erhobenen Fäusten zu uns herüber. Zuviel nasses Holz auf den Stapeln, ihr Päderasten, die Maschinen kommen nicht auf Touren. Trockenes Holz muss her. Woher nehmen, brüllen wir ihm zu. Täglich entbrennt der gleiche Streit. Er braucht trockenes Holz, wir haben keins. Ehe nicht die Brennstoffversorgung der Nachtschicht abgesichert ist, dürfen wir nicht vom Holzhof herunter. Der Maschinist flucht, der Brigadier flucht, der Wachsoldat flucht von seinem Turm herunter. Jede Minute länger Arbeit bedeutet auch für ihn verlängerten Dienst. Der Sommer ist da, Wärme, Harzgeruch, Vogelstimmen. Aber wir hassen den Wald und das Harz, wir hassen die Bäume. Für uns sind sie die tägliche Fron, jedes Scheit Holz ein Brandmal verfluchter Sklaverei.

Auf dem Heimweg stauen sich die Holzfällerbrigaden am Lagertor, müde von der Arbeit und den Strapazen des Marsches durch den Urwald. Ringsum Fluchen und Schimpfen. Heute findet Haarkontrolle statt. Alle, die beim Sonnabendbad um den Friseur einen Bogen schlagen, wenn er den Langhaarigen den Kopf stutzt, werden jetzt hier an Ort und Stelle geschoren. Neben dem Wachhabenden steht der Friseur.

»Wer hat langes Haar? Die Mützen runter. He, ihr da hinten, seid ihr was Extraes? Runter die Mützen. Marsch, her mit euch. Friseur, abgeschnitten die Loden.« Ich gehöre zu den Aussortierten.

»Bürger Wachtmeister, in wenigen Wochen werde ich entlassen.«

»Na, du Oberschlauer, bis dahin ist noch viel Zeit. Für die Arbeit brauchst du deine Haare nicht – oder für die Schönheit? Bist wohl gar noch eitel, alter Esel! Friseur, runter damit.«

Wieder wird mein Geld hergeschickt. Was steckt dahinter, verdammt? Auch erfahrene Häftlinge, die ich frage, finden keine befriedigende Auskunft. Wieder geht es zurück an die Buchhaltung der Usollag.

In aller Morgenfrühe eines denkwürdigen Tages werden elf Häftlinge vom Ordner angewiesen, nicht mit der Brigade zum Ausmarsch anzutreten, sondern im Lager zurückzubleiben. Ich bin einer davon. Nachdem sich die Tore hinter den Kolonnen geschlossen haben, und die Zählung der zurückgebliebenen Insassen erfolgt ist, begegnen wir elf uns im Hof. Wann ist deine Frist zu Ende? Wann deine? Morgen in vierzehn Tagen, Bljad, hab schon lange darauf gewartet, dass sie kommen, Bljad. Uns ist klar: es geht um die Freilassung, heute entscheidet sich unsere Zukunft. Von der zentralen Lagerverwaltung wird jemand heraufkommen ins Dickicht der Taiga und uns unser Schicksal verkünden. Langsam zerstreuen wir uns wieder, jeder in seinen Bau. Wenn der Ordner uns holen kommt, müssen wir an unserm Platz sein. Unruhig sitze ich herum, stehe auf und schreite in der langen menschenleeren Baracke auf und ab, bis ein Schichtarbeiter der Elektrostation, der sich gerade zum Schlafen hingelegt hat, mir einen wütenden Fluch entgegenschleudert. Ich setze mich zu unserm Barackenwärter, dem Hinkefuß. Wie immer, ist er grob und brummig. Im Zustand gehobener Stimmung stört mich das nicht. Ich könnte meinen Arm um das boshafte Bündel legen. Doch ich unterdrücke diese zärtliche Regung und greife nach dem Machorkabeutel. Hinkefuß holt eine reichliche Portion mit drei Fingern heraus ohne Anzeichen freundlicher Gesinnung. Ich habe längst gelernt, dass Menschen seiner Art solcher Regungen nicht fähig sind, ihre guten Gefühle aber im Innern schlummern, ohne dass sie sie ausdrücken können.

Inzwischen vernimmt man das schnaufende Geräusch eines Lastwagens, dessen ratternder Motor schließlich aussetzt. Hinkefuß' Neugier ist erwacht. Er läuft heraus und kehrt mit der Nachricht zurück: sie sind da. Drei Männer – drei Finger strecken sich in die Luft – und zwei Frauen. Daumen und Zeigefinger bleiben stehen. Nicht lange – und der Ordner ruft mich.

»Schnell, los los, in die Verwaltung.« Im Vorraum sitzen schon andere und warten. Sie sind rasch abgefertigt. Ich bin dran. Fünf Augenpaare mustern den eintretenden Ausländer. Man lässt mich hinsetzen. Der Vorsitzende sagt: »Ihr Entlassungstag ist der … » Er sieht in der Liste nach und nennt das Datum.

»Na, und wohin wollen Sie?« Auf diese Frage bin ich nicht gefasst. In den zahlreichen Lagern, in denen ich mich aufhielt, bestand unter den Häftlingen die Meinung, die GULAG schreibe den Aufenthalt nach der Entlassung vor, wie sie auch damals in Kasachstan dem Vermessungsingenieur einen Platz vermittelt hatte. »Ja, wohin wollen Sie?«, höre ich meinen Gegenüber zum zweiten Male etwas ungeduldig fragen.

Ja, wohin? Was weiß ich von diesem Lande nach neuneinhalb Jahren hermetischer Abgeschlossenheit, was von beruflichen Arbeitsmöglichkeiten. Wie ein Blinder bin ich, der sagen soll, ob er sein Zimmer rot oder blau gestrichen haben will. An der Wand hat die Kommission eine Landkarte dieses rätselhaften Kontinents befestigt. Seine Umrisse und der riesige rote Punkt der Hauptstadt sind mir bekannt. Was sich aber hinter den buntscheckigen Republiken, Gebieten und Rayons verbirgt, wer sagt mir das. Jeder andere Häftling weiß ohne Landkarte, wohin er will. Nachhause. Auch ich äußere diesen Wunsch, dafür seien noch eine Menge Formalitäten notwendig, es würde eine Zeit dauern, inzwischen müsste ich ja irgendwo leben. Wieder tritt Schweigen ein. Von der Kommission kein Rat, kein wohlwollender Vorschlag für den Ausländer, um ihm den schweren Anfang zu erleichtern. Wohin soll ich? Der Vorsitzende scharrt vernehmlich mit der Stiefelsohle über die Holzdiele und eine der beiden Frauen blickt auf das Zifferblatt ihrer

Uhr. In diesem Augenblick der Verlegenheit und Aufregung erlöst eine glückliche Eingebung mich aus der Not. Vergiss die Landkarte an der Wand. Denk nur ans eines: weg von den grausamen Wintern des Urals, von Frost und Schnee des Ostens und Nordens dahin, wo in einem warmen Land die Natur sich reich entfaltet, Obst, Gemüse und Blumen gedeihen, und im Schutz eines fruchtbaren Klimas auch das Leben unbeschwerter und froher fließen müsste. Dort bist du nicht mehr fern von deiner Heimat.

»Nach dem Westen wollen Sie?« Sie fahren mit dem Finger auf der Landkarte die Grenzen der Ukraine entlang. Schließlich finden sie eine kleine Stadt.

»Eine größere wird günstiger für die Arbeit sein.«

»Dürfen Sie nicht. Nur mittlere und kleinere.«

»In einer kleinen werde ich keine passende Arbeit finden.«

»Arbeit gibt's bei uns überall und für jeden«, sagt einer der Kommission gekränkt.

»Und dieses Städtchen ist sehr geeignet«, erwärmt sich ein anderer. Sicher hat keiner der fünf je vorher davon gehört. Ich bin entlassen. Draußen rebellieren sie. Hast dich endlich ausgemärt, Bljad. Wolltest wohl gleich in die Hauptstadt, Parasit? Der Nächste wird aufgerufen. In der Baracke strecke ich mich auf der Pritsche aus, um das Erlebte zu überdenken. Doch schon ertönt die Befehlsstimme des Ordners: Fertigmachen zur Arbeit.

Die letzten Wochen erscheinen endlos. Sägen, sägen. Die Schimpfereien des Maschinisten. Zu wenig trockenes Holz, der Hunger. Alexander neben mir ist fast am Ende seiner Kräfte. Wie wird er die Jahre durchhalten? Sägen kann er nicht länger. Jetzt soll er Barackenwärter werden. Eine ekelhafte Arbeit – mit Ganoven, Dieben und heimtückischem Gesindel zurechtzukommen. Dahin gehört einer wie Hinkefuß. Doch ist es das einzige, was Alexander in diesem Holzfällerlager übrig bleibt. Jetzt sitzt die gebrechliche Gestalt in der elenden geflickten Häftlingskleidung nahe am Eingang einer Baracke auf der Bettkante. Pathetisch anzusehen, mit welcher Willenskraft er im Durcheinander und Geschrei auf einem winzigen Zettel mit einem Bleistiftstummel Gedanken festhält, Gedichte schreibt, die fern, fern in eine andere Welt hinüberreichen. Und schon kommt einer wütend angerannt: »Kein heißes Wasser da, Bljad, bist du blind? Heißes Wasser her, aber schnell, Parasit.« Alexander steckt Papier und Bleistift unters Kopfkissen, ergreift einen Eimer und geht Wasser holen.

Der Tag der Befreiung kommt. Kurzer Abschied am Tor von den Ausmarschierenden. Ein Lastwagen befördert die kleine Gruppe auf Hohlwegen durch die Taiga talwärts. In der Buchhaltung der Usollag-Zentrale hole ich Papiere, Fahrkarte und Geld ab. 96 Rubel und 40 Kopeken, sagt der Kassierer und zählt Scheine und Hartgeld auf den Tisch. Ich werde blass. »Es müssen über 200 Rubel sein.«

»Wir haben die Fahrkarte davon bezahlt. Wer eigenes Geld besitzt, muss nach den Bestimmungen die Kosten für die Heimfahrt selber tragen. Für Unbemittelte kommt die Verwaltung auf.«

Das ist des Rätsels Lösung. Ein wohlwollender Häftling aus der Buchhaltung wollte mir mein Geld retten, indem er mein Konto löschte und den Betrag zweimal ins Lager schickte, damit die Verwaltung die teure Fahrkarte bezahlt. Der Schlusspunkt hinter neuneinhalb Jahren Kerker und Stacheldraht ist gesetzt. Ans Ende der Welt verschleppt, bezahlst du paar tausend Kilometer Bahnfahrt von deinem Gefangenensold. Ade, schöner Traum von den zwei Wochen ersehnter Erholung. Doch ich bin frei, der Hölle entronnen. Im Übrigen habe ich in dieser Schule des Lebens die richtige Philosophie der Erniedrigten gelernt: Scheiß drauf.

Nach einigen Tagen Fahrt erreiche ich das Landstädtchen S. Ich habe noch 78 Rubel. Im einzigen Gasthaus finde ich Unterkunft, die ich mir höchstens für ein paar Tage leisten kann. Ich muss sofort Arbeit und Wohnung finden. Ein entlassener Lagerhäftling! Ein Ausländer! Wen soll er ansprechen, wo sich Rat holen. Ich klopfe bei der Stadtleitung der Partei an. Dem Ersten Sekretär trage ich mein Anliegen vor. Arbeit und ein kleines Darlehn. Der Erste Sekretär belehrt mich über die führende Rolle der Partei beim Aufbau des Sozialismus und die Erfüllung der Beschlüsse des letzten

Parteitages. Dabei gerät er in solche Ekstase, dass er vom Sessel aufspringt und mit geballten Fäusten, die in der Luft herumfuchteln, seine aufschlussreichen Darlegungen begleitet. In den schäbigen Überresten dessen, was einst ein Anzug war, sitze ich und höre zu. Schließlich landet er wieder auf der Erde, nimmt Platz auf seinem Sessel und lehnt die Unterstützung ab. Leider ... aber aus prinzipiellen Gründen.

Ich bin inzwischen herausgeschlichen und streife durch die Bauernhäuser am Stadtrand. Eine Frau nimmt mich in ihre selbstgebaute Kate auf. Eine Bauernstube und eine winzige Küche. Ich schlafe in der Küche. Um das Haus ist ein hübsches Bauerngärtchen mit Phlox und Malven. Hinten scharren die Hühner. Die Nachbarn kommen und besichtigen mich. Sie wissen, woher ich komme. Kein Wort fällt, niemand stellt eine Frage. Sie nehmen den entlassenen Sträfling voll Wärme und Gastfreundschaft auf mit der Unvoreingenommenheit gerader einfacher Menschen, die im eigenen Leben oft ebenso viel Unrecht und Demütigung erfahren haben. Mit ihrer Hilfe finde ich Arbeit in einem Baubetrieb. Galja, meine Wirtin, ist Arbeiterin in einer Ziegelei. Sonntags begleite ich sie frühzeitig auf den Bauernmarkt. Gemeinsam bearbeiten wir das Kartoffelfeld am Rande der kleinen Stadt, und im Koben wird ein verheißungsvolles Schwein gemästet. Das Häuschen erwärmt Galjas Herd, und sie, die im Leben schon viel Schwereres durchgemacht hat als ich, Verlust des Mannes und den Tod ihrer kleinen Kinder infolge der Hungersnot, ist ein prachtvoller Gefährte. Es ist noch harte Nachkriegszeit. Wir essen Kohlsuppe und Schwarzbrot, aber wir feiern auch Feste, richtige ländliche Feste mit Gesang, Tänzen, Besäufnis, mit derbem Lachen und derber Liebe.

So ist das Leben wie im Märchen. Das Gewöhnliche wird zum Wunderbaren.

Ende.

Zwei Seiten des ersten Briefes von Richard Paulick nach der Benachrichtigung aus der Sowjetunion. Er ist mit Blick auf amtliche Mitleser geschrieben mit dem Ziel, die Rückkehr Hamburgers möglichst rasch und unkompliziert auf den Weg zu bringen. Daher auch der Verweis auf Kurt Liebknecht, den Präsidenten der Deutschen Bauakademie (der DDR) und Sohn von Otto Liebknecht (»Ottowitsch«), der seinerseits ein Bruder des Sozialistenführers Karl Liebknecht war.

Berlin, 7. III. '54

Lieber Rudi,

Du kannst Dir kaum vorstellen, welche Sensation Dein Wiederauftauchen für uns alle, besonders die ehemaligen Shanghaier gewesen ist. Vor mehr als 10 Jahren kursierte unter allen Freunden und Genossen in Sh'hai die »sichere« Nachricht, dass Du in Persien als ganz mausetot abgegangen bist. Rechne Dir aus, wie lange Du nach diesen Gerüchten noch zu leben hast.

Kurt Ottowitsch und ich geben uns alle Mühe, die Heimkehr von hier aus zu erleichtern und zu beschleunigen, da wir hier an einem kaum vorstellbaren Kadermangel leiden. Jeder von uns hat 8 – 10 Funktionen. Wir reiben uns nicht nur »dabei« auf, sondern können diese Funktionen nur oberflächlich erfüllen, und wirken deshalb objektiv schädigend für die Bewegung. Deshalb hoffen wir nicht nur dringend auf Deine Heimkehr, sondern auch auf einige andere Heimkehrer. Wobei wir voraussehen, dass Ihr noch besser als wir die Prinzipien einer sozialistisch-realistischen Baukunst vertreten könnt.

Unsere Situation in einem gespaltenen Deutschland und noch dazu einer gespaltenen Hauptstadt ist natürlich in der ideologischen Auseinandersetzung eine weit schwierigere als drüben in der SU, wo die Einflüsse der Gegner

Mit Enkel Max, um 1978

Mit dem älteren Bruder Viktor (links) in den Siebzigern

Rudolf Hamburger vor dem Dresdner Zwinger

In Dresden, um 1957

Als stellvertretender Leiter des Aufbaustabs in Hoyerswerda, um 1962

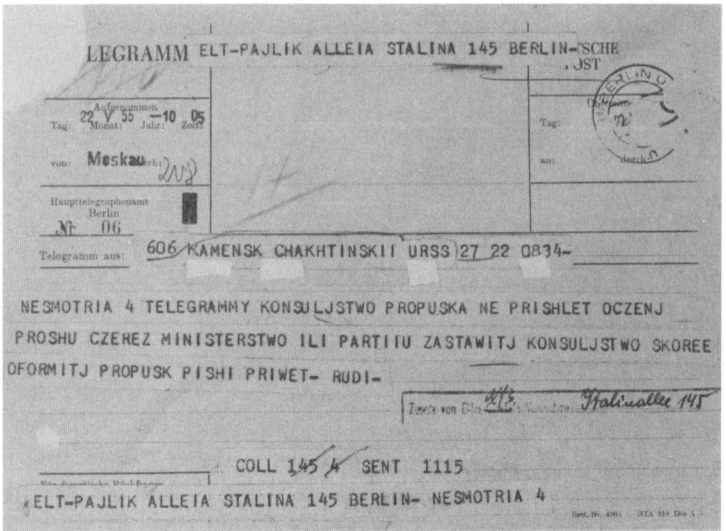

Telegramm aus Kamensk an Richard Paulick in Berlin, 22. Mai 1955.
Um welchen Passierschein (»Propusk«) es sich handelt, ist nicht eindeutig zu klären.

TROTZ DER 4 TELEGRAMME SCHICKT DAS KONSULAT KEINEN PASSIERSCHEIN ICH BITTE SEHR ÜBER DAS MINISTERIUM ODER DIE PARTEI DAS KONSULAT ZU ZWINGEN DEN PASSIERSCHEIN SO SCHNELL WIE MÖGLICH AUSZUSTELLEN SCHREIBE GRUSS RUDI

Endlich in Berlin! Blick von Paulicks Wohnung auf die Stalinallee, 1955

Zweiter Brief von Richard Paulick an Rudolf Hamburger, 10. Mai 1954

10. IV. '54

Lieber Rudi, leider ist der Brief wieder liegengeblieben, und da ich morgen wieder nach Moskau fahre, will ich ihn schnellstens abschließen.

Ursel zeigte mir vor einigen Tagen Deinen »letzten« Brief. Wir freuen uns alle, dass es so schnell gegangen ist.

Was Deine hiesige Anfangstätigkeit betrifft: Hättest Du Lust, im Institut für Wohnungsbau an unserer Typenentwicklung mitzumachen? Wir suchen dringend qualifizierte Mitarbeiter, da im II. Fünfjahrplan der Wohnungsbau Schwerpunkt wird, und das Institut den gesamten Wobau der Republik maßgeblich beeinflusst.

Herzlichst
Richard.

P. S. Falls Du im Mai durch Moskau kommst, könnten wir uns vielleicht schon dort treffen, da ich bis Anfang Juni ebenfalls wieder drüben bin.

R.

nicht mit der gleichen Unverschämtheit sich offenbaren können. Unsere alte T.H. in Dresden z.B. ist noch in ihrer Architektur-Abteilung ein Hort der Reaktionäre, und es gelingt nur langsam dort eine Bresche zu schlagen, die allerdings kaum bemerkbar ist.

2) Ich sprach kürzlich dort; die Vorlesung artete in einen unbeschreiblichen Skandal aus. Die gleiche Vorlesung wurde am Abend vorher im Parteiaktiv des Dresdner Bezirkes mit Beifall aufgenommen. Auf einer Tagung des BDA in Dresden fand sie großen Beifall, auf einer Funktionärkonferenz der Dresdner Bauarbeiter hatte sie enthusiastischen Beifall.

Das soll Dir etwa unsere Nöte und Schwierigkeiten illustrieren. Aber trotz aller Hemmungen und Schwierigkeiten die man versucht vor uns aufzutürmen, – wobei unsere Bürokratie eines mithilft – sind wir mit großer Begeisterung am Aufbau unserer Republik, unserer zerstörten Städte und Dörfer beschäftigt, und boxen uns durch.

Seit 1950 bin ich wieder hier. Mein erster größerer Bau war die Dtsche Sporthalle in der Stalinallee, die ich 1951 in 119 Tagen projektierte und baute, – denn sie mußte zu Beginn der III. Weltjugendspiele fertig sein. Eine Million Kubikmeter damals in dieser Zeit zu bauen und zu projektieren war für uns ein Partisanenkampf, den ich mit 8 Mann führte.

Die Stalinallee, bei der ich als erprobter Architektur- und Baupartisan als Sonderbeauftragter der Bau-Akademie wirkte, ging nicht anders durchs Ziel. Nebenbei habe ich noch den zentralen Abschnitt C gebaut, in dem ich in einem Penthouse jetzt selbst wohne.

Ich hoffe aber, Du wirst das Festival zur Eröffnung meines chef d'oeuvres, der Staatsoper Unter den Linden schon mitmachen, an der ich seit fast drei Jahren arbeite. Eröffnungstermin ist der 3. I. 55, der Geburtstag Wilhelm Piecks. Verhandelt wird zur Teilnahme am Festival mit der Moskauer, Budapester, Pariser Oper und der Scala di Milano.

Mein Vater Rudolf Hamburger

MAIK HAMBURGER

In frühester Erinnerung steht er vor mir, sportlich gekleidet in Jacke und Knickerbocker aus englischem Tweed. Der ruhige braune Ton des Pfeffer-und-Salz-Musters schien seine Persönlichkeit am besten zur Geltung zu bringen; der Stoff fasste sich weich, aber fest an, und die männlichen Schultern wirkten darin noch breiter. So kam er nachmittags von seiner Arbeitsstelle, einem Architektenbüro in Shanghai, um sich sogleich mit mir auf dem Rasen hinter dem Haus zu balgen. Heute bin ich bei nüchterner Berechnung erstaunt, wie kurz die Zeit des Zusammenseins in Wahrheit gewesen ist. Zweieinhalb Jahre in China, vier in Polen und der Schweiz, dazwischen lag schon eine Unterbrechung. Der sich dann 1939 für eine »kurze Zeit« vom Achtjährigen verabschiedete, verschwand für sechzehn Jahre. Zehn davon beschreibt er in seinem Lagerbericht.

Rudolf Albert Hamburger war elf Jahre alt, als mit dem Ausbruch des Ersten Weltkrieges das »kurze 20. Jahrhundert«, das »Zeitalter der Extreme« (Hobsbawm), einsetzte, für dessen Brüche, Abgründe und Verwerfungen sein unsteter Lebensweg geradezu modellhaft zu stehen scheint.

Als Sohn des Textilfabrikanten Max Hamburger im schlesischen Landeshut geboren, wächst Rudolf in einem kultivierten, großbürgerlichen Haushalt auf, zu dessen Freundeskreis auch die Familie Gerhart Hauptmanns zählt. Das väterliche Unternehmen floriert, denn der nach Kriegsausbruch aufschießende Bedarf an Uniformstoffen sorgt für Staatsaufträge. In der Schule sitzen die Fabrikantensöhne neben den Arbeiterkindern in einer Klasse. Rudolf freundet sich mit einem proletarischen Jungen an, der gelegentlich zum Spielen in die Hamburgersche Villa eingeladen wird.

Eines Tages unternimmt Rudolf einen Gegenbesuch. Seine Bestürzung ist enorm. Jahrzehnte später wird er sich in seinen autobiographischen Aufzeichnungen an die elende Wohnküche erinnern, den Lärm, die Gerüche, den barschen Ton der Mutter gegenüber den Kindern und den neuen Blick auf seinen Freund, der in diesem Milieu seine Schularbeiten erledigt. Als Häftling in Russland wird er sich über die Umkehrung der Verhältnisse Gedanken machen, da der ehemals Privilegierte jetzt als »Politischer« zur untersten Stufe der Lagerhierarchie gehört.

Von den drei Brüdern ist Rudolf der Künstler. Er studiert Architektur in München, in Dresden und zuletzt bei Hans Poelzig in Berlin, der ihn nach dem Diplom als Meisterschüler aufnimmt. In Berlin lernt er Ursula Kuczynski kennen, Tochter des renommierten Demographen Robert René Kuczynski, das Paar heiratet 1929. Das temperamentvolle, mit ganzer Leidenschaft dem Kommunismus zugetane Mädchen wird später einmal berühmt werden als Geheimdienstagentin »Sonja«, die die von Klaus Fuchs besorgten Unterlagen aus der anglo-amerikanischen Atomforschung an die sowjetische Armeeaufklärung GRU übermittelte.

Der frischgebackene Architekt steckt voller Tatendrang, aber die Weltwirtschaftskrise drückt schwer auf den Markt. Bauaufträge sind rar. Durch einen glücklichen Zufall erhält er ein Angebot aus China. Auf dem Bahnweg reisen die jungen Eheleute über Sibirien nach Shanghai, wo Rudolf Hamburger eine Stelle bei der Stadtverwaltung des International Settlement antritt. Sein Einstand könnte schwungvoller nicht sein: Er entwirft das vierstöckige Victoria Nurses' Home, das als ein Pionierbau der Moderne in China gilt; es folgen eine Schule, eine Müllverbrennungsanlage und – man kann seine Aufgaben nicht wählen – ein Gefängnis. Darüber hinaus erledigt er private Aufträge für Innenausstattungen. Nicht nur als Fachmann, auch durch seinen Charme, seinen Humor und sein natürliches Taktgefühl macht er sich schnell beliebt in europäischen Gesellschaftskreisen. Die auch geschäftlich nicht unwichtigen Einladungen führen zu Auseinandersetzungen mit seiner Frau, die in dem neokolonialen Spießermilieu, wie sie es sieht, nur widerwillig die nette Gattin abgibt. Es kommt aber noch kategorischer: Durch die Vermittlung Richard Sorges nimmt Ursula Hamburger Verbindung zur Kommunistischen Partei Chinas auf und stellt, während ihr Mann arbeitet, das gemeinsame Wohnhaus für konspirative Treffs zur Verfügung. Als sie nicht umhinkann, ihn einzuweihen, ist er außer sich. Nicht nur, dass er sich hintergangen fühlt – sie hat die Familie aufs Spiel gesetzt. Für solche Aktivitäten droht auch Ausländern die Todesstrafe. Er will es ihr verbieten, vergeblich. Die Kluft zwischen ihnen reißt immer weiter auf. Ursulas Entschluss, zu einer fast einjährigen Ausbildung bei der GRU nach Moskau zu fahren und den Sohn bei den Großeltern in Schlesien unterzubringen, bedeutet faktisch das Ende der Ehe.

Die politische Entwicklung ist nicht geeignet, seine Stimmung zu heben. In Shanghai wüten die japanischen Invasoren, unter den ansässigen Deutschen gewinnt die nationalsozialistische Gesinnung immer mehr an Boden, die Nachrichten aus Deutschland selbst sind verheerend. Das düstere, ja bedrohliche Erscheinungsbild der westlichen Länder lenkt Rudolf Hamburgers Blick in Richtung Sowjetunion als einzige glaubwürdige Alternative. Seine Ansichten radikalisieren sich, nähern sich denen seiner in der Ferne agierenden Ehefrau.

Der mittlerweile angesehene Architekt trifft eine verhängnisvolle Entscheidung. Er mag nicht mehr abseits stehen. Er will handeln. Er bewirbt sich als Agent bei eben der Organisation, für die seine Frau schon tätig ist. Die Verantwortlichen bei der GRU zögern. Sie können ihn vielleicht besser einschätzen, als er sich selbst. Als er weiterhin insistiert, erhält er doch einen ersten Auftrag: seine Ehefrau – auf dem Papier ist sie es noch – mitsamt Sohn nach Polen zu begleiten, um ihre illegale Tätigkeit dort nach außen abzuschirmen. Es soll der Anschein einer heilen Familie gewahrt werden. Eine Ausbildung als Agent sei für Hamburger nicht nötig, er könne ja bei seiner Frau Kompetenz erwerben. *Learning by doing:* Eine in dieser Branche höchst riskante Devise!

Der fünfjährige Sohn weiß von diesem Arrangement natürlich nichts; nichts davon, dass diese Jahre mit dem Vater ihm nur vergönnt sind, weil es dem sowjetischen Armeegeheimdienst gut in den Plan passt. Für mich ist die Familie wieder beisammen. Bald kommt meine Schwester zur Welt, Tochter aus einer kurzen Verbindung mit einem deutschen Kommunisten, die mein Vater als sein Kind anerkennt und amtlich einschreiben lässt. (Bis zu ihrem Tod 2012 waren wir als Geschwister eng verbunden, nie habe ich von ihr als Halbschwester gedacht.) Die Wahrheit wird sie, werden wir, zwanzig Jahre später in der DDR erfahren.

Das Familienleben vollzieht sich nach meiner Wahrnehmung reibungslos; ich wüsste nicht, dass es zwischen den Eltern je Streit gegeben hätte (worüber jemand mit größerer Lebenserfahrung vielleicht doch stutzig geworden wäre). Bei meiner Mutter erhielt ich den ersten Schulunterricht, erlaubte doch der häufige Wohnungswechsel nicht, mich in Polen einzuschulen; mit meinem Vater erschuf ich immer kühnere Bauwerke aus dem Baukasten; und mit beiden unternahm ich Skiausflüge in die Berge um Zakopane, wo wir ein märchenhaftes Holzhaus bewohnten. Heute bestürzt mich die Vorstellung, welche Gefühle mein Vater bei diesem Rollenspiel gehabt haben muss.

In der Schweiz lassen sich Rudolf und Ursula amtlich scheiden, ich bleibe fortan bei meiner Mutter. Rudolf Hamburger befindet sich zudem wegen seiner jüdischen Abkunft in einer prekären Situation: sein deutscher Pass ist abgelaufen, und einen neuen kann er nicht beantragen. Es bleibt ihm keine andere Wahl, als einen ihm in Genf angebotenen honduranischen Pass zu kaufen, mit dem er 1939 nach China zurückreist, um dort seine Arbeit für die GRU fortzusetzen. Unerfahren und obendrein vom Pech verfolgt, wird er in Chungking, der zeitweiligen Hauptstadt der Nationalchinesen, aufgegriffen. Ein Jahr verbringt er in Haft, erleidet Folter, hat keine Verbindung mit der Außenwelt. Sein Leben verdankt er dann wohl doch einem Quentchen Glück. Dem Bruder Otto, der zu der Zeit in Shanghai lebt, wird ein Telegramm aus Chungking zugespielt,

dessen im Ganoven-Jargon versteckte Botschaft er unschwer zu entschlüsseln vermag: »H's Bruder als Späher ins Kittchen. Soll weg-
geputzt werden.« Mit H ist Otto selbst gemeint, der Bruder ist
Rudolf. Otto alarmiert Rudolfs Freunde, die die Nachricht weiter-
geben, schließlich wird er durch diplomatische Intervention von
sowjetischer Seite (so wird vermutet) aus der Haft entlassen.

Ein Jahr darauf führt ihn sein Weg als Kundschafter nach Teheran. Dort wird er, wie offenbar seine Auftraggeber auch, vom
deutschen Überfall auf die Sowjetunion überrascht. Im Nu besetz-
zen englische, russische und amerikanische Truppen das Korridor-
land Persien. Rudolf Hamburger gelingt es, als Mitarbeiter eines
Ministeriums in Teheran unterzukommen. Auf Grund einer Denunziation wird er festgenommen. Er verbringt Wochen in amerikanischer, dann englischer Haft. Sein honduranischer Pass – die
Vorgesetzten bei der GRU haben es nicht einmal für nötig gehalten,
ihn mit einem glaubwürdigen Dokument auszustatten – erhärtet
den Verdacht auf konspirative Verwicklungen. Da er jedoch in den
Verhören wenig preisgibt und kaum Beweise gegen ihn vorliegen,
entlässt man ihn mit der Maßgabe, in kürzester Zeit aus Persien zu
verschwinden. Was liegt näher, als in dem Land, für das er so viel
riskiert hat, in *seiner* Sowjetunion, um Asyl zu ersuchen? Es scheint
die richtige Entscheidung zu sein. Wohlbehalten erreicht Rudolf
Hamburger Moskau. Am dritten Tag wird er verhaftet.

Was nun geschieht, trifft einen Ahnungslosen. Anders als die Mitgefangenen hat Hamburger von dieser Seite des Sowjetregimes noch
nichts wahrgenommen. Sie wissen um die Realität des »revolutionären Terrors«, der sich vorgeblich nur gegen Feinde richtet. In ihrem
kollektiven Bewusstsein sind die zaristischen Straflager ebenso ver-
ankert, wie die daran anknüpfende Praxis des Sowjetstaates. Auch
den deutschen Kommunisten im Hotel Lux steht die alltägliche Be-
drohung vor Augen. Für Rudolf Hamburger kommt es wie ein Fels-
sturz aus dem Himmel. Er hat keine Chance, die Muskeln dagegen zu spannen oder eine Schutzhaltung einzunehmen. Er versteht

kaum die Sprache, geschweige denn die den Einheimischen vertrauten Codes und Signale. In den zehn Jahren durchläuft er einen grausamen Lernprozess, bei dem sich jede Unachtsamkeit, jedes übersehene Zeichen mit fürchterlicher Wucht rächt.

Er wird ohne Prozess zu fünf Jahren Arbeitslager verurteilt. Bei den Verhören wurde er der Spionage für die Amerikaner bezichtigt, aber der Zettel, den er jetzt in die Hand gedrückt bekommt, verzeichnet Paragraf 58 (politisches Verbrechen) Unterabteilung SOE (sozialgefährliches Element).

Die ersten zwei Jahre verbringt er in der Nähe von Saratow im Wolgagebiet. Was er nicht weiß, sein Brigadeleiter Nikolai ist ein »Stukatsch«, ein Spitzel, der den unheimlichen Fremden wegen einer Lappalie anzeigt. In seiner ersten Gerichtsverhandlung – einer Farce – wird Hamburger zu acht Jahren verurteilt; mit Anrechnung der abgebüßten Zeit bedeutet das zehn Jahre, also das Normalmaß für 58er. Er kommt nach Karaganda in der kasachischen Steppe, wo er seinem Freund Dmitrij aus der Anfangszeit wiederbegegnet. Rudolf Hamburger hat sich, so gut es ging, an dem Ort eingerichtet, als der Apparat wieder eingreift. In irgendeinem Büro ist ein emsiger Justizangestellter auf einen Formfehler im Prozess gestoßen. Wie viel Tausende Beamte mögen über die Prüfung alter Gerichtsakten gebeugt sein? Je willkürlicher die Herrschaft, desto akribischer die Bürokratie. Rudolf Hamburger wird wieder in ein hunderte Kilometer entferntes Gericht gebracht, wo sich nach vier Jahren dieselbe Farce unter Hinzuziehung derselben Zeugen – einschließlich des Denunzianten – noch einmal abspielt. Er schreibt: »Verflucht sei dieser Verfahrensfehler. Er hat mich aus erträglicher Umgebung in Kasachstan herausgerissen, von meinen Kameraden getrennt und von Fatma, die still und voll Liebe in mir die Hoffnung wachhielt.« Eine Regel des GULAG besagt, dass Häftlinge nicht an den Ort zurückkehren dürfen, an dem sie schon einmal inhaftiert waren.

Nach einem Aufenthalt an der Wolga, wenige Kilometer vom ersten Lager entfernt, erfolgt die Überführung in den Ural am Fluss

Kama. Der Holzfällerarbeit physisch nicht gewachsen, fertigt Rudolf Hamburger in einer Baracke Bauzeichnungen und statistische Berechnungen an. Dann, endlich, werden seine unablässigen Bemühungen um Revision belohnt. Nicht mit einem Freispruch, aber immerhin mit der Überweisung in ein Vorzugslager. Auf einer der »Großbaustellen des Kommunismus«, der Talsperre bei Kuybischew, erwarten ihn bessere Arbeitsbedingungen sowie die Aussicht auf Haftverkürzung, da in den Vorzugslagern jeder Tag doppelt zählt. Doch das kleine Glück lächelt ihm gerade einmal sechs Monate. Es kommt eine jener »periodische(n) Stürze«, denen er »willenlos ausgeliefert« ist. In irgendeiner Amtsstube hat man einen Verstoß gegen das Reglement aufgespürt: Hamburger hält sich zu Unrecht in einem Vorzugslager auf, weil Fremde von dieser Vergünstigung ausgeschlossen sind. Wieder scharrt er seine Habseligkeiten zusammen und erreicht die letzte Station seiner Odyssee, das Lager Usollag in einer Waldeinöde im Ural. Es ist 1951, die Welt hat sich weiter gedreht. Im Usollag trifft er auf Deutsche, die in der Nachkriegszeit in der sowjetischen Zone verhaftet worden sind, darunter den Schriftsteller Heinrich Alexander Stoll, mit dem er sich anfreundet.

Für den Tag seiner Entlassung hält der GULAG noch eine besondere Überraschung bereit. Nach menschlichem Ermessen müsste Rudolf Hamburger mit allen Fallstricken des Systems vertraut geworden sein in den zehn Jahren. Aber nein! Er missversteht die wohlwollende Geste eines anonymen Lagerkameraden und büßt dadurch die Hälfte seines aufgesparten Arbeitssoldes ein.

Aber nicht damit, sondern mit einem optimistischen Blick auf die Segnungen eines Lebens an den Graswurzeln der Freiheit beschließt er seine Lageraufzeichnungen.

Was den Leser immer wieder ergreift und was vielleicht als zentrales Motiv von Rudolf Hamburgers Schrift gelten kann, ist der Versuch eines Menschen, unter extremen Bedingungen Anstand und moralische Integrität zu bewahren. Obwohl er nicht umhinkann, dem erbarmungslosen Daseinskampf im Lager Rechnung zu tragen, bringt er dennoch über weite Strecken die Courage und die Disziplin zu menschenwürdigem Verhalten auf. Ein Mal, noch am Anfang, muss er die demütigende Erfahrung machen, dass er imstande ist, seinem Freund Dmitrij heimlich ein Stückchen Brot zu stehlen. Die Scham ist groß. »Am eigenen Leibe erfahre ich, wohin der Hunger den Menschen treiben kann. An ihm zerbricht die beste Erziehung – sogar die eines Axel W. – und die edelste Moral, die mir meine Mutter beigebracht hatte.« (Axel W. ist er selbst.) Jahre später trifft er wieder auf Dmitrij, der aus unbekannten Gründen plötzlich unter politischem Verdacht steht und von den Häftlingen wie ein Aussätziger gemieden wird. Diesmal entscheidet sich Rudolf Hamburger für die Solidarität und das unverblümte Bekenntnis zu seiner Freundschaft. »Vielleicht ist es strafbarer Leichtsinn, mit Dmitrij so offen zu verkehren«, warnt ihn seine Lagervernunft; aber dann platzt ihm der Kragen: »Hol's der Teufel – sollen sie mir dafür noch einmal acht Jahre geben.« Diesmal hat die Angelegenheit keine weiteren Folgen außer dem Schmerz des Verlustes, als der gute Freund dann doch auf Nimmerwiedersehen verschwindet.

In seinen erschütternden Chroniken aus dem GULAG stellt der russische Zeitzeuge Warlam Schalamow des Öfteren die Frage nach ethischem Verhalten unter Lagerbedingungen. Dabei unterscheidet er rigoros zwischen den Berufskriminellen, die seiner Ansicht nach ihren Anspruch auf Menschsein aufgekündigt haben, und allen anderen, die sich im Kampf ums Überleben bald mehr, bald weniger moralisch verausgaben. Rudolf Hamburger bemüht sich seinerseits um Verständnis, sogar für die Verbrecher. Mehr als einmal bestohlen und übelst betrogen, reflektiert er dennoch die sozialen Wurzeln dieser Ganoven, denen er nicht die alleinige Schuld an ihrer schurkischen Gesinnung anlasten möchte. Er unternimmt sogar rührende Versuche, jüngere, weniger Hartgesottene, von den Vorzügen eines gutbürgerlichen Lebens mit Beruf und Familie zu überzeugen. Rudolf Hamburgers relative Toleranz entspricht sicher seiner Charakterprägung; allerdings muss bemerkt werden, dass die abgrundtiefen Höllen, wie Schalamow sie in Kolyma durchleben musste, dem Deutschen erspart geblieben sind.

Manchmal – selten genug – beschert ihm das Glück eine Liebesbeziehung zu einer Frau aus dem Frauenlager. Diese Partnerschaften sind wegen der ständigen Verlegungen nur von kurzer Dauer, und jede Trennung bedeutet einen emotionalen Absturz. Die raschen Affären der jüngeren Burschen streift er gleichsam mit einem toleranten Lächeln – ohne die seelischen und körperlichen Qualen der Masse der Insassen zu übersehen, deren sexuelle Nöte für die staatlichen Stellen überhaupt nicht zu existieren scheinen. Rudolf Hamburger geht in seinem Bericht auch auf den Aspekt der Homosexualität ein, die in den meisten russischen Darstellungen ausgespart wird. Er selbst bleibt da außen vor, aber der Künstler in ihm kann sich an der Ästhetik des Männlichen durchaus ergötzen. Der Besuch der »Banja«, des Gemeinschaftsbaderaums, veranlasst ihn zum Sinnieren über das alte Mysterium des depravierten Geistes, der in einem vollendeten Körper wohnt: »Die Natur verschenkt ihre Gaben wahllos und großzügig. Ganoven und Diebe, die eben noch andere geschlagen, erbarmungslos bestohlen, Durstigen den letzten Schluck Wasser weggetrunken haben – in der Nacktheit, in der Grazie der Bewegung sind sie ohne Makel. (...) Die alte Liebe für klassische Schönheit erwacht in meiner getretenen Seele und erweckt Sympathie für diese Adonisse, die Bilder aus der Kunst der Renaissance wachrufen. Möge ihre innere Bildung der vollendeten äußeren entsprechen, denke ich.« Wie auf einem Stoppelfeld liest Rudolf Hamburger die wenigen Körner der Schönheit, der Wärme, der Entspannung auf, aus denen er die zum Überleben so notwendige Nahrung für die Seele zieht.

Die Freiheit, in die er 1953 entlassen wird, ist relativ. Rudolf Hamburger befindet sich in einem kleinen Städtchen in Kasachstan in der Verbannung. Ja, wenn man zu sagen wüsste, von wo er verbannt ist! Er ist ein Mensch ohne Herkunft. Welche Dokumente er neben den Entlassungspapieren besitzt, ist unbekannt. Vielleicht immer noch den verfluchten honduranischen Pass aus Genf? Grotesker Gedanke! Aber eigentlich ist das egal. Er darf den Ort ohnehin nicht verlassen. Er ist Bürger keines Staates, nicht Kriegsgefangener, nicht ehemaliges Parteimitglied – welcher Hahn sollte noch nach ihm krähen?

Er nimmt sein Schicksal selbst in die Hand. Ein zufällig gefundener Zeitungsartikel in der »Prawda« unterrichtet ihn über den Besuch einer Delegation der Deutschen Bauakademie (nachmals »der DDR«) in Moskau, dort stößt er auch auf den Namen Richard Paulick. Richard, sein Freund vom Studium her, ist also noch am Leben und in Ost-Berlin erreichbar. Rudolf Hamburger lässt ihm – natürlich illegal – eine Nachricht zukommen. Gemeinsam mit meiner jetzt in Ost-Berlin ansässigen Mutter gelingt es Paulick, Hamburgers Freilassung und Übersiedlung in die DDR zu erreichen. Man schreibt 1955, dasselbe Jahr, in welchem Adenauer unter lautem Jubel die Rückführung der letzten Kriegsgefangenen aus der UdSSR erwirkt.

Meine Mutter war es auch, die mir eines Tages die Nachricht von der bevorstehenden Heimkehr meines Vaters nach einem längeren Aufenthalt in der Sowjetunion übermittelte. Überdies klärte sie meine Schwester auf, dass nicht Rudolf Hamburger, wie bisher geglaubt, sondern eben jener Kundschafter »Ernst« ihr leiblicher Vater sei. Die spontane Reaktion der Neunzehnjährigen lautete: »Mutti, dass du so viele Männer hattest, gefällt mir nicht!«

Es war kein gebrochener Mann, der mir an einem Oktobertag des Jahres 1955 in Berlin entgegentrat. Aber verändert war er schon gegenüber dem Bild, das ich von ihm bewahrt hatte. Ergraut, leicht gebeugt, die Stimme etwas brüchig – und benommen von der Umstellung, wie einer, der aus einem Kellerloch blinzelnd ins Sonnenlicht tritt. Und in mir konnte er den kleinen Zappelphilipp aus der Schweiz wohl auch schwerlich erkennen. Es war ein Moment der Suche nach dem Bekannten im nahezu Fremden. Wenn er diesen bewegenden Augenblick seinen russischen Freunden schildert, wird er ihn ein wenig dramatisieren müssen, erklärte mein Vater mit einem Lächeln, hinter dem sich ein Hauch Wehmut verbarg.

Zum neuen Wohnsitz suchte er sich Dresden aus. Er trat in die SED ein, aus Überzeugung. Er arbeitete wieder als Architekt an verschiedenen staatlichen Projekten. Die größte Verantwortung übernahm er als stellvertretender Chef des Aufbaustabs von Hoyerswerda-Neustadt. Er genoss hohe Achtung bei seinen Mitarbeitern, galt als wortgewandt, kompetent, ideenreich und bescheiden. Ein ehemaliger Kollege bescheinigt ihm eine »überschäumende Phantasie«, die wegen der Typenbauweise der Arbeiterwohnstadt zu wenig zum Tragen kam.

Der Roman *Franziska Linkerhand*, in dem Brigitte Reimann diese Aufbauzeit in Hoyerswerda aufgreift, überliefert in der Gestalt des alten Architekten Landauer ein fiktionalisiertes Porträt, das Züge des alten Hamburger deutlich erkennen lässt. Landauer wird von den Mitarbeitern, von denen er sich durch altmodischen Charme und Urbanität abhebt, halb spöttisch »der alte Shanghaier« genannt und bringt den Hauch einer verblichenen Kulturwelt in das pragmatisch-rohe Baugeschehen.

Oft habe ich ihn mit meiner Frau und meinen Kindern in seiner mit selbst entworfenen Möbeln und chinesischen Holzschnitten stilsicher ausgestatteten Zweiraumwohnung in einem Dresdener Hochhaus besucht. Gemeinsam unternahmen wir Urlaubsreisen im Lande sowie ins tschechische Riesengebirge, nicht weit von seinem Geburtsort, der jetzt in Polen lag. Einmal war sein Bruder Otto aus London dabei. Seltener kam mein Vater nach Berlin. Auf Richard Paulicks Geburtstagsfeiern in dessen Penthouse in der Stalinallee durfte er allerdings nie fehlen; jedes Mal trug er eine humorvolle Laudatio auf seinen alten Kommilitonen vor, mit dem er in den zwanziger Jahren eine Studentenbude in Berlin geteilt hatte.

Das zwischen ihm und mir neu gewachsene, von viel Sympathie getragene Verhältnis vermochte natürlich nicht, die Jahre der Trennung und Entbehrung zu kompensieren. Da ich aus früheren Erfahrungen gelernt hatte – lernen musste –, mich beim geringsten

Verdacht einer Vereinnahmung durch Verwandte zu wehren, mag er sich gelegentlich sogar abgewiesen gefühlt haben. Über seine Lagervergangenheit hat sich mein Vater jahrelang in Schweigen gehüllt. Wenn einen nach Auskunft über sein Leben in der »SU« verlangte, sprach er allgemein von Arbeiten an sowjetischen Baustellen und blockte weitere Fragen ab. Erst Mitte der siebziger Jahre, in der Zeit wohl, da er die Lagererinnerungen aufschrieb, wurde ich mit der Tatsache konfrontiert, dass er viele Jahre im GULAG verbracht hatte. Aber auch nachdem ich den mir die Kehle zuschnürenden Bericht zu lesen bekam, ließ er sich ungern auf ein Gespräch darüber ein.

Warum hat er so lange geschwiegen? Wie konnte eine vorbehaltlose Vertrautheit mit seinem Sohn zustande kommen, wenn er diesen Lebensabschnitt in sich vergrub? Aus heutiger Sicht scheint mir dies der letzte Akt seiner Tragödie zu sein, dass er an einem – mehr selbst- als fremdbestimmten – Schweigegebot festhielt. Er war darin nicht allein. Bekanntermaßen hat ein großer Teil der »Ehemaligen«, auch in der Sowjetunion selbst, nicht über diese Zeit geredet. Auch wenn ihnen Schweigepflicht auferlegt gewesen wäre, überzeugt die gängige Erklärung vom »verordneten Schweigen« keinesfalls. Eher dürfte ein ganzes Bündel von Motiven dahinter stehen. Etwa der Wunsch eines von Traumata unbelasteten Neuanfangs; oder, bei überzeugten Kommunisten, die Scham über die Deformation eines trotz allem immer noch angestrebten Ideals; oder einfach der Unwille, dem Gegner noch mehr Munition zu liefern; oder auch ein Elitegefühl, das dem Nichtkommunisten die Reife zu einem Urteil über solche Erscheinungen abspricht; oder die Scham über erlittene Ächtung, der auch der unschuldig Bestrafte anheimfallen kann.

Rudolf Hamburger ist seinen Überzeugungen treu geblieben. In unseren Gesprächen fühlte er sich oft aufgefordert, die bestehenden Verhältnisse gegen meine mitunter recht höhnische Kritik zu verteidigen, obwohl wir uns in der grundsätzlichen Bevorzugung einer sozialistischen Gesellschaftsordnung einig waren. Die Debatte geriet manchmal recht hitzig. Eines Abends spazierten wir auf der Prager Straße in Dresden. Die war vor kurzem neu aufgebaut worden, von überschwenglichem Parteijubel begleitet. Schon aus diesem Grunde fand ich an dem Ensemble allerhand herumzumäkeln, was mein Vater wiederum, nicht ganz zu Unrecht, als politischen Affront auffasste. (Er selber war an diesem Bau nicht beteiligt gewesen.) Ich bemängelte etwa, dass die repräsentativen Zierbrunnen, so hübsch sie seien, an den Bedürfnissen des Volks vorbeigingen, da sie sich nicht als Planschbecken für spielende Kinder eigneten. Zur Erwiderung stieg mein Vater in den nächstgelegenen Brunnen, in Schuhen und voller Bekleidung, und watete bis zu den Knien demonstrativ darin herum. Dagegen mussten alle Argumente verstummen.

In der späteren Zeit machte er einen unverkennbaren Wandel durch. Zu oft rieb er sich an den Alltagswidrigkeiten wund, zu oft stießen ihn die Unsinnigkeiten parteiamtlicher Sophistik vor den Kopf, als dass seine anfängliche Gutgläubigkeit nicht Risse bekommen hätte. Er gewann Abstand zum erlebten Sozialismus, hielt aber an der Idee fest. Seine Gereiztheit ließ ihn gegen Ende immer grimmiger und bissiger werden.

Die Lageraufzeichnungen dürften in den siebziger Jahren entstanden sein. Dafür gibt es mehrere äußere und einige innere Hinweise. Eine aus der Verbannung stammende Zeichnung mit Jahreszahl 1952 hat Rudolf Hamburger 1973 mit einer Erläuterung versehen, was auf eine verstärkte Beschäftigung mit diesem Lebensabschnitt in den Siebzigern schließen lässt. Aufgrund der stilistischen Formung und Detailfülle ist zu vermuten, dass dieser Bericht auf früheren Notizen oder einer Rohschrift fußt. In der Tat sind etwa dreißig beschriebene Seiten aus verschiedenen Heften überliefert, die Rudolf Hamburger offenbar aus dem Lager herausschmuggeln und aufbewahren konnte. (Einige davon sind als Faksimile mitsamt Transkription hier wiedergegeben.) Der Bericht aus dem GULAG existiert in Form eines sauberen Typoskripts von 168 Seiten. Die wenigen Korrekturen sind mit Kugelschreiber akkurat eingefügt, gegebenenfalls auf eingeklebten Streifen von Zeilenbreite. Vermutlich war ich der Einzige in der DDR, der den Bericht zu Lebzeiten des Verfassers zu lesen bekam. Er hat durchaus an eine Publikation gedacht, allerdings im Westen. Durch einen Mittelsmann ließ er das Manuskript einem westdeutschen Verlag zukommen, unter Pseudonym versteht sich. Exzerpte in englischer Übersetzung wurden einem Verleger in New York angeboten. Beide Häuser nahmen von einer Veröffentlichung Abstand, da der (lukrative) Boom von Lagerliteratur vorüber sei.

Dem Architekturhistoriker Eduard Kögel kommt das Verdienst zu, Rudolf Hamburger neu entdeckt zu haben. Seine 2006 vorgelegte Dissertation »Zwei Poelzigschüler in der Emigration, Rudolf Hamburger und Richard Paulick zwischen Shanghai und Ost-Berlin (1930–1955)« enthält eine bemerkenswerte Würdigung von Hamburgers Architektur. Es folgte der Artikel »Rudolf Hamburger. Ein Leben zwischen Anpassung und Selbstbehauptung« im *Deutschland Archiv*. Nach umfangreichen Recherchen hat Kögel inzwischen eine Biographie verfasst, die als Manuskript vorliegt und der ich eine Menge hier und in der Chronik eingeflossener Erkenntnisse zu verdanken habe.

Das zwanzigste Jahrhundert war mit Rudolf Hamburger noch nicht fertig. Was Kögel überraschend zu Tage brachte, war eine über mehrere Jahre sich erstreckende Tätigkeit meines Vaters als Informant der Staatssicherheit. Den Protokollen ist zu entnehmen, dass die Genossen nicht viel Freude an ihm hatten. Kögels Fazit lautet: »1958 wurde er inoffizieller Mitarbeiter (IM) des Ministeriums für Staatssicherheit (MfS). Er sollte im Wesentlichen seine Kollegen überwachen, weigerte sich jedoch, persönlich kompromittierendes Material zu sammeln und weiterzugeben. Seinen Berichten fehlte in der Logik des MfS ›die Würze‹, und so wurde er selbst bald regelmäßig überprüft.«

Die Staatssicherheit trat 1977 noch einmal an Rudolf Hamburger heran, als die Autobiographie seiner ehemaligen Frau in der DDR zum großen Erfolg wurde. (*Sonjas Rapport* von Ruth Werner,

i.e. Ursula Beurton, erreichte Auflagen in die Hunderttausende.)
Die Genossen wollten offenbar an diesen Erfolg anknüpfen und
machten Hamburger die Offerte, seine eigenen Geheimdienst-
aktivitäten propagandistisch auszuschlachten. Damit kamen sie bei
ihm nicht gut an. Er war ohnehin nicht einverstanden mit der
Darstellung seiner Person in »Sonjas Rapport« und fühlte sich von
der Autorin – wieder einmal – hintergangen. Mit ungewohnter
Schroffheit »verweigerte er jede Kooperation mit dem MfS«, berichtet Kögel.

Im Alter von sechzig zog er sich in den Ruhestand zurück. Er
schaute sich, vorwiegend als Passagier auf Frachtschiffen, noch einmal die Welt an. Er traf sich mit seinen Brüdern. Bei Gelegenheit
übernahm er kleinere Aufgaben, und es gab eine letzte größere Arbeit, den Innenausbau der DDR-Botschaft in Pjöngjang.

Zu seinem Dresdner Freundeskreis zählten sein alter Kommi-
litone Fritz Lazarus und die Grafikerin Lea Grundig. Aus der jüngeren Generation nahm er sich des Enkelsohnes seiner ersten
Dresdner Zimmerwirtin an, eines Schuljungen, dessen Lebensweg
er über zwanzig Jahre bis zu seinem Tod in väterlicher Freundschaft
begleitete. Gelegentlich kam auch der Schriftsteller Heinrich Alexander Stoll zu Besuch. Durch seine Lebensgefährtin, eine Arbeiter-
frau aus der Nachbarschaft, erfuhr er in seinen letzten Jahren noch
einmal Partnerschaft, Wärme und liebevolle Zuwendung.

Rudolf Hamburger starb am 1. Dezember 1980 in Dresden. Er
wurde im Ehrenhain des dortigen Heidefriedhofs neben den Grä-
bern von Hans und Lea Grundig beerdigt.

Ein Familienmitglied aus Großbritannien, Kommunist wie er,
charakterisierte ihn einmal mit englischer Lakonik: »He was the last
Victorian Communist.« Er sagte es mit Achtung.

Lebensdaten

3. Mai 1903 Rudolf Albert Hamburger kommt als Sohn des Textilfabrikanten Max Hamburger und seiner Frau Elsa, geb. Gradenwitz, im schlesischen Landeshut zur Welt. Er wächst in einer assimilierten, großbürgerlichen Familie jüdischer Herkunft mit vielfältigen kulturellen Interessen auf. Die Eltern sind mit Walter Rathenau und der Familie des Schriftstellers Gerhart Hauptmann aus dem benachbarten Agnetendorf bekannt, es verkehren viele Künstler in der Hamburgerschen Villa, darunter Georg Ludwig Meyn und Otto Müller. Der ältere Bruder Viktor (1900–2001) wird Embryologe und arbeitet viele Jahrzehnte an der Washington University in St Louis. Der jüngere Bruder Otto (1907–1997) wird Textilingenieur und gründet später eine asiatisch-europäische Handelsfirma für Textilmaschinen. In Landeshut beginnen dauerhafte Freundschaften mit dem Bildhauer Heinrich Moshage (1896–1968) und dem Kaufmann Helmut Woidt (1903–ca. 1970).

1921 Reifeprüfung am Realgymnasium.

1922–1927 Studium der Architektur in München, Dresden und Berlin (bei Hans Poelzig). Abschluss als Diplom-Ingenieur an der TH Berlin. In Dresden lernt Hamburger den gleichaltrigen Richard Paulick kennen, mit dem er ein Leben lang befreundet bleibt.

1926 Bekanntschaft mit Ursula, Tochter des Demographen Robert René Kuczynski, und Bertha, geb. Gnadenwitz.

1928 Meisterschüler an der Akademie der Künste im Atelier von Poelzig. Mitarbeit an der Planung für das Verwaltungsgebäude von IG Farben in Frankfurt.

1929 Heirat mit Ursula Kuczynski.

1930 Übersiedlung des Paares nach Shanghai, wo Rudolf eine Stelle als Architekt bei der Stadtverwaltung des International Settlement antritt.

1931 Geburt des Sohnes Michael.

1932 Gründung der Firma »The Modern Home« für Innenarchitektur und Möbeldesign (inoffizieller Nebenberuf). Ursula Hamburger wird von Richard Sorge in konspirative Tätigkeit für die KP Chinas einbezogen. Zur Ausbildung als Kundschafterin absolviert sie 1933/34 einen mehrmonatigen Kurs beim Armeeaufklärungsdienst GRU in Moskau.

1933 Hamburger hilft dem in Deutschland verfolgten Freund Richard Paulick, Zuflucht in Shanghai zu finden. Einweihung seines ersten großen Bauprojekts, des »Victoria Nurses Home« in Shanghai. Im selben Jahr Realisierung einer modernen Müllverbrennungsanlage. Hamburgers Bauten gelten als Wegbereiter der modernen europäischen Architektur in China.

1934 Ursula trennt sich von Rudolf. Sie zieht in die Mandschurei und geht eine kurzzeitige Verbindung mit ihrem Führungsoffizier Johann Patra ein.

1935 Hamburger entwirft weitere öffentliche Gebäude: eine Mittelschule für chinesische Mädchen und das Ward Road Gefängnis.

1936 Hamburger kündigt seine Stelle in Shanghai und bewirbt sich für eine Agententätigkeit bei der GRU. Die Ehe mit Ursula bleibt zum Schein bestehen. Übersiedlung mit »Familie« nach Polen. Patras Tochter Janina wird in Warschau geboren, Hamburger erkennt sie als sein Kind an.

1937 Reise nach Berlin zur Beerdigung der Mutter. Der letzte Besuch in Deutschland vor dem Krieg.

1938 Übersiedlung in die Schweiz mit Ursula und den beiden Kindern. Kauf eines honduranischen Passes in Genf als Ersatz für die abgelaufenen deutschen Papiere.

1939 Rudolf und Ursula lassen sich scheiden. Er kehrt zwecks konspirativer Tätigkeit für die GRU nach Shanghai zurück.

1940 Nach einer Denunziation wird Hamburger in Chungking (heute Chongqing) mit einem Funkgerät aufgegriffen. Verhaftung durch die Nationalchinesen, ein Jahr Gefangenschaft, Folter.

1941 Rudimentäre Ausbildung zum Agenten in Moskau. Der deutsche Überfall auf die SU überrascht Hamburger auf dem Weg zum Einsatzort in der Türkei. Er bleibt in Teheran hängen, erhält dort eine Anstellung im Industrieministerium und sammelt weiterhin Informationen für die GRU. Britische und amerikanische Truppen besetzen Teheran.

1943 Verhaftung durch die Amerikaner nach einer Denunziation, dann Überstellung an die Engländer. Nach Freilassung Flucht in die SU. Verhaftung in Moskau. Verurteilung ohne Prozess zu fünf Jahren Arbeitslager als »sozialgefährliches Element«. Lager Saratow.

1945 Aufgrund einer Denunziation im Lager Anklage wegen »antisowjetischer Agitation«. Verurteilung zu acht Jahren, mit der bisherigen Inhaftierung bedeutet das insgesamt zehn Jahre Lager. Die acht Jahre verbringt er in Karaganda in Kasachstan, dann an der Wolga, dann im Ural, dann in Kuybischew, schließlich wieder im Ural (Usollag). Dort Begegnung mit in der SBZ verhafteten Deutschen, darunter der Schriftsteller H. A. Stoll.

1947 Durch eine polnische Vermittlerin erfahren die Verwandten zum ersten Mal von Hamburgers Verbleib.

1952 Entlassung aus dem Lager und Verbannung nach Millerowo in der Nähe von Rostow am Don. Arbeit als Architekt in der Kohleindustrie.

1955 Rückkehr in die DDR mit Hilfe von Richard Paulick, jetzt Vizepräsident der Deutschen Bauakademie. Neuer Wohnsitz in Dresden.

1955–1959 Arbeit beim Chefarchitekten der Stadt Dresden. Industrieprojektleitung Dresden II. In Rumänien Aufbau eines Schilfzellstoffkombinats. Eintritt in die SED (1956). Anerkennung als VdN (Verfolgter des Naziregimes). Kontaktaufnahme mit den Brüdern Otto in London und Viktor in St Louis.

1959–1963 Stellvertretender Leiter des Aufbaustabs für die Wohnstadt Hoyerswerda. Diskussion mit der Schriftstellerin Brigitte Reimann zum Aufbau der neuen Stadt. Beginn der Freundschaft mit der in Prag lebenden amerikanischen Journalistin Martha Dodd.

1963 Rückzug in den Ruhestand. Zahlreiche Auslandsreisen, Schifffahrten auf Frachtern. Treffen mit den Brüdern in der Bundesrepublik und in London.

1966/67 Innenausbau der DDR-Botschaft in Pjöngjang.

1965 Auszeichnung mit der Medaille »Kämpfer gegen den Faschismus 1933 bis 1945«.

1977 Unter dem Titel »Sonjas Rapport« erscheint in der DDR der Lebensbericht von Ruth Werner (vorm. Ursula Hamburger). Hamburger ist über diese Publikation und die Darstellung seiner Person darin hochgradig verärgert. Sein Vorstoß, die eigenen Erinnerungen an den GULAG unter Pseudonym in der Bundesrepublik und den USA zu publizieren, scheitert.

1978 Medaille für Waffenbrüderschaft in Gold.

1. Dezember 1980 Rudolf Hamburger stirbt in Dresden. Er wird im Ehrenhain des Dresdner Heidefriedhofs bestattet.

1990 Hamburger wird in Moskau rehabilitiert.

2006 Der Architekturhistoriker Eduard Koegel legt seine Dissertation »Zwei Poelzigschüler in der Emigration. Rudolf Hamburger und Richard Paulick zwischen Shanghai und Ostberlin (1930–1955)« vor.

Editorische Notiz

Dieser Veröffentlichung liegt ein Originaltyposkript zugrunde, das sich in Rudolf Hamburgers Nachlass in Dresden befand. Durchschläge hatte er bereits zu Lebzeiten dem Herausgeber sowie der Amerikanerin Martha Dodd übergeben. Wie in weiteren autobiographischen Schriften gibt sich der Verfasser selber den Namen »Axel Westheim«.

Der Text wird hier unverändert abgedruckt. Die ursprüngliche Orthographie und Interpunktion wurden behutsam an die heutige Rechtschreibung angepasst, offensichtliche Fehler wurden korrigiert.

Hamburger verwendete das Akronym GULAG (genauer: GU-Lag) in seinem ursprünglichen russischen Sinn als Hauptverwaltung der Lager und gab dem im Deutschen noch ungeläufigen Ausdruck die weibliche Form. Inzwischen hat sich ein Bedeutungswandel vollzogen. Zur Unterscheidung vom heutigen Verständnis – das Lagersystem oder die Lager selbst – wurde der jetzt unübliche Genus in Hamburgers Text beibehalten.

Die Zeichnungen, Fotografien und Briefe stammen aus dem Privatfundus des Herausgebers. Er dankt Gabriele Paulick für die Genehmigung, Briefe von Richard Paulick abzudrucken.

Die Urheber der Fotografien, insofern sie nicht aus dem Familienkreis stammen, konnten nicht mehr festgestellt werden.

Die faksimilierten Heftseiten aus der GULAG-Zeit (Seite 85 bis 87 und Seite 146 bis 151) wurden von Sergej Gladkich, Berlin, transkribiert.

Punkte in Klammern bezeichnen Wörter, die nicht mit Sicherheit zu entschlüsseln waren.

Einige Ausschnitte aus Rudolf Hamburgers Manuskript sind in der Zeitschrift *Sinn und Form*, Heft 6/2012, erstmalig abgedruckt worden. Das Nachwort »Mein Vater Rudolf Hamburger« ist eine leicht veränderte Fassung des ebenfalls in jenem Heft erschienenen Beitrages.

Zahlreiche Verwandte und Freunde haben sich mit ihrem Engagement, ihrer Mithilfe und ihren Ratschlägen an diesem Projekt beteiligt. Ihnen allen sei hier herzlich gedankt!

Ganz besonderer Dank gebührt Dr. Eduard Koegel, der seine Forschungsergebnisse großzügig zur Verfügung gestellt hat, und Julia Michelis für ihre umfangreiche Unterstützung.

Maik Hamburger
Berlin, im Juli 2013